Martina Tribioli
Fotografie: Barbara Torresan

LA PASTICCERIA *Italiana*

Die feine italienische Backkunst

Slow Food Editore

CHRISTIAN

INHALT

4KG
200g
8LB
1LB
KitchenCraft

EINFÜHRUNG

Meine Geschichte beginnt wohl nicht ganz so, wie man es sich vorstellen würde: Weder kann ich erzählen, schon als Kind leidenschaftlich gern Süßes gegessen zu haben, noch erinnere ich mich daran, eine Vorliebe für rosa Zuckerdeko oder Meringe gehabt zu haben. Auch heute zähle ich mich nicht zu den Frauen, die von Schokolade oder Cremetorte träumen. Alles rund ums Essen jedoch habe ich schon immer geliebt, und meine lebendigsten Erinnerungen sind verbunden mit sehnsüchtig erwarteten Geburtstagsfeiern, bei denen es *panini al latte* mit Butter und Salami oder *pizzette* aus Blätterteig gab. Bei der Großmutter aß ich am liebsten Focaccia mit gekochtem Schinken oder *panini all'olio* mit rohem Schinken. Der Duft von geröstetem Brot mit Butter ist Teil von mir, genauso wie der von frischem Basilikum im Mörser und vom deftigen *sugo di pesce*, den mein Großvater am Meer schon früh morgens zubereitete, wenn er mich um 7 Uhr aufweckte – weshalb er für mich sowohl verlockend als auch verhasst war. Den Sugo meiner Großmutter würde ich überall erkennen: Sie machte ihn schon auf eine recht moderne Art, salzig, würzig, vor allem seidig-glänzend. All diese Dinge haben in meinem Leben eine Rolle gespielt. Pizzaduft aus dem Holzofen im Sommer, das war es, was ich brauchte, abgesehen von Freiheit.

Oft war ich diejenige, die in der Familie für alle kochte. Ich empfand dies eigentlich mehr als Pflicht und weniger als Freude, denn besonders gern tat ich es nicht. Und doch war es bereits ein Teil von mir, ich hatte es früh gelernt und erschien mir selbstverständlich. Ich kümmerte mich um das Mittag- oder das Abendessen – um Nachspeisen allerdings nicht, denn sonst wäre ich wohl nie aus der heimischen Küche herausgekommen. Bei alldem drehen sich meine lebendigsten Erinnerungen um Salat. Wie um alles in der Welt kam es also dazu, dass ich Konditorin geworden bin? Auch dies hat Wurzeln, allerdings jüngeren Datums. Es begann, nachdem ich von zu Hause ausgezogen war, um mir die Welt zu erobern, überzeugt, endlich erwachsen zu sein und dass nichts meine Träume vom Ruhm kreativer Arbeit würde aufhalten können.

Ich hatte damals ein Zimmer in einer Wohngemeinschaft: Wir waren jung, verstanden uns gut und alle achteten aufs Geld. Jeder hatte einen eigenen Bereich im Kühlschrank und kochte für sich selbst. Wir wollten damit Streitigkeiten und Missverständnissen aus dem Weg gehen, und ich denke, es hat gut funktioniert.

Tagsüber waren wir alle gut beschäftigt: Ich hatte mich mit all meiner Energie der Mode verschrieben. Abends aßen wir oft zusammen, jeder sein eigenes Gericht. Zuerst fand ich es toll, nur zu kochen, wenn ich Lust darauf hatte, bis ich mich irgendwann mehr und mehr allein fühlte. Darauf war ich nicht vorbereitet: Das Gehalt am Monatsende machte mich keineswegs so glücklich, wie ich gedacht hatte, und das bestürzte mich, denn ich war immer vom Gegenteil überzeugt gewesen.

Irgendwann merkte ich, dass ich seit Monaten keinen selbst gemachten Kuchen gegessen hatte – und das machte mir zu schaffen. Es musste eine Lösung her. Nur, mit wem sollte ich mein Hausgemachtes teilen? Ich war zu weit weg von zu Hause, um am Wochenende hinzufahren, und so blieb ich allein. Vielleicht hätte ich einfach einen Kuchen backen sollen, aber ich hätte ihn wohl allein aufessen müssen. In unserer WG waren immer alle auf Diät: Kuchen und Gebäck galten als Feinde.

Also habe ich in jedem freien Moment Rezepte für gesunde und dennoch leckere Süßspeisen gesucht, und dabei hat sich mir eine bis dahin fremde Welt aufgetan, die mir bewusst machte, dass es sich in unserer Familie sehr wohl auch um Süßes gedreht hatte – ich hatte es nur verdrängt. Wie oft habe ich mit meinem jüngeren Bruder leckere Schwarz-Weiß-Kekse gebacken, weil wir so viel Spaß dabei hatten. Für ihn habe ich meine erste Geburtstagstorte zubereitet. Ich hatte zwar das Backpulver vergessen, aber sie schmeckte trotzdem, und das machte mich stolz. Der Holzofen im Garten kam nicht nur für Pizza zum Einsatz, auch *ciambelle al vino* (Weinkringel) wurden darin gemacht, und den Duft liebe ich bis heute.

Irgendwann ging es nicht mehr anders: Ich kehrte nach Hause zurück und beschloss, mich der Welt des Zuckers zu verschreiben. Von dem Moment an lebte und schlief ich in Restaurantküchen, lernte, auf Sterneniveau zu arbeiten, habe geweint und verrückte Dinge getan, zurückgeblickt aber habe ich nie, und nie werde ich vergessen, welche Bedeutung ein *dolce* für den Menschen haben kann.

Mir geht es in meiner Küche darum, offen und aufrichtig zu arbeiten, unverfälschte Zutaten zu verwenden, die in uns Erinnerungen an die Kindheit, an sonnengereifte Früchte und an Familienmahlzeiten wachrufen.

Darüber hinaus möchte ich mit diesem Buch das Bewusstsein dafür bewahren, dass jede Jahreszeit in der Küche ihre eigenen Besonderheiten bereithält: Kastanien im Herbst, Zitrusfrüchte im Winter, süße, saftige Erdbeeren im Frühling, herrlich duftende Früchte im Sommer.

Aber wir werden uns nicht nur mit süßen Dingen befassen! In jedem Kapitel geht es immer wieder auch um herzhafte Genüsse, und auch hier möchte ich die jahreszeitlichen Möglichkeiten niemandem vorenthalten, schon aufgrund meines eigenen Werdeganges.

Die folgenden Seiten stellen den Abschluss eines bedeutsamen Weges dar. Viele Menschen haben dazu beigetragen, ihn möglich zu machen, und ihnen allen möchte ich danken: der Redaktion von Slow Food Editore für das mir entgegengebrachte Vertrauen, mit einem besonderen Dank an Bianca Minerdo, die mich über viele arbeitsame Monate begleitet hat; Barbara Torresan, die an mich geglaubt hat und der es gelungen ist, meine Leidenschaft in den Bildern so umzusetzen, wie wir es uns erträumt hatten; meinem ersten Küchenchef, der mir bewusst gemacht hat, dass ich es schaffen würde, und jeder Küche, in der ich auf meinem Weg gearbeitet habe, weil ich überall die Gelegenheit bekam, zu wachsen; meiner Familie, dass sie mich verstanden hat; meiner Großmutter, dank derer ich den Duft von in Butter geschwenkten Aprikosenknödeln kennengelernt habe und die mir jeden Tag die perfekte Kühltasche für den Strand gepackt hat; mir selbst, dass ich nie aufgegeben habe, und meinem Mann für die einfache Tatsache, dass er an meiner Seite steht.

Martina Tribioli

Erläuterung der Symbole

Glutenfrei

ohne Zuckerzusatz

vegan

ohne Milchprodukte

ohne Ei

Grundrezepte

Italienische Meringe

Für 12 Personen

Zutaten

185 g Zucker
50 g Wasser
2 Eiweiß

Zubereitungszeit
40 Minuten

❶ Das Wasser in einem kleinen Topf mit 150 g Zucker verrühren und dann aufkochen, ohne zu rühren. Wenn es kocht, die Temperatur überprüfen und leicht absenken, sobald 110 °C erreicht sind. Leise weiter köcheln lassen und auf eine Temperatur von 118 °C bringen. Währenddessen das Eiweiß in einer mit Rührbesen bestückten Küchenmaschine leicht aufschlagen.

❷ Wenn das Eiweiß schaumig wird, den restlichen Zucker einrieseln lassen und weiter rühren, bis ein seidig-matter, cremiger und nicht zu fester Eischnee entsteht.

❸ Sobald der Sirup eine Temperatur von 118 °C erreicht hat, diesen unter Rühren auf höchster Stufe langsam über den Eischnee gießen.

❹ Die Meringe 4–5 Minuten auf mittlerer Stufe schlagen, bis die Rührschüssel sich lauwarm anfühlt. Die Konsistenz sollte fest, aber cremig sein und Spitzen bilden.

Dieses Grundrezept liefert die Basis für eine ganze Reihe weiterer Köstlichkeiten der italienischen Patisserie. Für die Zubereitung dieser Art von Meringe wird kein Backofen benötigt, da das Eiweiß dank des kochenden Sirups gart. Pur eignet sich die *meringa italiana* gut zum Garnieren feiner Torten, wenn sie vor dem Servieren kurz mit dem Flambierbrenner gebräunt wird. Wichtig ist, sie sofort zu verwenden, damit die typische cremige Konsistenz nicht verloren geht. Bekannter sind die französischen und schweizerischen Varianten. Für die französische Meringue, auch Baiser genannt, wird das Eiweiß mit dem Zucker kalt steif geschlagen und anschließend im Backofen gebacken, wodurch das Baiser außergewöhnlich knusprig und leicht wird. Bei der schweizerischen Variante werden Eiweiß und Zucker im Wasserbad auf etwa 65 °C erhitzt und anschließend ohne Hitzezufuhr steif geschlagen, bis die Masse lauwarm und cremig ist. Wie die italienische Meringe wird auch diese aufgrund ihrer seidigen Konsistenz vorwiegend für Garnierungen verwendet.

1

2

3

4

Salziger Quicheteig

Für 8 Personen

Zutaten

200 g Weizenmehl »Tipo 0« (ersatzweise Type 550)
90 g kalte Butter, gewürfelt
1 Ei
5 g Salz
20 g Wasser

Zubereitungszeit
20 Minuten plus Ruhe- und Backzeit

❶ Das Mehl und die Butterstücke entweder mit der Hand oder in der mit Flachrührer bestückten Küchenmaschine verkneten.

❷ Das Ei zugeben und unterkneten.

❸ Das Salz in der Hälfte des Wassers auflösen, zum Teig geben und untermischen. Gegebenenfalls mehr Wasser zugeben, bis der Teig glatt und fest ist – er darf nicht zu lange bearbeitet werden.

❹ Vor der weiteren Verwendung mindestens 2 Stunden in Frischhaltefolie eingepackt im Kühlschrank ruhen lassen.

Ein vielseitiges Grundrezept für viele herzhafte Gerichte wie Quiche, Gemüsekuchen oder Häppchen zum Aperitif. Dieser salzige Mürbeteig wird wegen seiner zarten, leicht blättrigen Konsistenz oft als Ersatz für Blätterteig (Seite 18) verwendet. Durch Einpinseln mit etwas Milch oder verquirltem Eigelb vor dem Backen wird der Teig glänzender und goldener in der Farbe.

1

2

3

4

Brandteig

Für 6 Personen

Zutaten

100 g Vollmilch
100 g Wasser
90 g Butter
1 Prise Zucker
1 Prise Salz
110 g Weizenmehl »Tipo 0«
(ersatzweise Type 550)
ca. 4 Eier (insgesamt 200 g)

Zubereitungszeit
40 Minuten plus Backzeit

❶ In einem Topf Milch, Wasser, Butter, Zucker und Salz langsam erhitzen. Wenn die Butter aufgelöst ist, die Temperatur leicht erhöhen und alles aufkochen. Dann den Topf von der Kochstelle nehmen, das Mehl einrieseln lassen und untermischen.

❷ Den Topf wieder auf die Kochstelle setzen und die Masse etwa 5 Minuten köcheln lassen, bis ein glatter Teig entstanden ist und sich auf dem Topfboden eine feine goldene Kruste gebildet hat.

❸ Die kochende Masse in die mit Flachrührer bestückte Küchenmaschine geben. Die Eier zunächst gut verquirlen, sodass sie leichter zu dosieren sind. Zwei Drittel der Eimasse nun nach und nach in den Teig einarbeiten.

❹ Wenn zwei Drittel der Eimasse untergerührt sind, nur noch kleine Mengen auf einmal zufügen und dabei die Konsistenz im Auge behalten. Der Teig sollte weich, aber nicht flüssig sein. Geht man mit einem Finger in den Teig, sollten sich die Ränder langsam wieder schließen.

Aus diesem sehr vielfältig zu verwendenden Teig lassen sich sowohl süße als auch herzhafte Beignets oder Windbeutel herstellen. Wichtig ist hier die richtige Dosierung der Eier. Es müssen nicht notwendigerweise alle verwendet werden, denn bei mehr Ei als nötig wird der Teig zu flüssig und die Beignets gelingen nicht so fluffig und leicht.

Achtung! Die Backofentür darf nicht vor Ende der Garzeit (mindestens 20 Minuten) geöffnet werden, sonst fallen die Beignets zusammen.

1

2

3

4

Mürbeteig

FÜR 12 PERSONEN

Zutaten

230 g zimmerwarme Butter
150 g Puderzucker
2 Eigelb
320 g Weizenmehl »Tipo 0« (ersatzweise Type 550)

Zubereitungszeit
20 MINUTEN PLUS RUHE- UND BACKZEIT

❶ Die Butter mit dem Puderzucker in der Küchenmaschine zu einer cremigen Masse verrühren. Dann die Eigelbe einzeln und unter ständigem Rühren einarbeiten.

❷ Das Mehl auf einmal in die Schüssel geben und kurz untermengen.

❸ Den Teig anschließend mit der Hand fertig kneten. Dabei nicht zu lange bearbeiten, denn er darf nicht warm werden.

❹ Vor der weiteren Verwendung mindestens 2 Stunden in Frischhaltefolie eingepackt im Kühlschrank ruhen lassen.

Dies ist sicherlich der Teig, der in der italienischen Pasticceria die größte Rolle spielt. Mürbeteig gibt es in unzähligen Varianten, von denen die hier vorgestellte als die klassische gilt. Der Puderzucker wird verwendet, um ihn besonders mürbe zu machen und die Ruhezeit zu verkürzen. Sollte der Mürbeteig zu hart werden, wurde er wahrscheinlich zu stark und zu lange bearbeitet, wodurch sich zu viel Gluten bildet. Er sollte nur gerade lange genug geknetet werden, sodass sich alle Zutaten verbinden.

1

2

3

4

Blätterteig

Für 8 Personen

Zutaten

Für die Butterplatte
250 g kalte Butter, in Stücke geschnitten
50 g Weizenmehl Type 550 (mit ca. 9 g Eiweiß/kg)

Für den Grundteig (Teigplatte)
250 g backstarkes Weizenmehl »Tipo 0« (ersatzweise Type 550, mit ca. 12 g Eiweiß/kg)
125 g Wasser
6 g Salz

Zubereitungszeit
50 Minuten plus Ruhe- und Backzeit

❶ Zunächst für die Butterplatte die kalte, in Stücke geschnittene Butter mit dem Mehl in die Schüssel der Küchenmaschine geben. Auf niedriger Stufe mit dem Flachrührer verrühren. Dies geht auch mit den Händen, allerdings darf die Butter nicht warm werden. Die Masse auf Frischhaltefolie legen und zu einer quadratischen, etwa 1,5 cm dicken Platte formen. Die Butterplatte in Frischhaltefolie eingewickelt in den Kühlschrank legen.

❷ Anschließend für die Teigplatte das Wasser mit dem Salz verrühren, dann zusammen mit dem Mehl in die Küchenmaschine geben und auf niedrigster Stufe mit dem Flachrührer 5–8 Minuten vermengen, bis sich ein gleichmäßiger, glatter und elastischer Teig entwickelt, der nicht klebt. Mit den Händen leicht flach drücken und in Frischhaltefolie eingepackt für mindestens 2 Stunden in den Kühlschrank legen.

❸ Anschließend die Arbeitsfläche leicht bemehlen und die Teigplatte darauf mit einem Nudelholz ausrollen. Sie sollte etwa 5 mm dick werden, aber die quadratische Form beibehalten. Die Butterplatte mittig auf die Teigplatte legen.

❹ Die vier Seiten der Teigplatte vorsichtig zur Mitte falten und die Ränder gut verschließen. Es darf keine Öffnung bleiben, damit die Butter ganz dicht im Inneren eingeschlossen bleibt.

Die Backstärke eines Mehls lässt sich bei italienischen Mehlen am W-Wert ablesen. Ab W 180 liegt eine mittlere Backstärke vor, ab W 280 eine hohe.

1

2

3

4

❺ Nun den Teig mit einem Nudelholz nach und nach in einer einzigen Richtung ausrollen, sodass er rechteckig wird. Er sollte etwa 1 cm dick sein. Gegebenenfalls mit etwas Mehl bestäuben. Nun kommt das sogenannten Tourieren: Dazu den Teig quer auf die Arbeitsplatte legen und die linke Seite so nach rechts umlegen, dass etwa ein Drittel des Rechtecks frei bleibt. Dann die rechte Seite nach links falten, sodass ein Rechteck entsteht: Dies ist die erste »einfache Tour« mit drei Lagen. Falls der Teig zu weich geworden ist, sollte er nochmals einige Stunden im Kühlschrank ruhen.

❻ Dann den Teig in Richtung entlang der seitlichen Öffnungen ausrollen, bis wieder ein etwa 1 cm dickes Rechteck entsteht.

❼ Den Teig nun um 90 Grad drehen, sodass er wieder quer auf der Fläche liegt. Nun sowohl von links als auch von rechts zur Mitte hin so umlegen, dass in der Mitte etwas Platz zum erneuten Zusammenklappen bleibt.

❽ Dann die eine Hälfte des Teiges wie ein Buch über die andere legen. Dies ist die erste »doppelte Tour«. Den Teig in Frischhaltefolie verpackt 2–4 Stunden in den Kühlschrank legen. Sowohl die einfache als auch die doppelte Tour wiederholen und den Blätterteig dann eine Nacht ruhen lassen. Am Tag darauf den Teig auf einer leicht bemehlten Arbeitsfläche vorsichtig ausrollen, ohne ihn dabei zu ziehen. Gleichmäßig mit einer Gabel einstechen und nach Belieben verwenden.

Wenn es um hausgemachtes Gebäck geht, ist Blätterteig eher gefürchtet und gilt als kompliziert, aber wenn man etwas Geduld aufbringt und die Arbeitsschritte sorgfältig ausführt, macht er auch einfachste Gerichte zu einem besonderen Genuss. Wichtig ist darauf zu achten, dass keine Butter aus dem Teig austreten kann, denn es ist gerade der darin entstehende Wasserdampf, der den Teig so schön blättrig werden lässt!

5

6

7

8

FELICIA
5,00 €

Frühling

Mandel-Biscotti mit Rosenblütenwasser

Für 35 Kekse

Zutaten

400 g blanchierte Mandelkerne
300 g flüssiger Honig
50 g getrocknete Erdbeeren
1 TL Rosenwasser
1 Prise frisch gemahlener Pfeffer
1 Prise Salz
abgeriebene Schale von 1 unbehandelten Zitrone
60–70 g Eiweiß (etwa 2 Eier)

Zubereitungszeit
20 Minuten plus Backzeit

Den Backofen auf 170 °C (Umluft 150 °C) vorheizen.

Die Mandeln fein mahlen und in die Rührschüssel der Küchenmaschine geben. Die übrigen Zutaten außer dem Eiweiß zugeben und alles mit dem Flachrührer gut verrühren.

Das Eiweiß anschließend unter Rühren langsam einlaufen lassen und den Teig zu einer gleichmäßigen Masse verarbeiten. Mit einem kleinen Eisportionierer aus dem Teig Halbkugeln formen und diese auf ein mit Backpapier ausgelegtes Backblech legen.

Die Kekse im vorgeheizten Backofen auf mittlerer Schiene etwa 15 Minuten backen, bis sie gleichmäßig gebräunt sind.

Vollständig abkühlen lassen. In einer Frischhaltedose halten sie sich bis zu 5 Tagen.

Rosenblütenwasser (*giulebbe*) ist ein aromatisches, rosafarbenes Getränk aus Rosensirup, der aus in Wasser mit Zucker gekochten Blüten hergestellt wird und anschließend abgeseiht und verdünnt wird.

Der italienische Name *giulebbe* leitet sich ab aus dem persischen Wort *gulâb* (gul= Rose, âb= Wasser).

Gefüllte Kekse

Für 24 Kekse

Zutaten

Für die Füllung
1 kleiner Bund Thymian
300 g flüssige Schlagsahne
Mark von ½ Vanilleschote
150 g Aprikosenkonfitüre

Für den Teig
3 große Eier (à etwa 60 g), getrennt
½ TL Zitronensaft
180 g Zucker
75 g Weizenmehl »Tipo 0« (ersatzweise Type 550)
70 g feines Maismehl (Fioretto)
½ TL Natron (Backsoda)
½ TL Backpulver
1 Prise Salz

Außerdem
Puderzucker zum Bestäuben

Zubereitungszeit
40 Minuten plus Ruhe- und Backzeit

Am Abend zuvor für die Füllung den gewaschenen Thymian fein hacken und mit der Sahne und dem Vanillemark in einem Behälter über Nacht im Kühlschrank ziehen lassen.

Am nächsten Tag den Backofen auf 200 °C (Umluft 190 °C) vorheizen. Das Eiweiß mit dem Zitronensaft in eine große Schüssel geben und mit dem elektrischen Handrührgerät schaumig aufquirlen, bis sich die Masse im Volumen mindestens verdoppelt hat. Dann den Zucker nach und nach unter weiterem Rühren einrieseln lassen und weiter rühren, bis ein fester, seidig-matter Eischnee entstanden ist. Nun das Eigelb dazugeben und auf mittlerer Stufe weiter rühren.

Weizen- und Maismehl mit Natron und Backpulver mischen und zweimal in eine Schüssel sieben. Das Salz unterrühren und alles behutsam unter die Eimasse heben, damit die Masse nicht zusammenfällt.

Mit zwei Löffeln oder einem kleinen Eisportionierer Teignocken auf ein mit Backpapier ausgelegtes Backblech setzen. Dazwischen etwas Abstand lassen, denn sie werden etwa 4 cm groß werden. Auf mittlerer Schiene in etwa 12 Minuten goldgelb backen und dann abkühlen lassen.

Anschließend die kalte Sahne abseihen, um den Thymian aus der Sahne zu entfernen, und mit dem elektrischen Handrührgerät aufschlagen, bis sie fest, aber noch cremig ist. Die Sahne mithilfe von zwei kleinen Löffeln oder einem Spritzbeutel auf der Hälfte der Kekse verteilen. Nicht zu viel daraufgeben, da die Sahne sonst herausquillen würde. Dann mit einem Teelöffel jeweils etwas Aprikosenkonfitüre daraufgeben und mit den nicht gefüllten Keksen belegen.

Die Kekse ohne Druck in einen Behälter legen und im Kühlschrank 4 Stunden ruhen lassen. Eine halbe Stunde vor dem Servieren aus dem Kühlschrank nehmen und mit Puderzucker bestäuben. Sie halten sich im Kühlschrank 3 Tage.

Ligurische Canestrelli – Mandelkekse

Für 50 Kekse

Zutaten

3 Eier
150 g Weizenmehl »Tipo 0« (ersatzweise Type 550)
100 g Kartoffelstärke
75 g Puderzucker plus etwas mehr zum Garnieren
150 g kalte Butter, gewürfelt
abgeriebene Schale von ½ unbehandelten Zitrone
Mark von ½ Vanilleschote

Zubereitungszeit
40 Minuten plus Ruhe- und Backzeit

Die Eier in einem Topf mit kochendem Wasser 9 Minuten kochen und anschließend 3 Minuten unter fließendem Wasser abschrecken.

Das Mehl, die Stärke und den Puderzucker in eine große Schüssel sieben. Die gewürfelte Butter, den Zitronenabrieb und das Vanillemark dazugeben und alles mit der Hand oder in der Küchenmaschine grob zu einem Teig verarbeiten.

Die Eier pellen und das Eigelb herauslösen. Diese dann durch ein kleines Sieb in den Teig drücken und glatt unterrühren. Den Teig leicht flach drücken und in Frischhaltefolie eingepackt 1 Stunde im Kühlschrank ruhen lassen.

Anschließend den Teig auf einer leicht bemehlten Arbeitsfläche 1 cm dick ausrollen.

Die Canestrelli mit dem speziellen Ausstecher (oder einer sonstigen Blumenform mit Loch in der Mitte) ausstechen und mit etwas Abstand zueinander auf ein mit Backpapier ausgelegtes Backblech legen. Im auf 170 °C (Umluft 150 °C) vorgeheizten Backofen auf mittlerer Schiene in etwa 18 Minuten goldgelb backen.

Danach vollständig abkühlen lassen und mit Puderzucker bestäubt servieren. In einer Frischhaltedose halten sie sich 1 Woche.

Zitronen-Kranzkuchen mit Mohnsamen

Für eine Kranzform mit 20–22 cm Durchmesser (8 Personen)

Zutaten

220 g Dinkelmehl Type 630
3 g Backpulver
6 g Natron (Backsoda)
2 EL Mohnsamen
1 Prise Salz
85 g Sonnenblumenöl
150 g flüssiger Honig
100 g Wasser
Saft und abgeriebene Schale von 1 großen unbehandelten Zitrone

Zubereitungszeit
40 Minuten plus Backzeit

Den Backofen auf 180 °C (Umluft 160 °C) vorheizen. Eine Kranzform einfetten und mit Mehl bestäuben.

Das Mehl mit Backpulver und Natron in eine Schüssel sieben. Die Mohnsamen und 1 Prise Salz unterrühren.

In einer zweiten Schüssel die übrigen Zutaten mit einem Schneebesen behutsam verquirlen. Diese Masse nun zu den trockenen Zutaten geben und alles zu einem flüssigen und gleichmäßigen Teig verrühren.

Den Teig in die Form geben und auf mittlerer Schiene etwa 40 Minuten backen. Vor Ende der Backzeit die Stäbchenprobe machen.

Den fertig gebackenen Kuchen aus dem Ofen nehmen und 15 Minuten abkühlen lassen, dann aus der Form nehmen. Den Kranzkuchen lauwarm oder kalt servieren, nach Belieben mit geschlagener Sahne.

Der Schlafmohn, *Papaver somniferum*, ist die Pflanze, aus deren Saft Opium gewonnen wird. Die in den braunen Kapseln enthaltenen Samen aber sind frei davon und werden verwendet, um Brot, Focacce, süßes Gebäck und anderes zu verfeinern. Überreste von Brot mit Mohnsamen, die man in Pfahlbauten im Nordosten Italiens entdeckt hat, lassen darauf schließen, dass die Samen schon vor langer Zeit als aromatische Zutat geschätzt waren.

Cantucci mit Pistazien und Trockenaprikosen

Für 50 Kekse

Zutaten

60 g zimmerwarme Butter
220 g Zucker plus 2 EL zusätzlich
Mark von ½ Vanilleschote
3 Eier
260 g Weizenmehl »Tipo 0« (ersatzweise Type 550)
½ TL Natron (Backsoda)
130 g Trockenaprikosen
110 g Pistazienkerne
1 EL Wasser

Zubereitungszeit
30 Minuten plus Ruhe- und Backzeit

Die zimmerwarme Butter mit dem Zucker und dem Vanillemark gerade so lang verrühren, dass sich alles verbindet. Nacheinander zwei Eier unterrühren (das dritte beiseitestellen). Dann das Mehl mit dem Backnatron mischen, über die Ei-Zucker-Masse sieben und unterrühren. Die getrockneten Aprikosen fein hacken und mit den Pistazienkernen unter den Teig mischen. Das Ganze ergibt eine feste und leicht klebrige Masse.

Die Masse mit einem Teigschaber aus der Schüssel auf Frischhaltefolie geben, darin einwickeln und für 1 Stunde im Kühlschrank kalt stellen.

Den Backofen auf 180 °C (Umluft 160 °C) vorheizen und ein Backblech mit Backpapier auslegen.

Den gekühlten Teig aus der Folie nehmen und auf einer leicht bemehlten Arbeitsfläche kneten, bis er glatt und gleichmäßig ist. Dann halbieren und zwei Rollen in der Länge des Backblechs formen, jeweils mit einem Durchmesser von etwa 4 cm. Die Rollen auf das Backblech legen.

Das beiseitegestellte Ei mit dem Wasser verquirlen und damit die Teigrollen einpinseln. Zuletzt die Teigrollen mit 2 EL Zucker bestreuen und 20 Minuten backen. Sie sollten leicht goldgelb sein, kompakt, aber noch weich.

Mindestens 3 Stunden oder über Nacht abkühlen lassen. Anschließend mit einem Brotmesser schräg in 1 cm dicke Scheiben schneiden.

Die Scheiben auf ein mit Backpapier ausgelegtes Backblech legen und von beiden Seiten jeweils etwa 8 Minuten im 160 °C heißen Backofen (Umluft 140 °C) backen, bis sie vollständig trocken und goldgelb sind. In einer Frischhaltedose halten sich die Cantucci 2 Wochen.

Dolce di Limone, Mandorle e Amaretti

Für eine Springform mit 22–24 cm Durchmesser (8 Personen)

Zutaten

Für den Kuchenboden
250 g Amaretti (kleine Mandelmakronen)
50 g Bitterschokolade
75 g zimmerwarme Butter

Für die Creme
4 Eier
120 g Zucker
120 g Butter, zerlassen
120 g gemahlene Mandelkerne
Saft und abgeriebene Schale von 3 unbehandelten Zitronen

Für die Garnierung
150 g flüssige Schlagsahne

Zubereitungszeit
50 Minuten plus Ruhe- und Backzeit

Zunächst ein Backpapier gut mit Wasser befeuchten, danach ausdrücken. Anschließend die Form damit auslegen und den Boden vorbereiten. Die Amaretti im Mixer fein zerkleinern, die in Stücke zerkleinerte Schokolade dazugeben und erneut mixen. Die Butter dazugeben und untermixen, bis eine gleichmäßige Masse entstanden ist.

Den Teig in die Form geben. Mit der Rückseite eines Löffels gut andrücken und einen etwa 3 cm hohen Rand formen. Die Form 30 Minuten in den Kühlschrank stellen.

Den Backofen auf 180 °C (Umluft 160 °C) vorheizen und den Boden darin etwa 10 Minuten vorbacken. Sollte er sich an einer Stelle anheben, den Teig mit dem Löffelrücken wieder flach drücken.

Für die Creme die Eier in einer Schüssel leicht verquirlen, Zucker, Butter, Mandeln sowie den durchgeseihten Zitronensaft und den Zitronenabrieb dazugeben und alles gut verrühren. Die Masse auf den Amaretti-Boden gießen und auf mittlerer Schiene 25 Minuten backen, bis er goldgelb gebräunt ist. Den vollständig abgekühlten Kuchen aus der Form nehmen.

Die Sahne cremig, aber nicht zu steif aufschlagen. Mit einem Löffel oder einem Teigschaber auf dem Kuchen verteilen und diesen dann vor dem Servieren 2 Stunden in den Kühlschrank stellen.

Tarteletten mit Cremefüllung

Für 4 kleine Kuchen

Zutaten

Für den veganen Mürbeteig
125 g heller Rohrzucker
65 g kaltes Wasser
70 g Sonnenblumenöl
250 g Weizenmehl »Tipo 0« (ersatzweise Type 550)
5 g Backpulver
abgeriebene Schale von ½ unbehandelten Zitrone
1 Prise Salz

Für die Creme
600 g ungesüßter Mandel- oder Reisdrink
30 g Weizenmehl »Tipo 0« (ersatzweise Type 550)
12 g Speisestärke
60 g heller Rohrzucker

Außerdem
Hülsenfrüchte zum Blindbacken (z. B. Kichererbsen)
80 g Pinienkerne

Zubereitungszeit
50 Minuten plus Ruhe- und Backzeit

Zunächst wird der Mürbeteig zubereitet (wer die klassische Variante bevorzugt, folgt dem Rezept auf Seite 16). Den Zucker im Wasser unter Rühren mit einem Schneebesen auflösen. Das Öl zugießen und alles verquirlen. Das Mehl mit dem Backpulver mischen und über die Öl-Mischung sieben. Dann den Zitronenabrieb und das Salz dazugeben. Alles rasch mit den Händen oder mit einem Löffel zu einem weichen Teig vermengen und abgedeckt 4 Stunden im Kühlschrank ruhen lassen.

In der Zwischenzeit für die Creme 500 ml vom Mandeldrink in einen flachen Topf geben und bei niedriger Temperatur zum Kochen bringen. Das Mehl und die Speisestärke in eine Schüssel sieben, den Zucker zugeben und mit dem übrigen Mandeldrink klumpenfrei verquirlen.

Sobald der Mandeldrink anfängt zu kochen, diesen unter Rühren langsam in die Schüssel gießen. Anschließend die Masse in den Topf geben und unter ständigem Rühren bei niedriger Temperatur 3 Minuten leise köchelnd eindicken lassen. In einen Edelstahlbehälter umfüllen und eine Lage Frischhaltefolie direkt auf die Masse legen, sodass sich keine Haut bilden kann. Leicht abkühlen lassen.

Den Backofen auf 170 °C (Umluft 150 °C) vorheizen. Die vier kleinen Kuchenformen einfetten und mit Mehl bestäuben. Dann vom kalten Teig zwei Drittel 4 mm dick ausrollen und die Formen damit auskleiden. Die Böden mit einer Gabel mehrfach einstechen, Backpapier darauf legen und dann Kichererbsen. Auf mittlerer Schiene 15 Minuten blindbacken, dann die Kichererbsen samt Backpapier wieder entfernen und nochmals 5–10 Minuten backen, bis die Böden leicht goldgelb sind.

Nun die Creme in die Formen füllen: Sollte sie zu fest geworden sein, kann sie mit einem Stabmixer aufgelockert werden. Den übrigen Teig etwa 2 mm dick ausrollen und zum Abdecken der Füllung verwenden. Zuletzt mit leicht angedrückten Pinienkernen bestreuen.

Die Crostatine auf mittlerer Schiene in 10–15 Minuten goldgelb backen. Danach abkühlen lassen und servieren.

Crostata di Ricotta

Für eine Form mit 24 cm oder 4 Formen mit 8 cm Durchmesser (8 Personen)

Zutaten

Für den Mürbeteig
50 g kalte Butter
50 g kaltes Schweineschmalz
220 g Weizenmehl »Tipo 0« (ersatzweise Type 550)
70 g Zucker
1 Prise Salz
2 Eigelb
1 EL Wasser (optional)

Für den Belag
100 g Butter, zerlassen
100 g Rosinen
2 EL Rum
350 g Ricotta
160 g Zucker
2 Eier
40 g Semmelbrösel
40 g Pinienkerne
Mark von ½ Vanilleschote
abgeriebene Schale von 1 unbehandelten Zitrone

Außerdem
Puderzucker zum Bestäuben

Zubereitungszeit
40 Minuten plus Ruhe- und Backzeit

Am Tag zuvor für den Mürbeteig die Butter und das Schmalz in kleine Würfel schneiden. Mit dem Mehl vermischen, entweder mit der Hand oder mit dem Flachrührer in der Küchenmaschine zunächst auf niedriger Stufe, dann schneller mixen, bis der Teig sich feinkörnig anfühlt. Zucker und Salz zugeben und alles gut vermengen. Nacheinander die Eigelbe zugeben und nur so lange wie nötig unterrühren, da der Teig sonst zu hart wird. Falls der Teig zu trocken wird, etwas Wasser zugeben.

Abschließend den Teig mit den Händen durchkneten, dann leicht flach drücken und in Frischhaltefolie eingepackt mindestens 4 Stunden, oder besser über Nacht, in den Kühlschrank legen.

Nach der Ruhezeit die Backform einfetten und mit Mehl bestäuben. Den Teig aus dem Kühlschrank nehmen und bei Zimmertemperatur etwa 30 Minuten zimmerwarm werden lassen. Zwischen zwei Lagen Backpapier 4–5 mm dick ausrollen. Ein Drittel vom Teig beiseitestellen und mit dem Rest zügig die Form auskleiden.

Die Form in den Kühlschrank stellen und in der Zwischenzeit für den Belag die Butter zerlassen und wieder leicht abkühlen lassen. Die Rosinen in warmem Wasser gut abspülen, abgießen und in einer kleinen Schüssel mit dem Rum übergießen. Beiseitestellen.

Den Ricotta in eine Schüssel füllen. Sehr frischer, wässriger Ricotta am besten vorab in einem Tuch auspressen. Dann mit einem Holzlöffel oder einem Teigschaber zu einer glatten Creme verrühren. Unter behutsamem Rühren den Zucker, die leicht verquirlten Eier, die zerlassene Butter, die Semmelbrösel, die ausgedrückten Rosinen, die Pinienkerne, das Vanillemark und den Zitronenabrieb zugeben und unterrühren.

Den Backofen auf 190 °C (Umluft 170 °C) vorheizen. Die Füllung auf den Mürbeteigboden gießen. Den restlichen Teig ausrollen und zu gleichmäßigen, etwa 1 cm breiten Streifen schneiden. Den Kuchen damit gitterförmig bedecken. Auf mittlerer Schiene 50–60 Minuten backen, bis die Crostata an der Oberfläche schön goldgelb gebräunt ist. Aus dem Ofen nehmen, etwas abkühlen lassen und mit Puderzucker bestäuben.

Gefüllte Blätterteig-Fagottini

Für 12 Personen

Zutaten

Für den Blätterteig
1 kg Blätterteig (Rezept auf Seite 18; Zutatenmenge x 1,5)

Für die Konditorcreme
100 g Vollmilch
50 g flüssige Schlagsahne
Mark von ½ Vanilleschote
35 g Eigelb (etwa 1 ½)
50 g Zucker
12 g Reisstärke
12 g Speisestärke

Für die Reiscreme
90 g Reis Typ Vialone Nano oder normaler Vialone (Risottoreis)
300 g Vollmilch
45 g Zucker
abgeriebene Schale von 1 unbehandelten Zitrone
15 g Butter

Für die Mandelcreme
100 g zimmerwarme Butter
100 g Zucker
75 g Eigelb (etwa 1 ½)
100 g gemahlene Mandelkerne

Für die Bräunung
½ Eigelb
½ Ei
2 EL Vollmilch

Zubereitungszeit
1 Stunde plus Ruhe- und Backzeit

Den Blätterteig am Tag zuvor wie im Grundrezept auf Seite 18 beschrieben zubereiten und mit der »doppelten Tour« abschließen, wie auf Foto Nummer 8 gezeigt.

Am Morgen darauf für die Füllung zunächst die Konditorcreme zubereiten. Dafür Milch und Sahne in einem Topf mit dem ausgeschabten Vanillemark erhitzen. Eigelb und Zucker in einer Schüssel kräftig verquirlen, bis die Masse hell und schaumig ist. Beide Sorten Speisestärke sieben und unter die Eiermasse rühren. Wenn der Milch-Sahne-Mix anfängt zu kochen, die Flüssigkeit unter Rühren über die Eier gießen und klumpenfrei verquirlen. Alles in den Topf geben und auf mittlerer Stufe unter ständigem Rühren erhitzen, bis sie anfängt einzudicken. Noch 1 Minute auf dem Herd lassen, dann in einen flachen Edelstahlbehälter geben, eine Lage Frischhaltefolie direkt auf die Masse legen, sodass sich keine Haut bilden kann, und abkühlen lassen.

Den Reis in kaltem Wasser waschen und abgießen. Die Milch, den Zucker, den Zitronenabrieb und die Butter in einem flachen Topf bei mittlerer Temperatur zum Kochen bringen. Den Reis darin bei niedriger Temperatur 10–12 Minuten garen. Vom Herd nehmen und den Reis aufquellen lassen, bis er die Flüssigkeit komplett aufgenommen hat.

Für die Mandelcreme die zimmerwarme Butter und den Zucker mit einem Schneebesen cremig aufschlagen. Abwechselnd Eier und gemahlene Mandeln unterrühren. Die Konditorcreme und den gegarten Reis zugeben und alles gründlich zu einer gleichmäßigen Masse verrühren. Sollten die einzelnen Cremes zu fest geworden sein, hilft ein Handrührgerät beim Mischen.

Den Backofen auf 180 °C (Umluft 160 °C) vorheizen. Den Teig auf ein 4–5 mm dickes Rechteck ausrollen. Daraus mit dem Teigrädchen etwa 25 Quadrate ausschneiden. Die Füllung mittig auf die Quadrate verteilen und die Ecken über der Mitte zusammenbringen, sodass kleine Päckchen entstehen. Auf ein mit Backpapier ausgelegtes Backblech legen.

Das Ei und das Eigelb leicht verquirlen und 2 EL Milch zugeben. Die Fagottini damit einpinseln und auf mittlerer Schiene 10 Minuten backen, dann die Temperatur auf 250 °C (Umluft 230 °C) erhöhen und die Fagottini in 10-15 Minuten fertig backen.

Maritozzi – Hefebrötchen mit Sahne

Für 8 Hefebrötchen

Zutaten

Für den Teig
4 g frische Hefe
100 g lauwarmes Wasser
150 g Weizenmehl »Tipo 0« (ersatzweise Type 550)
100 g Manitoba-Mehl (backstarkes Weizenmehl)
45 g Zucker
½ TL Salz
abgeriebene Schale von 1 unbehandelten Orange
1 TL flüssiger Honig plus 1 EL zusätzlich
2 Eigelb
1 Eiweiß
30 g Butter
40 g Sonnenblumenöl
100 g Rosinen
1 EL Rum

Für die Füllung
250 g flüssige Schlagsahne
1 EL Puderzucker

Zubereitungszeit
40 Minuten plus Ruhe- und Backzeit

Für den Teig die Hefe in die Rührschüssel der Küchenmaschine bröseln, die Hälfte des lauwarmen Wassers (höchstens 26 °C) zugießen und verrühren. Das Mehl »Tipo 0« zugeben und alles ein paar Minuten mit dem Knethaken oder den Händen zu einer gleichmäßigen Masse verarbeiten. Mit einem Geschirrtuch abgedeckt 30 Minuten ruhen lassen. Anschließend das Manitoba-Mehl und das restliche Wasser zugeben. Den Orangenabrieb, den Zucker und das Salz mit der Hand vermischen und in die Rührschüssel geben. Etwa 2 Minuten bei niedriger Geschwindigkeit kneten, dann 1 TL Honig und die beiden Eigelbe einarbeiten. Nach und nach bei mittlerer Geschwindigkeit langsam die Butter und das Öl dazugeben.

Wenn der Teig glatt und elastisch ist, noch einmal kurz mit den Händen kneten und zu einer Kugel formen. Diese in eine leicht bemehlte Schüssel legen, mit einem Tuch abdecken und einige Stunden aufgehen lassen, bis sich der Teig im Volumen verdoppelt hat.

Die Rosinen abspülen, mit lauwarmem Wasser sowie dem Rum übergießen und darin einweichen. Den Teig auf die Arbeitsfläche geben und die ausgedrückten Rosinen unterkneten. Alles mit den Händen durchkneten und mehrfach falten. Wieder zu einer Kugel formen und in die Schüssel legen. An diesem Punkt lässt man vor der weiteren Verarbeitung den Teig entweder 30 Minuten ruhen oder stellt ihn in bis zum nächsten Tag in den unteren Bereich des Kühlschranks.

Anschließend den Teig in acht Stücke teilen und diese jeweils zu Kugeln formen. 10 Minuten ruhen lassen und dann längliche Brötchen daraus formen. Auf ein mit Backpapier ausgelegtes Backblech legen, leicht bemehlen und mit Frischhaltefolie abgedeckt 1 Stunde gehen lassen.

Den Backofen auf 180 °C (Umluft 160 °C) vorheizen. Die Maritozzi an der Oberfläche leicht mit dem Eiweiß bepinseln und auf mittlerer Schiene 15 Minuten backen, bis sie gleichmäßig gebräunt sind. Aus dem Ofen nehmen, sofort vorsichtig mit dem restlichen Honig bestreichen und vollständig abkühlen lassen.

Für die Füllung Schlagsahne mit dem Puderzucker steif schlagen. Die Maritozzi längs bis zur Hälfte einschneiden und mit der Sahne gefüllt servieren.

Meringe-Torte mit Vanilleeis

Für eine rechteckige Springform 20 x 30 cm (10 Personen)

Zutaten

Für die Torta Margherita (Wiener Boden)
3 Eier
250 g Zucker
50 g Butter plus etwas mehr zum Einfetten der Form
100 ml Vollmilch
225 g Weizenmehl »Tipo 0« (ersatzweise Type 550)
2 TL Backpulver
abgeriebene Schale von ½ unbehandelten Zitrone
1 Prise Salz

Für die Meringe
3 Eiweiß (etwa 110 g)
225 g Zucker
½ TL Zitronensaft

Außerdem
100 g Wasser
100 g Zucker
4 EL weißer Rum
1 kg Vanilleeis
2 EL flüssiger Kastanienhonig

Zubereitungszeit
1 Stunde plus Backzeit

Den Backofen auf 180 °C (Umluft 160 °C) vorheizen. Die Form einfetten und mit Mehl bestäuben. Dann für den Wiener Boden mit dem elektrischen Handrührgerät die Eier mit dem Zucker zu einer hellen und schaumigen Masse aufschlagen. Die Butter in einem Topf zerlassen, die Milch einquirlen und unter die Eimasse rühren. Das Mehl mit dem Backpulver mischen und sieben, dann mit dem Salz und dem Zitronenabrieb vorsichtig unter die Butter-Ei-Masse heben.

Die Masse in die Form geben und auf mittlerer Schiene 30 Minuten backen. Gegen Ende der Backzeit die Stäbchenprobe machen. Den fertig gebackenen Boden 15 Minuten abkühlen lassen und anschließend auf einem Kuchengitter vollständig auskühlen lassen.

In der Zwischenzeit das Wasser mit dem Zucker aufkochen, von der Kochstelle nehmen und den Rum dazugeben. Abkühlen lassen.

Den Kuchenboden in eine Keramikform geben und mit dem abgekühlten Sirup übergießen. Das Eis in Scheiben schneiden und auf dem Kuchenboden auslegen. Die Form in den Gefrierschrank stellen.

Für die Meringe einen hohen Topf mit Wasser füllen und zum Kochen bringen. Die Temperatur dann auf die niedrigste Stufe stellen. Den Backofengrill auf 250 °C vorheizen. Das Eiweiß mit Zucker und Zitronensaft in einer großen Edelstahlschüssel im Wasserbad über dem Topf auf dem Herd verquirlen, bis die Masse die Temperatur von 65 °C erreicht. Den Topf vom Herd nehmen und weiter schlagen, bis die Meringe lauwarm ist. Dann mit einem Teigschaber oder einem Löffel schnell auf dem Eis verteilen und alles nochmals für 10 Minuten in den Gefrierschrank stellen.

Die Form bei offener Tür unter den Backofengrill schieben und die Meringe in etwa 5 Minuten unter Sichtkontrolle leicht bräunen lassen. Auf einzelne Portionsschalen aufteilen, den Honig darüber verteilen und sofort servieren. Die Meringe-Torte hält sich im Gefrierschrank 4 Tage, vor dem Servieren dann etwa 20 Minuten antauen.

Baisers mit Früchten, Sahne und Eis

Für 6 Personen

Zutaten

Für die Baisers
70 g Eiweiß (etwa 2 Eier)
½ TL Zitronensaft
70 g Zucker
70 g Puderzucker

Für die Garnitur
150 g flüssige Schlagsahne
Obst der Saison
Vanilleeis (oder Fruchtsorbet)

Zubereitungszeit
50 Minuten plus Backzeit

Den Backofen auf 90 °C (Umluft 80 °C) vorheizen. Das Eiweiß mit dem Zitronensaft in der Küchenmaschine zunächst bei mittlerer Geschwindigkeit schaumig schlagen. Dann nach und nach den Zucker einrieseln lassen und weiter rühren, bis ein glatter, fester Eischnee entstanden ist. Den Puderzucker sieben und behutsam mit einem Schneebesen unter die Masse heben.

Den Eischnee mithilfe von zwei Löffeln auf einem mit Backpapier ausgelegten Backblech verteilen, sodass sechs etwa 1 cm hohe runde Böden entstehen.

Das Blech in den Ofen schieben und die Baisers auf mittlerer Schiene mindestens 1 ½ Stunden backen, bis die Baisers ganz leicht und trocken sind. Abkühlen lassen.

Die Sahne steif schlagen und die Baisers mit der geschlagenen Sahne, dem Eis (oder Sorbet) und den Früchten garnieren. In einer Frischhaltedose halten sich die Baisers mehrere Wochen.

Dieses Dessert knüpft an die traditionelle Zubereitung der Pavlova an: Erzählungen zufolge wurde es erstmals in den 1930er Jahren von Küchenchef Herbert Sachse zu Ehren der Balletttänzerin Anna Pavlova zubereitet. Dem Konditormeister schwebte ein Dessert vor, das so weiß ist wie die Schwäne, die sie darstellte, so fest wie die Spitzen ihrer Ballettschuhe und gleichzeitig so weich wie ihre Bewegungen.

In dieser Jahreszeit können die Baisers gut mit Erdbeeren, Kirschen, und im späteren Frühjahr auch mit den ersten Pfirsichen und Aprikosen oder auch mit Melonen garniert werden. Eine wahre Köstlichkeit, ob mit frischen oder mit im Ofen gegarten Früchten. Bei gegarten Früchten sollte man allerdings den Saft extra halten und später zum Garnieren verwenden.

Dinkel-Ochsenaugen mit Aprikosen-Cremefüllung

Für 6 Personen

Zutaten

Für den veganen Dinkel-Mürbeteig
250 g Dinkelmehl Type 630
8 g Backpulver
1 EL abgeriebene Schale von 1 unbehandelten Zitrone
1 Prise Salz
70 g ungesüßter Hafer- oder Mandeldrink
60 g flüssiges Backmalz (oder Maissirup)
60 ml Traubenkernöl

Für die Füllung
250 g Trockenaprikosen
175 g Wasser
1 Prise Salz
Mark von ½ Vanilleschote

Zubereitungszeit
40 Minuten plus Backzeit

Zunächst wird der Mürbeteig zubereitet. (Nach Belieben stattdessen die klassische Variante von Seite 16 zubereiten.) Das mit Backpulver vermischte Mehl sieben, den Zitronenabrieb und das Salz dazugeben und alles gut vermischen. Den Pflanzendrink mit dem Malz und dem Öl verquirlen und dann über die trockenen Zutaten gießen. Alles gut vermengen, sodass ein glatter und elastischer Teig entsteht. In Frischhaltefolie einpacken und mindestens 30 Minuten im Kühlschrank ruhen lassen.

Für die Füllung alle Zutaten in einem Topf zum Kochen bringen und bei geschlossenem Deckel bei niedriger Temperatur etwa 20 Minuten köcheln lassen, bis das Wasser verdampft ist. Den Herd ausstellen und den Topfinhalt pürieren.

Den Backofen auf 180 °C (Umluft 160 °C) vorheizen. Den Teig 3–4 mm dick ausrollen und runde Plätzchen ausstechen. Bei der Hälfte der Plätzchen mithilfe eines kleineren Ausstechers in der Mitte ein Loch ausstechen.

Die Aprikosencreme mit zwei Teelöffeln auf den Plätzchen ohne Loch verteilen und mit je einem gelochten Plätzchen bedecken. Die Plätzchen auf ein mit Backpapier ausgelegtes Backblech legen und auf mittlerer Schiene in etwa 15 Minuten goldgelb backen. Abkühlen lassen. In einer Frischhaltedose halten sie sich bis zu 4 Tage.

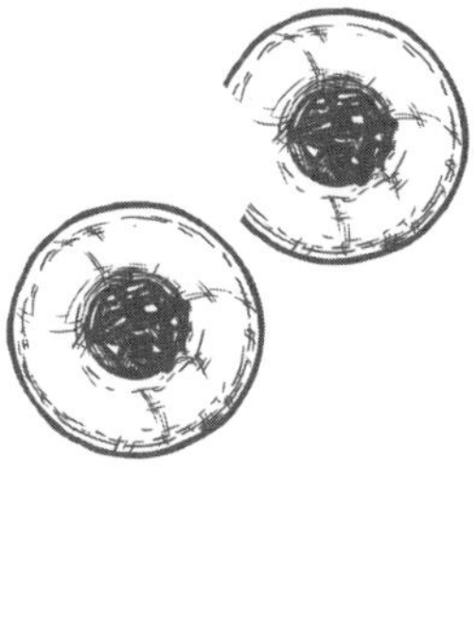

Unter Ochsenauge versteht man bei Backwaren doppelte Mürbeteigkekse, die unterschiedlich gefüllt sein können: Marmelade, Konfitüren, verschiedene Cremes …

Neapolitanische Ostertorte

FÜR EINE KUCHENFORM MIT 26 CM DURCHMESSER (10 PERSONEN)

Zutaten

Für den Mürbeteig
50 g kalte Butter
50 g kaltes Schweineschmalz
220 g Weizenmehl »Tipo 0« (ersatzweise Type 550)
70 g Zucker
1 Prise Salz
2 Eigelb
1 EL Wasser

Für die Füllung
200 g *grano cotto* (vorgegarte Weizenkörner)
120 g Vollmilch
10 g Butter
abgeriebene Schale von je 1 unbehandelten Zitrone und Orange
Mark von ½ Vanilleschote
110 g Zucker
2 Eier
1 Eigelb
300 g (Schafs-)Ricotta
1-2 TL Orangenblütenwasser
2 EL Grand Marnier

Außerdem
Hülsenfrüchte zum Blindbacken (z. B. Kichererbsen)

Zubereitungszeit
1 STUNDE PLUS BACKZEIT

Für den Mürbeteig Butter und Schmalz in Würfel schneiden und in die Küchenmaschine geben. Das Mehl zugeben und mit dem Flachrührer grob zu einem Teig verarbeiten. Zucker und Salz zugeben und erneut verkneten. Dann nacheinander jeweils ein Eigelb zugeben und gerade so lange wie nötig unterrühren, da der Teig sonst zu hart wird. Das Wasser zugeben. Wenn ein gleichmäßiger Teig entstanden ist, diesen auf der Arbeitsfläche leicht flach drücken und in Frischhaltefolie eingepackt 3 Stunden kühl stellen.

Den Teig vor der weiteren Verarbeitung 30 Minuten zimmerwarm werden lassen. In der Zwischenzeit die Kuchenform einfetten und mit Mehl bestäuben. Den Teig auf einer bemehlten Fläche ausrollen. Mit zwei Dritteln des Teiges die Kuchenform so auskleiden, dass ein 4–5 cm hoher Rand entsteht. Die Form 20 Minuten kalt stellen. In der Zwischenzeit den Backofen auf 170 °C (Umluft 150 °C) vorheizen. Den Teig mit Backpapier abdecken, Kichererbsen daraufgeben und auf mittlerer Schiene etwa 15 Minuten blindbacken. Anschließend Papier und Kichererbsen entfernen und weitere 10 Minuten backen, bis der Boden leicht goldgelb ist.

In der Zwischenzeit für die Füllung den Weizen (am besten ungesüßt und frei von Aromastoffen), Milch, Butter, Zitronen- und Orangenabrieb sowie das Vanillemark in einem großen Topf bei mittlerer Temperatur etwa 5 Minuten köcheln lassen. Die Masse sollte leicht feucht bleiben.

Abkühlen lassen und unter Rühren Zucker, Eier und Eigelb zugeben. Den Ricotta durch ein feines Sieb streichen – ist er zu feucht, vorab in einem Tuch ausdrücken – und unterrühren. Zuletzt Orangenblütenwasser und Grand Marnier zugeben und alles gut verrühren.

Die Masse auf dem Teigboden verteilen. Den restlichen Teig ausrollen, in Streifen schneiden und gitterförmig über der Füllung auslegen. In etwa 45 Minuten im Ofen auf mittlerer Schiene goldbraun backen.

Der Kuchen sollte 2 Tage im Voraus zubereitet werden und anschließend ruhen, schmeckt aber auch lauwarm ausgezeichnet. Mit Frischhaltefolie abgedeckt hält er sich im Kühlschrank 4 Tage.

Pannacotta mit Rosenwasser, Erdbeeren und Pistazien

Für 6 Personen

Zutaten

Für die Pannacotta
5 Blatt Gelatine
100 ml Vollmilch
500 g flüssige Schlagsahne
100 g Zucker
wenige Tropfen Rosenblütensirup

Außerdem
300 g Erdbeeren
20 g Puderzucker (optional)
150 g ungesalzene Pistazienkerne

Zubereitungszeit
30 Minuten plus Ruhezeit

Für die Pannacotta zunächst die Gelatine in kaltem Wasser einweichen. Die Milch mit 250 g Sahne in einem Topf erhitzen und kurz vor dem Kochen von der Kochstelle nehmen. Den Zucker dazugeben und unter Rühren auflösen. Anschließend die ausgedrückte Gelatine unterrühren. Alles mit einem Schneebesen verquirlen, dann die übrige Sahne und den Rosensirup unterrühren.

Die Masse in eine mit kaltem Wasser ausgespülte Form gießen. Lauwarm werden lassen und dann für mindestens 6 Stunden in den Kühlschrank stellen.

Kurz vor dem Verzehr die Erdbeeren waschen, trocknen und vom Stielansatz befreien. Die Pistazienkerne rösten, abkühlen lassen und grob hacken.

Alternativ kann man die Erdbeeren mit der Spitze nach oben auf einem mit Backpapier ausgelegten Backblech stellen, den Puderzucker durch ein feines Sieb darüber streuen und im vorgeheizten Backofen bei 220 °C (Umluft 200 °C) auf mittlerer Schiene etwa 15 Minuten garen, bis die Spitzen sich dunkel verfärben.

Die Pannacotta mit den Erdbeeren – nach Belieben frisch oder als Kompott – und den Pistazienkernen garnieren und servieren.

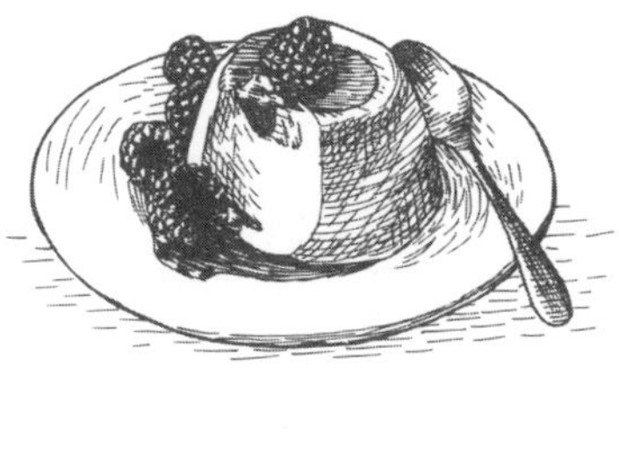

Zusammen mit dem piemontesischen *Bonet* ist Pannacotta die auch über die Grenzen dieser norditalienischen Region hinaus bekannteste Süßspeise. Pannacotta, ein Dessert aus mit Gelatine angedickter süßer Sahne, ist ein köstliches Nebenprodukt traditioneller Speisen, die bei der Verarbeitung von frischer Milch oder Käse entstehen. Man kann, wie in diesem Rezept, verschiedene Aromen zugeben, oder aber andere Zutaten wie frische oder gekochte Waldbeeren, Schokoladensauce oder Fruchtpürees.

Raviole di San Giuseppe

Für 15 Raviole

Zutaten

Für den Mürbeteig
80 g zimmerwarme Butter
90 g Zucker
1 großes Ei, leicht verquirlt
250 g Weizenmehl »Tipo 0« (ersatzweise Type 550)
3 g Backpulver
abgeriebene Schale von 1 unbehandelten Zitrone
1 Prise Salz

Außerdem
200 g *mostarda bolognese* (Konfitüre aus Senffrüchten mit Quitte, Apfel, Birne etc.)
Puderzucker

Zubereitungszeit
40 Minuten plus Ruhe- und Backzeit

Den Backofen auf 180 °C (Umluft 160 °C) vorheizen. Für den Mürbeteig die zimmerwarme Butter in der Küchenmaschine mit dem Flachrührer bei mittlerer Geschwindigkeit cremig verrühren. Den Zucker und anschließend das verquirlte Ei zugeben. Das mit Backpulver gemischte und gesiebte Mehl sowie den Zitronenabrieb und das Salz zugeben. Alles gerade lange genug verarbeiten, um einen weichen, gleichmäßigen Teig entstehen zu lassen. Diesen auf die Arbeitsfläche geben, leicht flach drücken und in Frischhaltefolie eingepackt 3 Stunden im Kühlschrank ruhen lassen.

Anschließend den Teig zwischen zwei Lagen Backpapier 3 mm dick ausrollen. Mit einem runden, gewellten Ausstecher Plätzchen ausschneiden und in die Mitte jeweils 1 TL *mostarda* geben. Die Teiglinge über die Mitte zusammenklappen und mit leichtem Fingerdruck an den Rändern verschließen.

Die Raviole 15 Minuten im Ofen leicht goldgelb backen. Abkühlen lassen und mit Puderzucker bestreut servieren. In einer Frischhaltedose halten sie sich 3 Tage.

Die in der ganzen Region Emilia-Romagna berühmten, mit Konfitüre gefüllten *Raviole emiliane* werden traditionell zum Namenstag des Heiligen Josef im Frühling zubereitet. Die hier vorgestellte, mit Mostarda gefüllte Variante ist typisch für Bologna. Mostarda, im Volksmund auch *marmellata nera* genannt, wird mit Zucker, Pflaumen und Quitten zubereitet, Früchte, die für eine intensive Farbe und dichte Konsistenz sorgen.

Semifreddo mit Erdbeeren

Für 10 Personen

Zutaten

500 g Erdbeeren
300 g Zucker
50 g Wasser
Mark von ½ Vanilleschote
1 TL weißer Balsamessig
1 Prise frisch gemahlener schwarzer Pfeffer
4 Eier (etwa 240 g), getrennt
200 g flüssige Schlagsahne
150 g Naturjoghurt
150 g Mascarpone

Zubereitungszeit
50 Minuten plus Ruhezeit

Die Erdbeeren putzen und vom Stielansatz befreien, dann waschen und vierteln. Mit 200 g Zucker, dem Wasser und dem Vanillemark in einen Topf geben und etwa 30 Minuten leise köchelnd zu Kompott einkochen. Abkühlen lassen, den Balsamessig und den Pfeffer zugeben und dann in den Kühlschrank stellen.

Das Eiweiß leicht verquirlen und sobald es schaumig wird, die Hälfte des Zuckers einrieseln lassen und alles zu einem seidig-matten, festen Eischnee verquirlen. Dann in einen Behälter umfüllen. Anschließend in derselben Schüssel das Eigelb mit dem restlichen Zucker hell und schaumig aufschlagen.

Die Sahne schlagen, bis sie fest, aber noch cremig ist. Mit Joghurt und Mascarpone zu einer glatten, gleichmäßigen Masse verrühren. Dann das Eigelb unterziehen. Zum Schluss das Eiweiß von Hand in drei Portionen abwechselnd mit dem Erdbeerkompott dazugeben und so vermischen, dass ein Marmoreffekt entsteht.

Die Creme in eine Schale geben und für 3 Stunden in den Gefrierschrank stellen. Nicht länger, damit die Masse nicht zu hart wird. Soll das Semifreddo am Tag zuvor zubereitet werden, empfiehlt es sich, es vor dem Servieren 30 Minuten im Kühlschrank stehen zu lassen. Dazu können frische Erdbeeren und Eiswaffeln (Seite 96) gereicht werden. Das Eis hält sich im Gefrierschrank 1 Monat.

SÜSSE VERFÜHRUNGEN

Semifreddo ist als Dessert irgendwo zwischen Eis und Gebäck einzuordnen. Vom Eis unterscheidet es sich sowohl durch seine Konsistenz – sie ist weicher und sehr viel weniger kalt – als auch im Hinblick auf Anzahl und Eigenschaft der Zutaten, zu denen Cremes, Schlagsahne und oft auch die italienische Meringe (Seite 10) gehören.

Mürbeteig-Sfogliatelle

Für 12 Sfogliatelle

Zutaten

Für den Mürbeteig
80 g kalte Butter
55 g kaltes Schweineschmalz
340 g Weizenmehl »Tipo 0« (ersatzweise Type 550)
135 g Zucker
1 Eigelb
45 g Wasser
1 Prise Hirschhornsalz
1 TL abgeriebene Schale von 1 unbehandelten Zitrone

Für die Füllung
400 ml Vollmilch, plus 1 EL zusätzlich
½ TL Salz
120 g Hartweizengrieß
1 Ei
250 g Ricotta
140 g Zucker
50 g kandierte Orangenschale
abgeriebene Schale von 1 unbehandelten Orange
½ TL Orangenblütenwasser

Außerdem
1 Eiweiß
1 EL Vollmilch
Puderzucker zum Bestäuben

Zubereitungszeit
50 Minuten plus Ruhe- und Backzeit

Am Vortag für den Mürbeteig Butter und Schmalz würfeln und mit dem Mehl grob zu einem Teig verkneten. Den Zucker untermischen, dann das Eigelb sowie nach und nach Wasser, Hirschhornsalz und Zitronenabrieb. Es sollte eine glatte und kompakte Masse entstehen. Den Teig leicht flach drücken, in Frischhaltefolie einpacken und über Nacht im Kühlschrank ruhen lassen.

Für die Füllung in einem Topf die Milch mit dem Salz erhitzen. Kurz vor dem Siedepunkt den Hartweizengrieß einrieseln lassen und 5 Minuten unter ständigem Rühren köcheln lassen. Vollständig abkühlen lassen und das Ei unterrühren.

Den Ricotta abtropfen lassen und gegebenenfalls in einem Tuch ausdrücken. Mit dem Zucker verrühren, zur Grießmasse geben und alles gut verquirlen. Die in kleine Würfel geschnittene kandierte Orangenschale, den Orangenabrieb und schließlich das Orangenblütenwasser zugeben. Wird die Füllung im Voraus zubereitet, sollte sie abgedeckt im Kühlschrank aufbewahrt werden.

Den Teig einige Minuten bei Zimmertemperatur weich werden lassen und dann auf einer leicht bemehlten Fläche 5 mm dick ausrollen. Auf der einen Hälfte des Teigs 12 Kugeln der Füllung mit jeweils etwas Abstand verteilen. Die andere Hälfte des Teigs darüberlegen und mit einem runden Ausstecher oder einem Vorspeisenring Plätzchen ausstechen und den Teig an den Rändern gut zusammendrücken.

Im Kühlschrank etwa 10 Minuten abkühlen lassen, damit die Sfogliatelle beim Backen besser ihre Form behalten. Den Backofen auf 190 °C (Umluft 170 °C) vorheizen. Vor dem Backen 1 Eiweiß mit der Milch verquirlen und die Sfogliatelle damit einpinseln. Dann auf mittlerer Schiene 20 Minuten backen, bis sie gleichmäßig gebräunt sind. Danach lauwarm abkühlen lassen und mit Puderzucker bestäubt servieren. Sie halten sich im Kühlschrank 3 Tage.

Taralli dolci

Für 40 Taralli

Zutaten

Für den Teig
500 g Weizenmehl »Tipo 0« (ersatzweise Type 550)
50 ml mildes natives Olivenöl extra
100 g Eigelb (etwa 4 Stück)
75 g Zucker
1 große Prise Salz
1 Prise Natron (Backsoda)
30 g Anislikör

Für die Glasur
500 g Zucker
150 g Wasser
1 Eiweiß
ein paar Tropfen Zitronensaft

Zubereitungszeit
30 Minuten plus Ruhe- und Backzeit

Den Backofen auf 180 °C (Umluft 160 °C) vorheizen. Alle Zutaten für den Teig vermengen und zu einem glatten und festen Teig verarbeiten. In drei gleichmäßig große Stücke teilen und zu Rollen formen. Diese in etwa 3 cm lange Teile schneiden, zu kleinen Ringen formen und jeweils an ihren Enden zusammendrücken.

Die Taralli portionsweise in reichlich kochendem Wasser garen, bis sie an die Oberfläche kommen. Mit einem Schöpflöffel herausnehmen und auf der Arbeitsfläche auslegen. Mit einem Tuch abdecken und einige Stunden trocknen lassen.

Die Taralli auf ein mit Backpapier ausgelegtes Backblech legen und auf mittlerer Schiene in 30 Minuten goldgelb backen. Anschließend vollständig abkühlen lassen.

In der Zwischenzeit für die Glasur in einem Topf den Zucker mit dem Wasser erhitzen und verrühren, bis sich der Zucker völlig aufgelöst hat. Lauwarm abkühlen lassen. Das Eiweiß steif schlagen und zusammen mit ein paar Tropfen Zitronensaft zum Sirup geben. Behutsam unterrühren und mit dieser Paste entweder die Taralli beidseitig einpinseln oder sie in die Glasur eintauchen. Abkühlen lassen und servieren. In einer Frischhaltedose halten sie sich 1 Woche.

Taralli sind trockene, aber mürbe Teigkringel aus dem Backofen, die in Süditalien sehr verbreitet sind. Es gibt sie in salzigen und süßen Versionen, mit oder ohne Hefe, sofort gebacken oder zunächst in kochendem Wasser blanchiert, bevor sie in den Ofen kommen – ein Verfahren, durch das sie länger ihre Knusprigkeit behalten. Die hier vorgestellten Taralli, auch als *scaldatelli* bekannt, stammen aus Apulien.

Torta alla Crema

Für eine Springform mit 20 cm Durchmesser (8 Personen)

Zutaten

Für die Creme
750 ml Vollmilch
220 g Zucker
Mark von 1 Vanilleschote
250 g flüssige Schlagsahne
80 g Speisestärke
4 Eigelb
1 ganzes Ei

Für den Tortenboden
225 g Weizenmehl »Tipo 0« (ersatzweise Type 550)
1 EL Zucker
1 Prise Salz
170 g kalte Butter, gewürfelt
60 ml Vollmilch
1 Eigelb

Außerdem
etwa 10 Erdbeeren

Zubereitungszeit
40 Minuten plus Ruhe- und Backzeit

Zunächst wird die Creme zubereitet. Dazu in einem Topf die Milch mit dem Zucker und dem Vanillemark aufkochen, vom Herd nehmen und mit geschlossenem Deckel etwa 10 Minuten ziehen lassen. Die Sahne in eine Schüssel geben, die gesiebte Stärke unter Rühren mit einem Schneebesen dazugeben, ebenso nacheinander die Eigelbe und das ganze Ei. Die Masse in den Topf zur Milch gießen und alles unter ständigem Rühren bei niedriger Temperatur köcheln, bis die Creme eindickt.

In einen hohen Behälter füllen, mit dem Stabmixer pürieren und dann eine Lage Frischhaltefolie direkt auf die Masse legen, damit sich keine Haut bildet. Beiseitestellen.

Für den Tortenboden das Mehl in einer Schüssel mit Zucker und Salz vermischen. Die kalte und gewürfelte Butter dazugeben und alles rasch zu einem mürben Teig verkneten. Milch und Eigelb zugeben und kurz einkneten, bis ein glatter und fester Teig entsteht.

Den Teig auf einer leicht bemehlten Arbeitsfläche ausrollen und die gefettete und mit Mehl bestäubte Kuchenform so damit auskleiden, dass ein 6 cm hoher Rand entsteht.

Die Form etwa 20 Minuten in den Gefrierschrank stellen. In der Zwischenzeit den Backofen auf 200 °C (Umluft 180 °C) vorheizen. Die lauwarme Creme auf den Kuchenboden geben, verstreichen und dann auf mittlerer Schiene etwa 40–45 Minuten backen, bis der Kuchen an der Oberfläche gut gebräunt ist, die Füllung aber nicht zu fest ist. Kurz abkühlen lassen und dann 6 Stunden im Kühlschrank kalt stellen.

30 Minuten vor dem Servieren aus dem Kühlschrank nehmen und Zimmertemperatur annehmen lassen. Dann mit den Erdbeeren garniert servieren.

Mandel-Pistazien-Kuchen mit Olivenöl

Für eine runde Form mit 22–24 cm Durchmesser (8 Personen)

Zutaten

250 g Weizenmehl »Tipo 0« (ersatzweise Type 550)
2 TL Backpulver
80 g blanchierte und gemahlene Mandelkerne
80 g Pistazienkerne, geröstet und grob gehackt
250 g flüssiger Honig
125 g Vollmilchjoghurt
125 g Mascarpone
50 ml mildes natives Olivenöl extra
1 TL abgeseihter Earl Grey Tee
abgeriebene Schale von 1 unbehandelten Zitrone
1 Prise Salz

Zubereitungszeit
30 Minuten plus Backzeit

Den Backofen auf 180 °C (Umluft 160 °C) vorheizen. Die Kuchenform einfetten und mit Mehl bestäuben.

Das Mehl mit dem Backpulver in eine Schüssel sieben, Mandeln und Pistazienkerne dazugeben und untermischen.

In einer anderen Schüssel Honig, Joghurt, Mascarpone und Öl anrühren, dann zu den trockenen Zutaten geben und alles mit einem Schneebesen gut verrühren.

Den Tee mit dem Zitronenabrieb und dem Salz verrühren, zu der Masse geben und alles in die Kuchenform füllen.

Auf mittlerer Schiene 50 Minuten backen. Gegen Ende der Backzeit die Stäbchenprobe machen. 20 Minuten abkühlen lassen, aus der Form nehmen, mit Puderzucker bestäuben und servieren.

Safrankuchen

Für eine Kranzform mit 22–24 cm Durchmesser (8 Personen)

Zutaten

100 ml Vollmilch
50 g Butter
1 EL flüssiger Honig
1 Prise Safranfäden
200 g Zucker
3 Eier
210 g Weizenmehl »Tipo 0« (ersatzweise Type 550) plus 1 kleine Handvoll mehr
Semmelbrösel (optional)
2 TL Backpulver
1 EL weißer Rum
1 Prise Salz
Puderzucker zum Bestäuben

Zubereitungszeit
30 Minuten plus Backzeit

Die Backform einfetten und mit etwas Mehl oder Semmelbrösel bestreuen. Den Backofen auf 180 °C (Umluft 160 °C) vorheizen.

Die Milch in einem Topf mit der Butter, dem Honig und dem Safran bei niedriger Temperatur zum Kochen bringen und dann abkühlen lassen.

Den Zucker und die Eier in einer Schüssel mit dem Schneebesen hell und schaumig aufschlagen, die Milch darüber abseihen und unterrühren. Das mit Mehl vermischte Backpulver sieben und behutsam in die vorbereitete Masse einrühren. Zuletzt Rum und Salz unterrühren und dann alles in die Form geben.

Den Kuchen auf mittlerer Schiene 30 Minuten im Ofen backen. Wenn bei der Garprobe das Holzstäbchen sauber bleibt, ist der Kuchen fertig.

Danach 20 Minuten ruhen lassen, dann aus der Form nehmen und mit Puderzucker bestäubt servieren. Gut schmeckt dazu Sahneeis.

Der Safran, *Crocus sativus*, ist eine aus dem östlichen Mittelmeerraum stammende Gewürzpflanze, die in Italien in einigen Varianten wild wächst, meist aber angebaut wird (Abruzzen, Toskana Sardinien). Geschätzt wird sie vor allem wegen der kräftig orangeroten Stempel ihrer Blüten. Diese werden per Hand geerntet (für ein Gramm des Endprodukts braucht man 120 Blüten, die zusammengenommen 360 dieser Stempel tragen), und im Schatten oder bei sehr moderater Hitze getrocknet. Diese aufwendigen Verfahren erklären auch den hohen Preis. Der im Süden Sardiniens (Seite 222) wachsende Safran von San Gavino Monreale ist eines der »Slow Food Presidio«-Projekte.

Maiskuchen

FÜR EINE SPRINGFORM MIT 24 CM DURCHMESSER (8 PERSONEN)

Zutaten

Für den Teig
270 g zimmerwarme Butter
120 g heller Rohrzucker
270 g blanchierte und gemahlene Mandelkerne
4 Eier
135 g feines Maismehl (Fioretto)
6 g Backpulver
abgeriebene Schale von 2 unbehandelten Zitronen
1 Prise Salz
90 g flüssiger Lavendelhonig

Für die Füllung
200 ml Vollmilch
40 g Zucker
30 g Speisestärke
200 g Aprikosenkonfitüre
120 g flüssige Schlagsahne

Außerdem
Puderzucker zum Bestäuben

Zubereitungszeit
30 MINUTEN PLUS BACKZEIT

Den Backofen auf 180 °C (Umluft 160 °C) vorheizen. Die Form einfetten und mit Mehl bestäuben. Für den Teig in der Küchenmaschine die zimmerwarme Butter mit dem Zucker cremig aufschlagen. Die gemahlenen Mandeln und anschließend nacheinander die Eier einzeln dazugeben und unterrühren.

Das mit Backpulver gemischte und gesiebte Mehl zum Teig geben, ebenso den Zitronenabrieb und das Salz, und alles gut vermischen. Zuletzt den Honig unterrühren.

Den Teig in die Form geben, gleichmäßig verteilen und auf mittlerer Schiene etwa 50 Minuten backen. Gegen Ende der Backzeit die Stäbchenprobe machen. Den fertigen Kuchen 20 Minuten lauwarm abkühlen lassen, dann aus der Form nehmen und ganz erkalten lassen.

Für die Füllung in einem kleinen Topf die Milch mit dem Zucker aufkochen. Die Temperatur reduzieren und die gesiebte Speisestärke dazugeben. Die Creme unter ständigem Rühren mit einem Schneebesen leise köchelnd eindicken lassen. In eine Schüssel umfüllen und abkühlen lassen.

Den vollständig abgekühlten Kuchen mit einem Brotmesser quer halbieren und beide Schnittflächen mit etwas Aprikosenkonfitüre bestreichen.

Die kalte Creme kurz aufschlagen, dann die Sahne steif schlagen und behutsam unter die Creme heben.

Die Füllung auf der unteren Kuchenhälfte verstreichen, die obere Hälfte darauf legen, mit Puderzucker bestäuben und servieren.

Cremetorte mit Kompott-Füllung

FÜR ZWEI SPRINGFORMEN MIT 22–24 CM DURCHMESSER (8 PERSONEN)

Zutaten

Für den Tortenboden
240 g zimmerwarme Butter
3 große Eier
240 g Weizenmehl »Tipo 0« (ersatzweise Type 550)
16 g Backpulver
Schale von ½ unbehandelten Zitrone
240 g flüssiger Akazienhonig (ersatzweise Blüten- oder Lavendelhonig)
1 Prise Salz

Für die Füllung
125 g flüssige Schlagsahne
100 g Mascarpone
2 EL flüssiger Honig
Mark von ½ Vanilleschote
ungesüßtes Fruchtkompott

Außerdem
Puderzucker zum Bestäuben

Zubereitungszeit
40 MINUTEN PLUS BACKZEIT

Den Backofen auf 180 °C (Umluft 160 °C) vorheizen. Die Springformen einfetten und mit Mehl bestäuben.

Für den Tortenboden die Butter in der Küchenmaschine cremig aufschlagen. Bei niedriger Geschwindigkeit nacheinander die Eier zugeben.

Das mit dem Backpulver gemischte Mehl sieben und unterrühren. Dann nacheinander den Zitronenabrieb dazugeben, den Honig einträufeln lassen und schließlich das Salz unterrühren.

Den Teig auf die beiden Formen aufteilen und 30 Minuten backen. Vor Ende der Backzeit die Stäbchenprobe machen. Aus dem Ofen nehmen, 20 Minuten lauwarm abkühlen lassen, dann aus der Form nehmen und vollständig erkalten lassen.

Kurz vor dem Servieren für die Füllung die Sahne bei mittlerer Geschwindigkeit mit dem Mascarpone, dem Honig und dem Vanillemark zu einer glatten, seidigen Creme verquirlen. Einen der beiden Kuchen mit der Creme bestreichen, das Kompott darüber verteilen und den zweiten Kuchen darauf legen. Mit Puderzucker bestäuben und servieren. Die Cremetorte hält sich mit Frischhaltefolie abgedeckt im Kühlschrank 4 Tage.

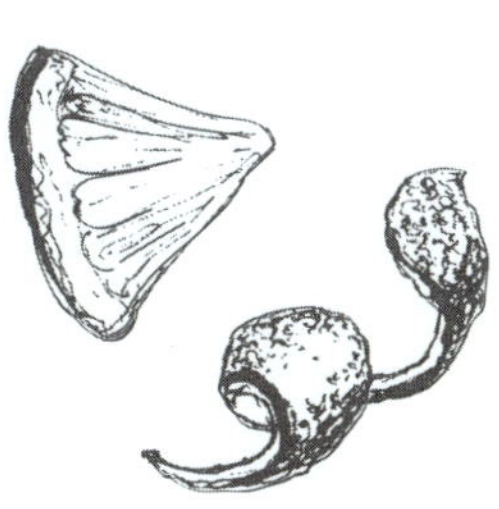

Kompott ist ein sehr gutes Verfahren zur Haltbarmachung vieler Früchte. Diese werden ganz oder in Stücke geschnitten mit Zucker und Wasser gekocht, ohne zerkocht zu werden, wie es bei Konfitüre der Fall ist. Nach Belieben kann Kompott mit Likör, Zitruszesten oder Gewürzen aromatisiert werden.

Karotten-Nuss-Kuchen

Für eine runde Form mit 24 cm Durchmesser (8 Personen)

Zutaten

Für den Teig
400 g Karotten
Saft von ½ Zitrone
300 ml Sonnenblumenöl
3 Eier
150 g heller Rohrzucker
100 g dunkler Rohrzucker
300 g Weizenmehl »Tipo 0« (ersatzweise Type 550)
1 TL Natron (Backsoda)
1 TL Backpulver
1 TL gemahlener Zimt
1 TL gemahlener Ingwer
1 TL gemahlener Kardamom
100 g Walnusskerne, gehackt
1 Prise Salz

Für die Glasur
250 g Puderzucker
35 g kochend heißes Wasser

Zubereitungszeit
30 Minuten plus Backzeit

Den Backofen auf 180 °C (Umluft 160 °C) vorheizen. Die Form einfetten und mit Mehl bestäuben.

Die Karotten putzen und mit einem Sparschäler schälen. Waschen und mit einem Geschirrtuch trocknen, dann fein raspeln und 300 g davon abwiegen, mit dem Zitronensaft vermischen und beiseitestellen.

Das Öl zusammen mit den Eiern und dem gesamten Zucker verquirlen. Das Mehl mit Natron, Backpulver und Gewürzen mischen, in die Öl-Ei-Masse sieben und alles zu einem glatten Teig verrühren.

Das Salz, die geraspelten Karotten und die gehackten Nüsse unterrühren und alles in die Form geben. Auf mittlerer Schiene 50–60 Minuten backen. Gegen Ende der Backzeit die Stäbchenprobe nicht vergessen. Den Kuchen dann aus dem Ofen nehmen und 15 Minuten ruhen lassen. Anschließend den Kuchen zum Abkühlen auf einen Rost stürzen.

Inzwischen für die Glasur den Puderzucker in eine Schüssel sieben und nach und nach mit kochendem Wasser verrühren, bis die Glasur zäh fließt, aber nicht dünnflüssig ist.

Den Kuchen vom Rand aus mit der Glasur bestreichen. Fest werden lassen und servieren. Abgedeckt mit Frischhaltefolie hält er sich 4 Tage.

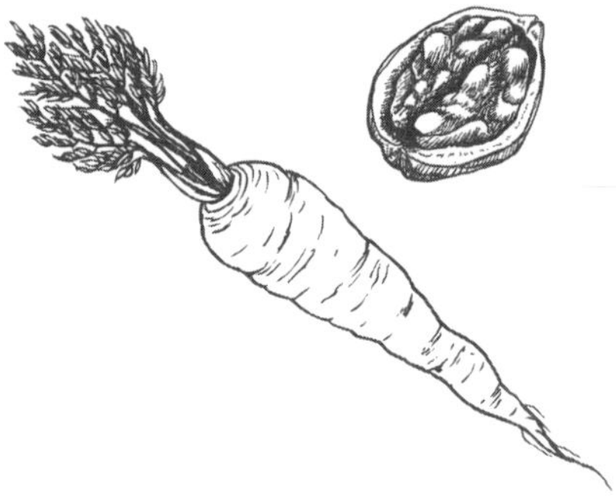

Apfel-Streuselkuchen

Für eine runde Form mit 24 cm Durchmesser (8 Personen)

Zutaten

Für den Mürbeteig
150 g kalte Butter, gewürfelt
250 g Weizenmehl »Tipo 0« (ersatzweise Type 550)
100 g Zucker
1 Prise Salz
1 Ei

Für die Streusel
100 g Butter
100 g Weizenvollkornmehl
100 g gemahlene Mandelkerne
50 g Zucker
50 g dunkler Rohrzucker
1 Prise Salz

Für das Apfelkompott
450 g Äpfel (z. B. Sorte Boskop)
Mark von 1 Vanilleschote

Außerdem
Hülsenfrüchte zum Blindbacken (z. B. Kichererbsen)

Zubereitungszeit
50 Minuten plus Ruhe- und Backzeit

Für den Mürbeteig die Butterwürfel zusammen mit dem Mehl in der Küchenmaschine mit dem Flachrührer grob zu einem Teig verarbeiten. Zucker und Salz dazugeben und unterrühren. Das Ei in der Küchenmaschine gerade so lange einarbeiten, dass es sich mit den anderen Zutaten verbindet, sonst könnte der Teig zu hart werden. Beim Kneten per Hand darf er nicht warm werden. (Für einen besonders mürben Teig siehe Rezept auf Seite 16). In beiden Fällen den Teig auf der Arbeitsfläche leicht flach drücken und in Frischhaltefolie eingepackt 3 Stunden kalt stellen. In der Zwischenzeit für die Streusel alle Zutaten mit dem Flachrührer verkneten. Den Streuselteig in Frischhaltefolie eingewickelt im Kühlschrank einige Stunden ruhen lassen.

Den Mürbeteig aus dem Kühlschrank nehmen. Sollte er zu hart sein, bei Zimmertemperatur 30 Minuten stehen lassen. Dann auf einer bemehlten Arbeitsfläche 3–4 mm dick ausrollen und die gefettete und bemehlte Kuchenform damit auskleiden. 20 Minuten kalt stellen und in der Zwischenzeit den Backofen auf 170 °C (Umluft 150 °C) vorheizen. Den Teig mit Backpapier bedecken, Kichererbsen daraufgeben und auf mittlerer Schiene etwa 15 Minuten blindbacken. Dann Backpapier und Kichererbsen entfernen und weitere 10 Minuten backen, bis er goldgelb ist.

Den kalten Streuselteig grob auf ein Stück Backpapier krümeln und 30 Minuten in den Kühlschrank stellen. Anschließend die Streusel locker auf dem Backpapier verteilen und 15 Minuten bei 160 °C backen.

Für das Apfelkompott die Früchte waschen, schälen und vom Kerngehäuse befreien. Dann in kleine Würfel schneiden. Bei niedriger Temperatur mit ½ Glas Wasser und dem Vanillemark zu einem weichen Kompott garen, ohne dass die Apfelstücke zu sehr zerfallen.

Das Kompott auf den Kuchenboden geben und 15 Minuten bei 160 °C backen. Den Kuchen lauwarm oder kalt servieren und kurz zuvor mit den Streuseln bestreuen, damit sie knusprig bleiben. Der Kuchen kann bei Zimmertemperatur 2 Tage und im Gefrierschrank 2 Monate aufbewahrt werden.

Ricotta-Kuchen mit Pasta di Mandorle al Bergamotto

Für eine Kuchenform mit 24 cm Durchmesser (8 Personen)

Zutaten

300 g Pasta di Mandorle (Marzipanrohmasse)
150 g Butter
6 Eier
250 g Ricotta
abgeriebene Schale von 1 unbehandelten Bergamotte
30 g Speisestärke
1 Prise Salz
100 g Mandelblättchen
Puderzucker zum Betstäuben

Zubereitungszeit
30 Minuten plus Ruhe- und Backzeit

Den Backofen auf 180 °C (Umluft 160 °C) vorheizen. Die Form einfetten und mit Mehl bestäuben.

Die Marzipanrohmasse würfeln und zusammen mit der weichen Butter im Mixer zu einer glatten und gleichmäßigen Masse verarbeiten, dann in eine Schüssel geben und die Eier einzeln nacheinander unterrühren.

Den Ricotta abtropfen lassen und zusammen mit dem Abrieb der Bergamotte, der gesiebten Speisestärke und dem Salz unterrühren.

Alles in die Kuchenform geben, mit den Mandelblättchen bestreuen und auf mittlerer Schiene 25 Minuten backen. Gegen Ende der Backzeit die Stäbchenprobe machen.

20 Minuten abkühlen lassen, aus der Form nehmen und mit Puderzucker bestäubt servieren. Der Kuchen hält sich mit Frischhaltefolie abgedeckt im Kühlschrank 4 Tage.

Die ursprünglich aus Asien stammende Bergamotte, eine Kreuzung aus Limette und Bitterorange, ist schon lange als Parfümrohstoff beliebt, hat in letzter Zeit aber auch im kulinarischen Bereich zunehmend mehr Anhänger gefunden aufgrund des sehr aromatischen, leicht säuerlichen und erfrischenden Safts. Angebaut wird sie in Italien auf Sizilien und in Kalabrien (in Kalabrien hat sie sogar den Status einer autochthonen Frucht).

Zitronentarte mit Meringe

Für eine rechteckige Springform 20 x 30 cm (15 Personen)

Zutaten

Für den Mürbeteig mit Mandeln
150 g zimmerwarme Butter
95 g Puderzucker
Mark von 1 Vanilleschote
1 Prise Salz
30 g gemahlene Mandelkerne
1 Ei (ca. 60 g)
250 g Weizenmehl »Tipo 0« (ersatzweise Type 550)

Für die Zitronencreme
200 g Zucker
abgezogene Zesten von 3 unbehandelten Zitronen
4 Eier (etwa 240 g)
130 g Zitronensaft
300 g zimmerwarme Butter, gewürfelt

Für die italienische Meringe
Rezept auf Seite 10

Außerdem
Hülsenfrüchte zum Blindbacken (z. B. Kichererbsen)

Zubereitungszeit
1 Stunde plus Ruhe- und Backzeit

Der Mürbeteig und die Zitronencreme werden am Vortag zubereitet. Für den Teig die zimmerwarme Butter – sie sollte cremig, aber nicht flüssig sein – in eine mit dem Flachrührer bestückte Küchenmaschine geben und bei mittlerer Geschwindigkeit gerade cremig rühren, ohne sie aufzuschlagen. Den Puderzucker, das Vanillemark und das Salz zugeben und unterrühren. Dann die gemahlenen Mandeln und das Ei untermischen. Zuletzt das Mehl behutsam unterrühren, gerade so lange, dass sich alles verbindet. Den Mürbeteig gegebenenfalls mit der Hand weiter verarbeiten, aber nicht zu lang, damit sich die Zutaten nicht erwärmen.

Den Teig leicht flach drücken und in Frischhaltefolie eingepackt mindestens 2 Stunden in den Kühlschrank legen. Vor der weiteren Verarbeitung den Teig herausnehmen und den Backofen auf 170 °C (Umluft 150 °C) vorheizen. Den Boden der Kuchenform mit Backpapier auskleiden und die Seiten leicht mit Butter einpinseln.

Den Teig 3 mm dick ausrollen und die Form damit auskleiden. Den Teig mit Backpapier bedecken, dann mit Kichererbsen befüllen und im vorgeheizten Backofen auf mittlerer Schiene 15 Minuten blindbacken. Danach das Backpapier samt Kichererbsen entfernen und weitere 10 Minuten backen, bis der Mürbeteig gleichmäßig gebräunt ist. Anschließend abkühlen lassen.

Für die Creme den Zucker und die in Stücke geschnittenen Zitronenzesten in eine für das Wasserbad geeignete Schüssel geben. Praktisch wäre die der Küchenmaschine, da sie später sowieso gebraucht wird. Die Zesten kräftig mit dem Zucker verkneten, sodass sie ihre natürlichen Aromen freigeben. So lange kneten, bis der Zucker sich feucht anfühlt. Dann die Eier zugeben und gut verrühren. Den durchgeseihten Zitronensaft zugießen und bei niedriger bis mittlerer Temperatur im Wasserbad unter häufigem Rühren erhitzen. Die Creme sollte eine Temperatur von 85 °C erreichen, dies wird etwa 20 Minuten dauern. Dann den Topf vom Herd nehmen und auf 50–60 °C abkühlen lassen.

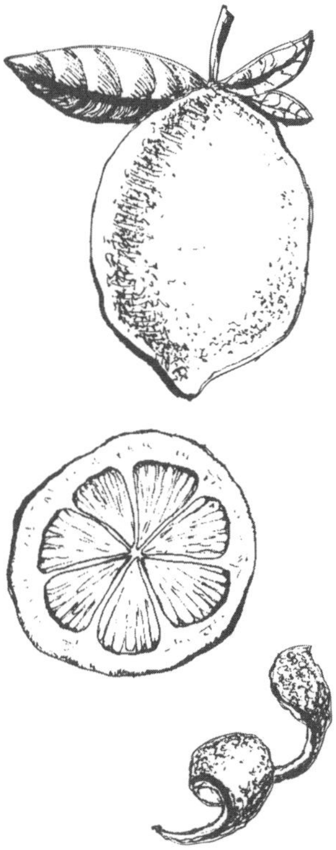

Die Masse danach mit dem Rührbesen der Küchenmaschine bei mittlerer bis hoher Geschwindigkeit verquirlen. Dabei nach und nach die Butter dazugeben. In 8 Minuten zu einer sehr cremigen Masse verrühren. Nach der Hälfte der Zeit die Masse mit einem Teigschaber von den Seiten nach unten schieben, damit sich keine Klumpen bilden.

Die fertige Creme sofort auf den fertig gebackenen Mürbeteigboden geben und mit einem Löffel glattstreichen. Über Nacht in den Kühlschrank stellen. Für eine spätere Verwendung der Creme eine Lage Frischhaltefolie direkt auf die Masse legen, damit sich keine Haut bildet, und dann in den Kühlschrank stellen. Sie hält sich 4 Tage. Vor ihrer Verwendung muss sie dann nur auf Zimmertemperatur gebracht und leicht aufgeschlagen werden, damit sie wieder cremig wird.

Zum Servieren nach Anleitung auf Seite 10 die Meringe zubereiten. Sofort auf die Zitronencreme geben und mit einem Löffel oder einem Teigschaber gleichmäßig verstreichen. Die Oberfläche kurz mit dem Flambierbrenner goldbraun karamellisieren. Wichtig ist es, den Brenner nicht zu lange auf eine Stelle zu richten.

Möglichst sofort servieren. Der Kuchen hält sich im Kühlschrank 3 Tage, allerdings muss bedacht werden, dass die Meringe etwas zusammenfallen wird.

Tortini mit weißer Schokolade und Loquats

Für eine rechteckige Kuchenform 20 x 30 cm (8 Personen)

Zutaten

250 g Loquats (japanische Wollmispeln)
225 g Butter
100 g Zucker
100 g heller Rohrzucker
Mark von 1 Vanilleschote
abgeriebene Schale von 1 unbehandelten Zitrone
3 Eier
250 g Dinkelmehl Type 630
½ EL Backpulver
1 Prise Salz
75 g weiße Schokolade, grob gehackt

Zubereitungszeit
20 Minuten plus Backzeit

Den Backofen auf 180 °C (Umluft 160 °C) vorheizen. Die Form einfetten und mit Mehl bestäuben. Die geputzten Mispeln aufschneiden und das Fruchtfleisch in Stückchen schneiden.

Die weiche Butter mit den beiden Zuckersorten, dem Vanillemark und dem Zitronenabrieb zu einer cremigen Masse verquirlen. Dann nacheinander einzeln die Eier sowie das mit Backpulver gemischte und gesiebte Mehl und das Salz unterrühren. Zuletzt die weiße Schokolade und die Mispelstücke hinzufügen. Behutsam vermengen, sodass sich alles gut verbindet.

Auf mittlerer Schiene etwa 20 Minuten backen, bis die Oberfläche gebräunt ist. Vor Ende der Backzeit die Stäbchenprobe machen. Bleibt es trocken, ist der Teig fertig.

Aus dem Ofen nehmen und leicht abkühlen lassen. Dann in Stücke schneiden und nach Belieben mit geschlagener Sahne servieren.

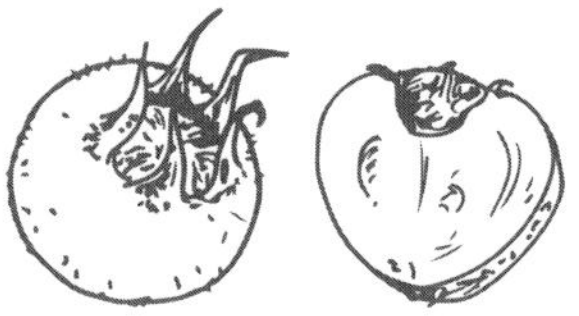

Weiße Schokolade – hergestellt aus Kakaobutter, Zucker, Milch und Vanille – und die köstliche japanische Wollmispel, auch als Loquat bekannt, bilden zusammen eine umwerfende Kombination. Diese alte, fast in Vergessenheit geratene orangefarbene Frucht in Form einer Kugel mit süßem Fruchtfleisch reift zwischen dem späten Frühling und dem frühen Sommer heran. Einen besonders guten Ruf genießt in Italien die Sorte Nespola rossa aus Trabia in der Provinz Palermo.

Nuss-Honig-Törtchen

Für 6 Personen

Zutaten

Für den Teig
180 g flüssige Akazienhonig (oder einfacher Blütenhonig)
150 g Butter
4 Eier
2 EL blanchierte und gemahlene Mandelkerne
2 EL Pistazienkerne
1 TL gemahlener Zimt
1 Prise Salz

Außerdem
150 g Schlagsahne, steif geschlagen
Erdbeerkompott
1 Handvoll Pistazienkerne, gehackt

Zubereitungszeit
20 Minuten plus Backzeit

Den Backofen auf 170 °C (Umluft 150 °C) vorheizen. Sechs kleine Tarteletteförmchen einfetten und mit Mehl bestäuben.

Für den Teig in einer Schüssel den Honig, die im Wasserbad zerlassene Butter, die Eier – einzeln –, die gemahlenen Mandeln, die Pistazienkerne, den Zimt und das Salz verrühren. Alles mit einem Schneebesen zu einer glatten Masse verquirlen.

Die Masse auf die Förmchen verteilen und die Törtchen auf mittlerer Schiene 10 Minuten backen, bis sie an der Oberfläche goldbraun sind. Für die Garprobe ein Holzstäbchen in die Mitte stecken. Kommt es trocken und sauber heraus, ist der Teig durchgebacken. 15 Minuten abkühlen lassen, dann aus der Form nehmen.

Die Törtchen mit gerösteten Pistazienkernen, Schlagsahne und Erdbeerkompott garniert servieren.

Honig, die Nahrungsreserve der Bienen, ist ein natürlicher Süßstoff, der von Honigbienen aus dem Nektar von Blüten hergestellt und in Bienenwaben eingelagert wird. Gewonnen wird der Honig in der Regel durch das Schleudern der Bienenwaben. Damit er als naturbelassen gelten kann, darf die Temperatur beim Schleudern der Bienenwaben 40 °C nicht überschreiten. Um eventuelle Wachsreste zu entfernen, wird er häufig anschließend durchgeseiht. Dabei werden dem Honig im Unterschied zum Filtrieren keine Pollen entzogen. Gefilterter Honig muss als solcher gekennzeichnet werden. Die geschmacklichen Unterschiede bei Honig hängen ab von den besuchten Pflanzen, weniger von den Bienen selbst. Manche Honigsorten aus Hochgebirgsblüten sind durch ein Presidio Slow Food geschützt.

Zucchinitörtchen

Für 6 Personen

Zutaten

300 g dunkelgrüne Zucchini
200 g Weizenmehl »Tipo 0« (ersatzweise Type 550)
8 g Backpulver
3 Eier
120 g dunkler Rohrzucker
45 ml natives Olivenöl extra (möglichst mildes, ohne zu starken Eigengeschmack)
abgeriebene Schale von ½ unbehandelten Zitrone
Mark von ½ Vanilleschote
1 Prise gemahlener Zimt
1 Prise Salz
Puderzucker zum Bestäuben

Zubereitungszeit
30 Minuten plus Ruhe- und Backzeit

Den Backofen auf 200 °C (Umluft 180 °C) vorheizen. Sechs kleine Tarteletteförmchen einfetten und mit Mehl bestäuben.

Die geputzten Zucchini fein raspeln, in ein Tuch geben und gut ausdrücken, um überschüssige Flüssigkeit zu entfernen.

Das Mehl mit dem Backpulver in eine Schüssel sieben. In einer zweiten Schüssel die Eier mit Rohrzucker, Öl, Zitronenabrieb, Vanillemark, Zimt und Salz verquirlen. Diese Masse über das Mehl gießen, die Zucchiniraspel zugeben und alles gut vermengen.

Dann in die Förmchen geben und auf mittlerer Schiene etwa 20 Minuten backen. Etwas abkühlen lassen, aus der Form nehmen und mit Puderzucker bestäubt servieren.

Diese luftigen und weichen Törtchen sind ideal zum Frühstück oder als kleine Zwischenmahlzeit. Ein Kuchen mit Zucchini mag zunächst seltsam klingen, verbindet man diese doch mehr mit herzhaften Speisen; aber da sie keinen ausgeprägten Geschmack haben, passen sie auch gut zu anderen Zutaten.

Herzhafte Rezepte

Polentastäbchen

Für 10 Personen

Zutaten

3 l Wasser
Salz
500 g Maisgrieß (klassische Polenta; vorgegarter Polentagrieß, wenn es schneller gehen soll), plus eine Handvoll zusätzlich
neutrales Pflanzenöl zum Frittieren
Pfeffer (optional)

Zubereitungszeit
30 Minuten plus Ruhe- und Garzeit

Das Wasser mit Salz in einem großen Topf aufkochen. Dann das Maismehl unter Rühren mit einem Schneebesen einrieseln lassen, damit sich keine Klumpen bilden. Die Masse unter ständigem Rühren etwa 40 Minuten weiter köcheln lassen, bis die Polenta fest geworden ist. (Bei vorgegartem Maisgrieß nach Packungsangabe zubereiten.)

Auf die Arbeitsfläche etwas Maismehl streuen, die heiße Polenta daraufgeben und auf etwa 1,5 cm Dicke ausstreichen. Vollständig abkühlen lassen, damit sie ganz fest wird.

Das Öl in einer großen Pfanne auf eine Temperatur von mindestens 180 °C erhitzen. In der Zwischenzeit die Polenta in etwa 2 cm breite Streifen schneiden und diese portionsweise im heißen Öl von beiden Seiten goldbraun ausbacken.

Beim Herausnehmen abtropfen lassen, zum Entfetten auf Küchenpapier legen und leicht salzen. Nach Belieben mit 1 Prise Pfeffer würzen und sofort servieren. Gut schmeckt dazu ein Klecks Sauerrahm.

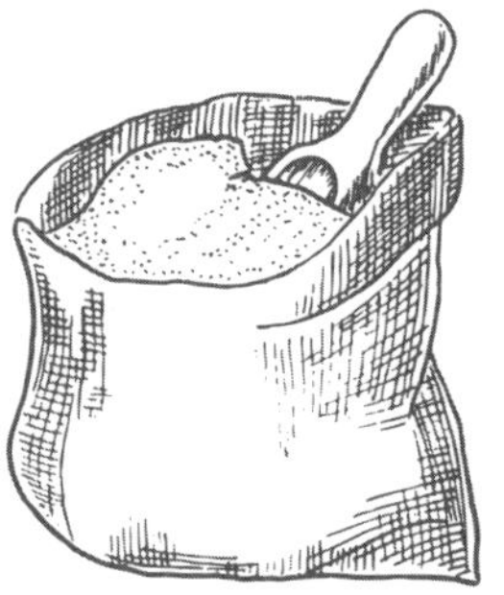

Diese Polentastäbchen machen sich sehr gut als Beilage für weitere leckere Dinge wie eine aromatische Steinpilzsauce, aber auch Pfannengemüse, gebratenes Fleisch, frittierten Klippfisch, Käse …

Brotkranz mit Käse-Nuss-Füllung

Für 8 Personen

Zutaten

300 g lauwarmes Wasser (ca. 26 °C)
15 g frische Hefe
1 EL flüssiger Honig
280 g backstarkes Weizenmehl »Tipo 0« (mit W-Wert 220–300, ersatzweise Type 550 oder 812)
170 g Hartweizengrieß
25 g mildes natives Olivenöl extra
25 g Salz
200 g gereifter Ziegenkäse (Caprino)
150 g Walnusskerne, gehackt
2 EL flüssiger Kastanienhonig

Zubereitungszeit
40 Minuten plus Ruhe- und Backzeit

Die Hälfte des lauwarmen Wassers in eine Schüssel geben, die Hefe hineinbröckeln, den Honig zugeben und gut verrühren. Dann das Mehl zugeben und alles zu einem weichen, gleichmäßigen Teig verkneten. Die Schüssel mit einem Tuch abdecken und den Teig 30 Minuten ruhen lassen. Anschließend den Hartweizengrieß, das restliche Wasser und das Öl zugeben und kräftig durchkneten. Zum Schluss salzen.

Auf einer leicht bemehlten Arbeitsfläche die Masse mehrfach falten und dann eine Kugel daraus formen. In eine leicht geölte Schüssel legen, mit einem Tuch abdecken und etwa 2 Stunden aufgehen lassen.

Anschließend 1 cm dick rechteckig ausrollen. Den Teig bis auf einen Rand rundum mit dem gewürfelten Schafskäse, den Nusskernen und dem Honig belegen. Den Rand mit Wasser einpinseln.

Von der kurzen Seite ausgehend den Teig aufrollen und an den Enden zu einem Ring zusammenführen. Den Brotkranz auf ein mit Backpapier ausgelegtes Backblech legen. Leicht mit Mehl bestäuben und abgedeckt mit einem Tuch etwa 40 Minuten gehen lassen.

Den Backofen auf 250 °C vorheizen. Den aufgegangenen Brotkranz auf mittlerer Schiene in den Ofen schieben und die Temperatur auf 210 °C (Umluft 190 °C) reduzieren. Das Brot 30–40 Minuten backen, bis es goldgelb und knusprig ist. Abkühlen lassen und servieren.

Kapern-Käse-Kekse

Für 50 Stück

Zutaten

240 g zimmerwarme Butter
300 g Weizenmehl »Tipo 0« (ersatzweise Type 550)
50 g Zucker
100 g Parmigiano Reggiano, gerieben
60 g Eigelb (etwa 3 Eier)
40 g Vollmilch
15 g Sardellenfilets
15 g Kapern

Zubereitungszeit
20 Minuten plus Ruhe- und Backzeit

Die zimmerwarme Butter mit dem Mehl per Hand oder mit dem Flachrührer in der Küchenmaschine zu einem krümeligen Teig vermengen. Den Zucker, den geriebenen Parmesankäse, das Eigelb und die Milch zugeben. Zuletzt die in kleine Stücke geschnittenen Sardellenfilets und die Kapern untermengen. Kurz zu einem glatten und gleichmäßigen Teig durchkneten, in zwei Stücke teilen und beide jeweils zu einer Rolle formen.

Die Teigrollen in eine mit Backpapier ausgekleidete Form legen und im Kühlschrank mindestens 2 Stunden ruhen lassen. Anschließend jede Rolle mit einem scharfen Messer in 1 cm dicke Scheiben schneiden. Auf einem mit Backpapier ausgelegten Blech verteilen und wieder kalt stellen. Den Backofen auf 170 °C (Umluft 150 °C) vorheizen.

Die Kekse im vorgeheizten Ofen auf mittlerer Schiene in etwa 10 Minuten goldgelb backen. Abkühlen lassen und als Beilage zu einer Käseplatte reichen. In einer Frischhaltedose halten sie sich im Kühlschrank 1 Woche.

Mit demselben Teig als Basis lassen sich auch in anderen Geschmacksrichtungen viele leckere Begleiter zum Aperitif zubereiten, ob rund oder eckig. Einfach Gewürze, Kräuter, Hülsenfrüchte, Nüsse und Trockenfrüchte, Oliven, andere Käsesorten, oder wonach immer Ihnen der Sinn steht, zufügen.

Crêpes mit Schafsricotta, Mortadella und Zucchini

Für 12 Personen

Zutaten

Für die Crêpes
3 Eier
500 ml Vollmilch
250 g Weizenmehl Type 405
1 Prise Salz
Butter zum Ausbacken

Für die Füllung
3 helle Zucchini
natives Olivenöl extra
Salz
frisch gemahlener Pfeffer
300 g (Schafs-)Ricotta
150 g in hauchdünne Scheiben geschnittene Mortadella
1 Zweig Oregano

Zubereitungszeit
40 Minuten plus Ruhe- und Backzeit

Für die Crêpes die Eier in einer Schüssel leicht verquirlen, dann die Milch, das gesiebte Mehl und das Salz zugeben und alles mit einem Schneebesen zu einer glatten Teigmasse verrühren. Mit Frischhaltefolie abgedeckt 30 Minuten im Kühlschrank ruhen lassen.

Anschließend den Teig erneut durchrühren. Eine Crêpepfanne (oder eine normale beschichtete Pfanne mit etwa 20 cm Durchmesser) mit einem kleinen Stück Butter darin erhitzen. In die heiße Pfanne mit einem Schöpflöffel ausreichend Teig geben, um die Fläche ganz zu bedecken, und mit dem Teigverteiler oder durch Schwenken der Pfanne gleichmäßig verteilen.

Wenn der Teig sich nach 1–2 Minuten zu lösen beginnt, die Crêpe rasch wenden und noch 1 weitere Minute goldbraun backen. Die fertige Crêpe auf einen Teller geben und aus dem übrigen Teig weitere Crêpes backen.

Den Backofen auf 180 °C (Umluft 160 °C) vorheizen. Die Zucchini waschen, die beiden Enden abschneiden und der Länge nach halbieren. Auf ein mit Backpapier ausgelegtes Backblech legen und Öl, Salz und Pfeffer darübergeben.

Die Zucchini etwa 30 Minuten im Ofen garen, bis sie weich und leicht gebräunt sind, dann abkühlen lassen und in feine Streifen oder Stäbchen schneiden. Die Crêpes mit einer dünnen Schicht Ricotta bestreichen, Mortadella, Zucchini sowie Oregano darauf verteilen und dann zusammenrollen. Die Rollen in Scheiben schneiden, auf einer Platte anrichten und servieren.

Crescia Pasquale – Osterbrot

FÜR EINE RUNDE FORM MIT 20–22 CM DURCHMESSER, MINDESTENS 10 CM HOCH

Zutaten

100 g Wasser
20 g frische Hefe
5 g Zucker
300 g Manitoba-Mehl (backstarkes Weizenmehl)
200 g Weizenmehl »Tipo 0« (ersatzweise Type 550)
50 g natives Olivenöl extra
6 Eier
150 g Pecorino Romano, gerieben
100 g Parmigiano Reggiano, gerieben
50 g Schweineschmalz
5 g Salz
1 Prise frisch gemahlener Pfeffer
100 g Emmentaler

Zubereitungszeit
50 MINUTEN PLUS RUHE- UND BACKZEIT

Die Form am Boden und an den Seiten einfetten. In einer Schüssel den Zucker und die Hefe mit dem lauwarmen Wasser (höchstens 26 °C) anrühren. Das Manitoba-Mehl zugeben und alles zu einem weichen Teig verrühren. Mit einem Tuch abdecken und etwa 1 Stunde an einem warmen Ort ruhen lassen.

Anschließend das Mehl »Tipo 0« zugeben und nach und nach unter Rühren die zuvor leicht verquirlten Eier, das Öl und die beiden geriebenen Käsesorten zugeben.

Durch kräftiges Kneten alle Zutaten vermengen. Sollte der Teig zu sehr kleben, hilft eine geringe Menge Mehl. Zuletzt das zimmerwarme Schmalz sowie Salz und Pfeffer zugeben. Den Teig zu einer Kugel formen und in die Form geben.

Aus dem Emmentaler 5 Stäbchen schneiden und so in die Teigkugel stecken, dass sie oben noch herausschauen. Wenn der Teig so weit aufgegangen ist, dass er den Rand der Form erreicht (das wird 2–3 Stunden dauern) und die Käsestäbchen zudeckt, den Backofen auf 200 °C (Umluft 180 °C) vorheizen.

Den Osterkuchen auf mittlerer Schiene 30 Minuten backen, bis er gleichmäßig gebräunt ist. Sollte er zu schnell bräunen, empfiehlt es sich, ihn mit etwas Alufolie abzudecken oder die Temperatur zu reduzieren. Lauwarm servieren und verschiedene Wurstwaren dazu reichen.

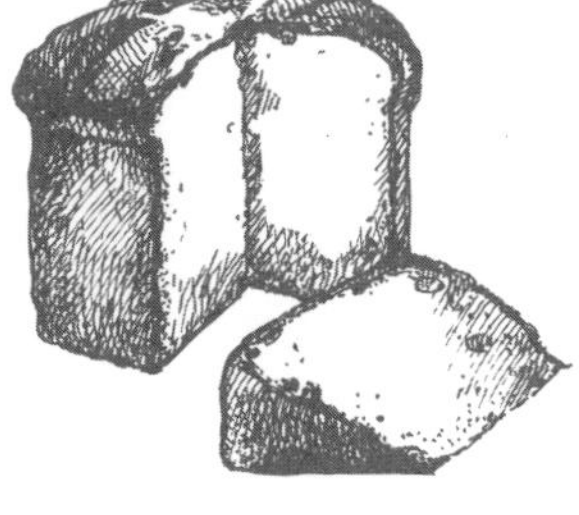

Diesen herzhaft käsigen Osterkuchen, der vor allem in der Region der Marken verbreitet ist, gibt es auch als süße Variante, zubereitet mit Rosinen und abgeriebener Schale von Zitrone oder Zitronatzitrone. Nach einer ausreichenden Ruhezeit wird der süße Kuchen mit verquirltem Eigelb bestrichen, dann gebacken und anschließend noch mit gesüßtem Eischnee überzogen.

Crostini mit Erbsencreme und Bresaola

Für 8 Personen

Zutaten

200 g gepalte Erbsen
natives Olivenöl extra
Salz
frisch gemahlener Pfeffer
1 Vollkornbaguette
200 g Bresaola
100 g Parmigiano Reggiano

Zubereitungszeit
20 Minuten plus Backzeit

Die Erbsen in wenig Salzwasser garen und abgießen, dabei etwas Kochwasser auffangen. Pürieren und währenddessen langsam das Öl angießen. Gegebenenfalls noch etwas Kochwasser zugeben: Das Püree sollte cremig sein, aber nicht flüssig. Mit Salz und Pfeffer würzen.

Das Baguette in 7–8 mm dicke Scheiben schneiden. Auf ein mit Backpapier ausgelegtes Backblech legen und im auf 180 °C (Umluft 160 °C) vorgeheizten Backofen auf einer oberen Schiene 10 Minuten rösten. Die Bresaola in feine Scheiben schneiden, den Parmesankäse hobeln.

Mit einem Löffel die Erbsencreme auf den Crostini verstreichen und jeweils mit einer kleinen Scheibe Bresaola und Parmesanspänen garnieren. Mit etwas Olivenöl beträufeln und servieren.

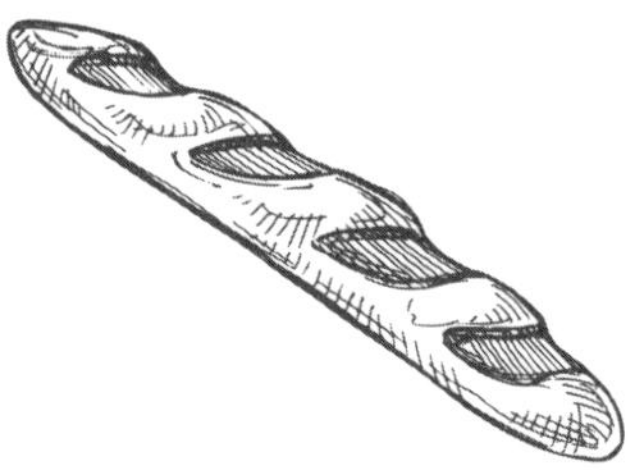

Bresaola ist eine Schinkenspezialität aus Rindfleisch, das in Salzlake zieht, dann getrocknet wird und reift. Hervorzuheben ist hier die Bresaola della Valtellina. Sie trägt das IGP-Siegel, hat also eine geschützte geografische Angabe. Im Veltlin ist Bresaola schon seit dem 15. Jahrhundert bekannt. Das Muskelfleisch der Rinderkeule wird mit Salz, grob zerstoßenem Pfeffer, Kaliumnitrat und einer Mischung aus Wildkräutern behandelt und bleibt dann gut 10 Tage lang in Holz- oder Edelstahlfässern in einer Salzlake liegen. Anschließend wird das Fleisch gewaschen, getrocknet und in Naturdärme gestopft. Die Reifungsphase erstreckt sich über 3 Monate.

Vollkorn-Crostini mit Ei und Spargel

Für 8 Personen

Zutaten

8 kleine Scheiben Vollkornbrot
8 Stangen Spargel
1 EL Weißweinessig
8 Wachteleier
80 g Mayonnaise
natives Olivenöl extra
Salz
frisch gemahlener Pfeffer
Brunnenkresse für die Garnitur

Zubereitungszeit
40 Minuten plus Ruhe- und Backzeit

Die Brotscheiben auf ein mit Backpapier ausgelegtes Backblech legen und im auf 180 °C (Umluft 160 °C) vorgeheizten Backofen 10 Minuten backen.

Von den Spargelstangen die Köpfe abschneiden und beiseitelegen. Die unteren harten Enden abschneiden. Die Stangen mit einem Sparschäler schälen und in reichlich kochendem Salzwasser garen. Dann abgießen und unter Zugabe von Olivenöl pürieren. Die Masse salzen, pfeffern und abkühlen lassen. Im Kochwasser anschließend die Spargelköpfe etwa 4 Minuten garen. Sie sollten gar, aber noch fest sein. In eiskaltem Wasser abschrecken und beiseitestellen.

Einen Stieltopf zu zwei Dritteln mit Wasser füllen, den Essig zugeben und zum Kochen bringen. Mit einem Löffel einen Strudel erzeugen und ein Wachtelei in die Mitte gleiten lassen. 2–3 Minuten garen, bis das Eiweiß gestockt ist, und mit den übrigen Eiern ebenso verfahren.

Jede Brotscheibe zunächst mit Mayonnaise und dann mit der Spargelcreme bestreichen. Jeweils 1 Wachtelei und 1 Spargelkopf darauflegen, salzen, pfeffern und etwas Olivenöl darüberträufeln. Mit der Brunnenkresse garnieren und sofort servieren.

Die Brunnenkresse (*Nasturtium officinale*) ist eine krautige Gemüsepflanze mit liegenden Stängeln und rundlichen, üppigen Blättern, deren Wurzeln unter Wasser liegen (ihr Lebensraum sind Teiche und Bachufer). Der Teil oberhalb des Wassers wird vor der Blüte geerntet und kann roh als eigenständiger Salat oder gemischt mit anderen Salaten verzehrt werden. Derzeit wird sie vermehrt angebaut, da sie auch in der Gastronomie als Garnierung oder für Cremesuppen sehr beliebt ist.

Herzhafte Mini-Cornetti mit Primo Sale und Zucchini

Für 8 Personen

Zutaten

Für den Teig
300 g Manitoba-Mehl (backstarkes Weizenmehl)
260 ml lauwarme Vollmilch (ca. 26 °C) plus 1 EL zusätzlich
45 g Zucker
8 g frische Hefe
150 g Weizenmehl »Tipo 0« (ersatzweise Type 550)
4 Eigelb
90 g Butter, in Stücke geschnitten
10 g Salz
Mohnsamen zum Bestreuen

Für die Füllung
4 helle Zucchini
250 g Primo Sale (Ziegenfrischkäse)
abgeriebene Schale von 1 unbehandelten Zitrone
1 Zweig Oregano
natives Olivenöl extra
Salz

Zubereitungszeit
50 Minuten plus Ruhe- und Backzeit

Zunächst für den Teig die Hälfte des Manitoba-Mehls in eine Schüssel geben, die lauwarme Milch, den Zucker und die zerkrümelte Hefe zugeben. Alles mit der Hand oder mit dem Knethaken zu einer weichen, glatten Teigmasse verarbeiten. Die Schüssel abdecken und 15 Minuten ruhen lassen.

Anschließend das restliche Mehl einkneten. Dann einzeln nacheinander drei der Eigelbe untermengen, die in Stücke geschnittene und auf Zimmertemperatur gebrachte Butter und zum Schluss das Salz. Den Teig kräftig durchkneten und auf einer bemehlten Arbeitsfläche mehrfach dehnen und falten, dann halbieren.

Beide Teile zu einer Kugel formen und mit Abstand zueinander mit einem Tuch abdecken. Alternativ in zwei leicht gefettete Schüsseln legen, Frischhaltefolie um den Teig legen und über Nacht in den Kühlschrank stellen. In beiden Fällen den Teig vor der weiteren Verarbeitung 2 Stunden aufgehen lassen.

Beide Teigstücke 4 mm dick und zu je einem Fladen ausrollen. Die Fladen jeweils in acht, in der Mitte zusammenlaufende Teile zerschneiden. Jedes Dreieck an den Spitzen anfassen und behutsam in die Länge ziehen, dann auf die leicht bemehlte Arbeitsfläche legen und von unten nach oben aufrollen.

Die so entstandenen 16 Cornetti (Hörnchen) auf mit Backpapier ausgelegte Backbleche legen. Lose abdecken und etwa 3 Stunden gehen lassen, bis sie sich im Volumen verdoppelt haben. Dann das verbliebene Ei leicht mit 1 EL Milch verquirlen und die Cornetti damit einpinseln. Mit den Mohnsamen bestreuen und im auf 190 °C (Umluft 170 °C) vorgeheizten Backofen auf mittlerer Schiene in 15–20 Minuten goldbraun backen. Danach abkühlen lassen.

Die Zucchini waschen, trocknen und mithilfe eines Sparschälers längs in feine Scheiben schneiden. Kurz in kochendem Wasser blanchieren, abtropfen und abkühlen lassen. Die Cornetti halbieren und mit dem Primo Sale, den Zucchini, dem Zitronenabrieb und den Oreganoblättchen füllen. Mit etwas Olivenöl beträufeln und servieren.

Grissini mit Fenchelsamen

Für 20 Grissini

Zutaten

140 g lauwarmes Wasser (ca. 26 °C)
1 TL Backpulver
1 TL Zucker
220 g backstarkes Weizenmehl »Tipo 0« (W-Wert 220–300, ersatzweise Type 550 oder 812)
30 g Hartweizengrieß
3 EL natives Olivenöl extra
½ TL Samen von wildem Fenchel, gehackt
½ TL Salz

Zubereitungszeit
30 Minuten plus Ruhe- und Backzeit

In einer Schüssel das lauwarme Wasser mit dem Backpulver und dem Zucker verrühren. Die Hälfte vom Mehl und vom Grieß zugeben, gut verrühren und abgedeckt 20 Minuten ruhen lassen. Restliches Mehl und Grieß, 2 EL Olivenöl, Fenchelsamen und Salz zugeben und alles kräftig zu einem glatten und elastischen Teig kneten. Mit den Händen mehrfach dehnen und falten, dann zu einer Kugel formen.

Die Teigkugel in eine leicht gefettete Schüssel legen, mit Frischhaltefolie abdecken und einige Stunden aufgehen lassen, bis der Teig sich im Volumen verdoppelt hat.

Den Teig zu einem etwa 5 mm dicken Rechteck ausrollen und mit dem restlichen Öl einpinseln. Mit einem scharfen Messer 1 cm breite Streifen aus der Teigplatte schneiden, an beiden Enden festhalten und leicht in die Länge ziehen. Dann mit etwas Abstand auf ein mit Backpapier ausgelegtes Backblech legen.

Die Grissini im auf 180 °C (Umluft 160 °C) vorgeheizten Backofen auf mittlerer Schiene in 12–15 Minuten goldgelb backen. Abkühlen lassen. Die Grissini halten sich in einer Frischhaltedose 1 Woche.

Man nennt sie zwar landläufig Fenchelsamen, eigentlich aber sind diese vermeintlichen Samen die Früchte einer für den Mittelmeerraum typischen Pflanze, die sonnige, trockene, steinige Standorte liebt und dank ihrer Inhaltsstoffe sehr aromatisch ist. Die kleinen Früchte sind ein wunderbares Gewürz für verschiedene Brotsorten, Grissini, Fleisch und Wurstwaren, Fisch, Kastanien und vieles mehr.

Tarteletten mit Makrele, Erbsen und Minze

FÜR 8 PERSONEN

Zutaten

Für den glutenfreien Quicheteig
120 g kalte Butter
100 g feines Maismehl (Fioretto)
100 g Reismehl
50 g Speisestärke
2 EL kaltes Wasser
1 TL Salz

Außerdem
200 ml Vollmilch
65 g flüssige Schlagsahne
3 Eier
50 g Parmigiano Reggiano, gerieben
1 EL Senf
Salz
frisch gemahlener Pfeffer
100 g gepalte Erbsen
150 g in Öl eingelegte Makrelenfilets
1 kleiner Bund Minze, gehackt
Hülsenfrüchte zum Blindbacken (z. B. Kichererbsen)

Zubereitungszeit
20 MINUTEN PLUS RUHE- UND BACKZEIT

Für den Teig die Butter in Stückchen schneiden und in einer Schüssel in etwa 20 Minuten zimmerwarm werden lassen. Mit dem Mehl, der Stärke und dem Salz vermischen und mit der Hand oder mit dem Flachrührer in der Küchenmaschine kneten. 2 EL kaltes Wasser zugeben, dann rasch zu einem weichen und glatten Teig verarbeiten (gegebenenfalls noch etwas Wasser zugeben).

Alternativ können Sie auch den auf Seite 12 beschriebenen klassischen Quicheteig zubereiten. In beiden Fällen den Teig leicht flach drücken und in Frischhaltefolie verpackt mindestens 1 Stunde im Kühlschrank ruhen lassen.

In der Zwischenzeit die Milch mit der Sahne und den Eiern verquirlen, den Parmesan, den Senf sowie Salz und Pfeffer unterrühren und beiseitestellen.

Die Erbsen etwa 5 Minuten in kochendem Wasser garen und sofort in Eiswasser abschrecken. Abkühlen lassen und dann abgießen.

Den Backofen auf 180 °C (Umluft 160 °C) vorheizen. Den kalten Quicheteig mit wenig Mehl etwa 3 mm dick ausrollen. Mit dem Teig 8 gefettete und mit Mehl bestäubte Tartelettförmchen mit 8 cm Durchmesser auskleiden und auf ein Backblech stellen. Die Böden jeweils mit einer Gabel leicht einstechen, Backpapier darauflegen und dann mit Kichererbsen befüllen. Auf mittlerer Schiene 10 Minuten blindbacken, dann das Backpapier samt Kichererbsen entfernen und die Böden nochmals 5 Minuten backen.

Nach der Backzeit aus dem Ofen nehmen und die Tarteletten mit den Erbsen, der abgetropften und grob zerkleinerten Makrele und der Minze belegen. Mit dem zuvor beiseitegestellten Milch-Käse-Mix übergießen und bei 180 °C (Umluft 160 °C) etwa 20 Minuten backen, bis die Tarteletten an der Oberfläche goldgelb sind.

Törtchen mit Dicke-Bohnen-Creme

Für 8 Personen

Zutaten

glutenfreies Kastenbrot
1,2 kg junge Dicke Bohnen
30 g Pecorino Romano
2 EL natives Olivenöl extra
1 Handvoll Minze, gehackt
Salz
frisch gemahlener Pfeffer

Zubereitungszeit
30 Minuten plus Ruhe- und Backzeit

In einem Topf reichlich Wasser zum Kochen bringen. In der Zwischenzeit von dem Brot die Krusten abschneiden und die Scheiben in Würfel von etwa 4 cm Kantenlänge schneiden. Auf ein mit Backpapier ausgelegtes Backblech legen und im auf 180 °C vorgeheizten Backofen auf mittlerer Schiene etwa 15 Minuten goldbraun rösten und anschließend abkühlen lassen.

Die gepalten Dicken Bohnen in das kochende Wasser geben und 6–8 Minuten garen. Abgießen, abkühlen lassen und die ledrige Haut abziehen.

Zusammen mit dem Pecorino zu einer glatten Creme pürieren und währenddessen langsam das Öl zugießen. Mit Salz und Pfeffer abschmecken. In einen Spritzbeutel mit gezackter Spitze füllen und die Crostini damit garnieren.

Zum Schluss mit etwas Olivenöl beträufeln und mit etwas Minze und nach Belieben etwas gehobeltem Pecorino garniert servieren. Mit Frischhaltefolie abgedeckt hält sich die Creme im Kühlschrank 4 Tage.

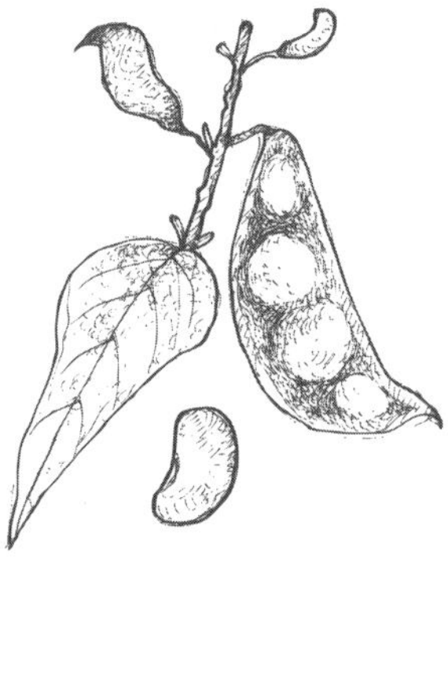

Die Creme, die diese Crostini so besonders appetitlich macht, greift eine beliebte Vorspeise der Region Latium auf, die oft Bestandteil des Pasquetta-Picknicks ist, dem traditionellen Ostermontagsausflug ist. Es handelt sich hierbei um schlichte Dicke Bohnen – frisch gepalt und roh – in Kombination mit Pecorino Romano oder deftiger Salami.

Spinatkuchen mit Kichererbsen und Pinienkernen

Für eine Kastenform mit 24 cm Länge (8 Personen)

Zutaten

100 g getrocknete Kichererbsen
150 g frischer Blattspinat
180 g Weizenmehl »Tipo 0« (ersatzweise Type 550)
16 g Backpulver
1 TL Kurkumapulver
100 ml Vollmilch
50 ml natives Olivenöl extra plus 1 EL zusätzlich
3 Eier
100 g Parmigiano Reggiano, gerieben
1 Handvoll Pinienkerne
Salz
frisch gemahlener Pfeffer

Zubereitungszeit
30 Minuten plus Garzeit der Kichererbsen

Am Vorabend die Kichererbsen abspülen und über Nacht in Wasser einweichen. Abgießen und abspülen, dann in einem großen Topf mit reichlich Wasser bedecken – mindestens dreimal so viel wie ihr Volumen. Kein Salz zugeben, sie bleiben sonst hart. Zum Kochen bringen und ohne Deckel 60–75 Minuten kochen lassen, bis die Kichererbsen gar, aber noch bissfest sind. Zwischendurch den sich an der Oberfläche bildenden Schaum abschöpfen. Die fertig gegarten Kichererbsen abgießen.

Vom Spinat die Stiele entfernen und die Blätter gut waschen. In einer Pfanne 1 EL Öl erhitzen und die noch feuchten Blätter hineingeben, salzen und zusammenfallen lassen, bis das Wasser verdunstet ist. Das Gemüse mit den Kichererbsen zum Abtropfen in ein Sieb geben.

Den Backofen auf 180 °C (Umluft 170 °C) vorheizen. Die Backform einfetten und mit Mehl bestäuben.

Das Mehl mit dem Backpulver und dem Kurkumapulver in eine Schüssel sieben. In einer zweiten Schüssel die Milch mit dem Öl und den Eiern verquirlen, dann den geriebenen Parmesan unterrühren. Diese Mischung über das Mehl gießen. Alles gut vermengen, dann Spinat, Kichererbsen und Pinienkerne untermengen. Mit Salz und Pfeffer würzen und den Teig in die Form geben.

Den Teig etwa auf mittlerer Schiene etwa 50 Minuten backen. Gegen Ende der Backzeit die Stäbchenprobe machen. 20 Minuten abkühlen lassen, dann aus der Form nehmen und servieren. Mit Frischhaltefolie abgedeckt hält sich der Gemüsekuchen im Kühlschrank 4 Tage. Vor dem Servieren leicht aufwärmen.

Torta Pasqualina – Ostertorte

FÜR EINE SPRINGFORM MIT 24–26 CM DURCHMESSER (8–10 PERSONEN)

Zutaten

Für den Teig
600 g Weizenmehl »Tipo 0« (ersatzweise Type 550)
5 g Salz
300 g Wasser
40 g natives Olivenöl extra

Für die Füllung
500 g frischer Mangold
500 g frischer Blattspinat
250 g Ricotta aus Kuhmilch
250 g Ricotta aus Schafsmilch
120 g Parmigiano Reggiano, gerieben
8 Eier
natives Olivenöl extra
Salz

Zubereitungszeit
50 MINUTEN PLUS BACKZEIT

Die Form mit Backpapier auskleiden. Für den Teig das Mehl in die Rührschüssel einer mit Knethaken bestückten Küchenmaschine geben. Das Salz im Wasser auflösen und mit dem Öl verrühren. Den Mix bei niedriger Geschwindigkeit langsam zum Mehl geben und verrühren. Dann die Geschwindigkeit leicht erhöhen und die Masse zu einem glatten und elastischen Teig verkneten. Vom Teig zwei jeweils 300 g schwere Teigstücke entnehmen und den Rest des Teigs in zwei Stücke teilen. Die beiden Teigstücke rundlich formen, auf eine bemehlte Fläche legen und mit einem Tuch abdecken.

Für die Füllung den Mangold und den Spinat putzen, von den Stielen befreien und gründlich waschen. Alle Blätter mit etwas Öl und 1 Prise Salz in eine große Pfanne geben und unter Rühren etwa 6 Minuten dünsten, bis sie zusammengefallen sind und das Wasser verkocht ist. Das Gemüse in ein Sieb geben und unter gelegentlichem Ausdrücken abtropfen lassen. Die beiden Ricottasorten cremig verrühren, mit dem abgekühlten Gemüse in eine Schüssel geben und mit dem geriebenen Parmesan sowie 2 Eiern verrühren.

Die beiden 300 g schweren Teigstücke auf der bemehlten Arbeitsfläche ausrollen: Sie sollten sehr dünn werden und im Durchmesser etwa 8 cm größer sein als die Form. Die erste Teigplatte in die Form legen und gut am Rand andrücken. Mit dem Öl einpinseln und die zweite Teigplatte darauflegen. Die Füllung auf den Boden geben und mit einem Löffel glatt streichen. Mit der Löffelrückseite sechs tiefe Mulden in die Füllung drücken und jeweils ein Ei aus der Schale hineingießen. Das Eigelb sollte intakt bleiben.

Die zwei übrigen Teigstücke rund ausrollen – etwas größer als die Form – und eines davon auf die Füllung legen. Mit Öl einpinseln und das letzte Teigstück darauflegen. Überschüssigen Teig auf einen Zentimeter vom Rand entfernt abschneiden und den Teig mit einer Gabel gut andrücken.

Die Kuchenoberfläche mit Öl einpinseln und im auf 190 °C (Umluft 170 °C) vorgeheizten Backofen auf mittlerer Schiene etwa 45 Minuten backen, bis der Kuchen gleichmäßig gebräunt ist. Etwa 30 Minuten ruhen lassen und servieren. Der Kuchen hält sich mit Frischhaltefolie abgedeckt im Kühlschrank 4 Tage.

Sommer

Gebackene Aprikosen mit Honig und Rosmarin

Für 6 Personen

Zutaten

Für die Streusel
190 g Reismehl
110 g blanchierte Mandelkerne
85 g flüssiger Lavendelhonig
60 g Traubenkernöl
50 g blanchierte und grob gemahlene Mandelkerne
1 Prise Salz

Für die gebackenen Aprikosen
9 reife Aprikosen
3 EL flüssiger Lavendelhonig
Nadeln von 1 Zweig Rosmarin

Für die Creme
300 g Mascarpone
120 g flüssiger Lavendelhonig
flüssige Schlagsahne nach Bedarf

Zubereitungszeit
30 Minuten plus Backzeit

Den Backofen auf 170 °C (Umluft 150 °C) vorheizen. In einer Schüssel alle Zutaten für die Streusel zu einem krümeligen Teig verkneten.

Die Streusel auf einem mit Backpapier ausgelegten Backblech verteilen und im Ofen auf mittlerer Schiene in 10–15 Minuten goldbraun backen. Falls die Streusel an manchen Stellen zu schnell bräunen, sollten sie nach der Hälfte der Backzeit mit einem Löffel gewendet werden. Anschließend abkühlen lassen.

Die Aprikosen waschen, halbieren und den Kern herausnehmen. Mit der Schnittfläche nach oben in eine Auflaufform legen und mit dem Honig beträufeln. Die Rosmarinnadeln darüber verteilen und die Aprikosen in 15–20 Minuten im Ofen goldbraun backen. Sie sollten nicht auseinanderfallen, sondern fest bleiben.

In der Zwischenzeit den Mascarpone mit dem Honig leicht cremig verrühren. Sollte die Creme sehr fest sein, etwas Sahne zugeben.

Von den fertigen Aprikosen jeweils 3 Hälften auf einen Teller legen, mit den Streuseln bestreuen und ein paar Löffel Mascarponecreme darübergeben. Sofort servieren.

Von den zahlreichen köstlichen Aprikosensorten Italiens sind die sizilianische *albicocca di Scillato* (Provinz Palermo) und die ligurische *albicocca di Valleggia* (Provinz Savona) Teil des Presidio-Projekts von Slow Food. Die sizilianische Variante ist eine frühe Sorte mit kleinen, oft rötlichen Früchten, die sehr aromatisch duften und intensiv schmecken. Die Ernte beginnt Ende Mai und geht über zwei bis drei Wochen. Weder Boden noch Früchte werden chemisch behandelt – und die Früchte werden auf der Leiter von Hand geerntet. Die ligurische Sorte wird Ende Juni/Anfang Juli geerntet und man erkennt sie an der zarten, leicht gepunkteten orange gefärbten der Haut. Sie ist zwar klein, geschmacklich aber sehr intensiv und duftet hervorragend.

Mandel-Zitronen-Baci

Für 6 Personen

Zutaten

250 g blanchierte und gemahlene Mandelkerne plus mehr nach Bedarf
200 g flüssiger Honig (oder Maissirup)
50 g weißes Mandelmus
Saft und abgeriebene Schale von 1 unbehandelten Zitrone plus mehr nach Bedarf
1 EL Rum (optional)
1 Prise Salz
1 Handvoll blanchierte Mandelkerne
200 g weiße Schokolade

Zubereitungszeit
30 Minuten plus Ruhezeit

In einer großen Schüssel alle Zutaten bis auf die ganzen Mandelkerne und die weiße Schokolade zu einem kompakten Teig verarbeiten. Gegebenenfalls mehr gemahlene Mandeln beziehungsweise mehr Zitronensaft zugeben.

Aus dem Teig kleine Portionen abnehmen, je 1 ganze Mandel in die Mitte hineindrücken und die Masse zu einer Kugel formen. In einen Behälter legen und etwa 1 Stunde im Kühlschrank ruhen lassen.

Anschließend die weiße Schokolade in Stücke brechen und im Wasserbad unter ständigem Rühren schmelzen. Sie sollte nicht zu heiß werden. Danach in 15 Minuten auf Zimmertemperatur abkühlen lassen.

Die Kugeln mithilfe eines langen Holzstäbchens in die flüssige Schokolade tauchen und dann abtropfen lassen.

Die *baci* auf ein mit Backpapier ausgelegtes Backblech legen. Sobald der Überzug fest ist, können sie serviert werden. Sie halten sich im Kühlschrank 4 Tage, im Gefrierschrank 2 Monate.

Diese feinen, nach Zitrone duftenden Marzipanküsse sind mit einer Mandel gefüllt und zur Krönung mit weißer Schokolade überzogen. Sie können einzeln in ein beliebiges Papier gewickelt werden, machen sich aber ebenso in einer hübschen Blechdose sehr gut als Geschenk.

Lavendelkekse

Für 40 Kekse

Zutaten

200 g zimmerwarme Butter
180 g Zucker
Mark von 1 Vanilleschote
1 TL Backpulver
300 g Weizenmehl »Tipo 0«
(ersatzweise Type 550)
1 EL frische Lavendelblüten
1 Prise Salz

Zubereitungszeit
30 Minuten plus Ruhezeit

Den Backofen auf 170 °C (Umluft 150 °C) vorheizen. Die Butter mit dem Zucker und dem Vanillemark zu einer luftigen Creme aufschlagen.

Das mit dem Backpulver vermischte Mehl zur Buttermasse geben und mit einem Löffel oder mit dem Flachrührer der Küchenmaschine nur kurz zu einem weichen Teig verrühren. Die Lavendelblüten und das Salz unterrühren.

Mit einem Eisportionierer (3 cm Durchmesser) aus dem Teig Halbkugeln formen und mit etwas Abstand auf ein mit Backpapier ausgelegtes Backblech legen.

Die Kekse auf mittlerer Schiene in 15–20 Minuten goldgelb backen, dann herausnehmen und abkühlen lassen. In einer Frischhaltedose halten sie sich 2 Wochen.

Lavendelblüten duften wunderbar aufgrund der Vielzahl ätherischer Öle, die sie enthalten. Sie kommen vor allem in der kreativen modernen Küche zum Einsatz, weniger in traditionellen Rezepten. Mit ihnen lassen sich Kekse verfeinern, wie in diesem Fall, sowie Sorbets, Cremes, Eisdesserts, aber auch Herzhaftes.

Biscotti mit Pfirsich-Lavendel-Sorbet

Für 16 Kekse

Zutaten

Für den Teig
100 g Weizenmehl Type 550 oder höher
50 g Weizenvollkornmehl
50 g Weizenstärke
½ TL Backpulver
60 g Rohrzucker
1 Prise Salz
1 Prise Natron (Backsoda)
80 ml Traubenkernöl
2 EL Hafer- oder Reisdrink

Für das Sorbet
300 g Wasser
300 g Zucker
1 EL frische Lavendelblüten
4 reife Pfirsiche
2 Eiweiß (etwa 70 g)

Zubereitungszeit
30 Minuten plus Ruhezeit

Für den Teig das Mehl, die Stärke und das Backpulver mischen und in eine Schüssel sieben. Zucker, Salz und Natron zugeben und mit einem Schneebesen verrühren.

Das Traubenkernöl dazugießen und mit einem Holzlöffel unterrühren. Dann den Pflanzendrink zugeben und die Masse mit den Händen zu einem kompakten Teig kneten (sollte er zerbröseln, mehr Flüssigkeit einkneten). In Frischhaltefolie verpackt 30 Minuten im Kühlschrank ruhen lassen.

Anschließend den Backofen auf 180 °C (Umluft 160 °C) vorheizen. Den Teig zwischen zwei Lagen Backpapier 4–5 mm dick ausrollen. Mit einem etwa 8 cm großen Ausstecher 16 Kekse ausstechen und auf ein mit Backpapier ausgelegtes Backblech legen. Auf mittlerer Schiene etwa 20 Minuten backen, bis die Kekse goldgelb und knusprig sind.

Für das Sorbet in einem Topf das Wasser mit dem Zucker und den Lavendelblüten zum Kochen bringen. Dann vom Herd nehmen und mit aufgesetztem Deckel 10 Minuten ziehen lassen. In der Zwischenzeit die Pfirsiche schälen, vom Kern befreien und in Stücke schneiden. Benötigt werden 600 g Fruchtfleisch. Den Sirup abseihen und zusammen mit dem Fruchtfleisch wieder in den Topf geben. Auf mittlerer Stufe aufkochen. Dann den Herd ausschalten und die Sorbetmasse abkühlen lassen.

Die Sorbetmasse in die Eismaschine geben und wie in der Bedienungsanleitung angegeben zubereiten. Wenn das Sorbet beginnt, fest zu werden, das Eiweiß zu steifem Schnee schlagen und ebenfalls in die Eismaschine geben. Weiter rühren, bis das Sorbet die gewünschte Konsistenz hat. (Ohne Eismaschine kann man das Sorbet in einem flachen Behälter gefrieren, dann in Stücke schneiden und im Mixer zerkleinern. In diesem Fall vor dem Verzehr noch einmal 15 Minuten in den Gefrierschrank geben.) Das Sorbet auf acht Kekse verteilen und mit den restlichen Keksen bedecken.

Sandplätzchen mit Sommerfrüchten

Für 6 Personen (40 Plätzchen)

Zutaten

Für den Teig
2 Eigelb (etwa 50 g)
85 g Zucker
110 g zimmerwarme Butter
80 g Reismehl
25 g feines Maismehl (Fioretto)
35 g Speisestärke
5 g Backpulver
abgeriebene Schale von 1 unbehandelten Orange
1 Prise Salz

Für die Creme
90 g Zucker
50 g Speisestärke
250 ml Orangensaft
50 g Wasser
25 g Butter

Außerdem
1 Scheibe Honigmelone
150 g Himbeeren
150 g Pfirsiche
150 g Kirschen
etwa 20 Blätter Minze
12 kleine Baisers zum Servieren (optional)

Zubereitungszeit
30 Minuten plus Ruhe- und Backzeit

Für den Teig das Eigelb mit dem Zucker in einer Schüssel kräftig verquirlen, bis die Masse hell und schaumig ist. Die Butter unterrühren. Das Mehl mit der Stärke und dem Backpulver mischen und gesiebt dazugeben. Zum Schluss den Orangenabrieb und das Salz zugeben und alles kurz zu einem glatten Teig vermengen. Den Teig in Frischhaltefolie eingepackt mindestens 2 Stunden im Kühlschrank ruhen lassen.

Den Backofen auf 180 °C (Umluft 160 °C) vorheizen. Den Teig zwischen zwei Lagen Backpapier etwa 6 mm dick rechteckig ausrollen. 6 Rechtecke daraus ausschneiden, auf ein mit Backpapier ausgelegtes Backblech legen und auf der mittleren Schiene in 12–15 Minuten goldgelb backen. Anschließend abkühlen lassen.

In der Zwischenzeit für die Orangencreme den Zucker und die Stärke in einem kleinen Topf mischen, den Orangensaft und das Wasser zugeben und mit einem Schneebesen rühren, bis keine Klumpen mehr vorhanden sind. Bei niedriger Temperatur unter Rühren erhitzen, bis die Masse aufkocht. Dann von der Kochstelle nehmen, die Butter zugeben und, wenn sie weich geworden ist, mit dem Schneebesen unterquirlen. Die Creme lauwarm abkühlen lassen, dann die Plätzchen damit bestreichen.

Die Melonenscheibe von Schale, Kernen und Fasern befreien und mit einem Melonenausstecher kleine Kugeln ausstechen. Die übrigen Früchte und die Minzeblätter putzen, waschen und trocknen. Die Kirschen halbieren und die Pfirsiche in Scheiben schneiden. Die Plätzchen mit den Zutaten garnieren und sofort servieren, nach Belieben angerichtet mit den Baisers.

Geeiste Brombeer-Biscotti

Für 6 Personen

Zutaten

24 einfache Kekse (z. B. Butterkekse)
Vollmilch zum Eintauchen
250 g flüssige Schlagsahne
60 g Puderzucker
Mark von ½ Vanilleschote
1 Ei
100 g Brombeerkonfitüre

Zubereitungszeit
30 Minuten plus Ruhezeit

Zunächst die Hälfte der Kekse in die Milch tauchen, ohne sie zu sehr durchzunässen. Auf eine Platte legen und beiseitestellen.

Die Sahne in einer Schüssel steif schlagen, dann unter weiterem Rühren mit dem Rührbesen den Puderzucker, das Vanillemark und das Ei unterrühren. Anschließend mit einem Teigschaber die Brombeerkonfitüre so unter die Sahne ziehen, dass ein Marmoreffekt entsteht.

Die entstandene Creme in einen Spritzbeutel geben und auf die eingeweichten Kekse verteilen. Die übrigen Kekse ebenfalls kurz in die Milch tauchen und mit leichtem Druck auf die Creme legen.

Die Platte vor dem Servieren 4 Stunden in den Gefrierschrank geben. Im Gefrierschrank halten sich die geeisten Biscotti 2 Monate.

Diese Biscotti sind eine wunderbare Zwischenmahlzeit für warme Sommertage. Und noch unwiderstehlicher werden sie, wenn man Schokolade im Wasserbad schmilzt und die Biscotti darin zur Hälfte eintaucht.

Weiche Zitronenplätzchen

Für 6 Personen

Zutaten

100 g zimmerwarme Butter
90 g Zucker
1 Prise Salz
1 Ei
40 g Zitronensaft und abgeriebene Schale von 1 unbehandelten Zitrone
8 g Backpulver
270 g Weizenmehl »Tipo 0« (ersatzweise Type 550)
Zucker und Puderzucker für den Überzug

Zubereitungszeit
30 Minuten plus Ruhe- und Backzeit

Die Butter mit dem Zucker und dem Salz in die Rührschüssel einer Küchenmaschine geben und mit dem Rührbesen bei mittlerer Geschwindigkeit zu einer schaumigen Creme aufschlagen. Das Ei unterrühren, anschließend den Saft und den Zitronenabrieb unterziehen.

Das mit dem Backpulver gemischte Mehl gesiebt zur Masse geben und mit einem Teigschaber unterziehen. Den Teig zu einer Kugel formen, leicht flach drücken und in Frischhaltefolie eingepackt 1 ½ Stunden im Kühlschrank ruhen lassen.

Den Backofen auf 180 °C (Umluft 160 °C) vorheizen. Aus kleinen Mengen Teig mit den Händen möglichst gleich große Kugeln in der Größe einer Walnuss formen.

Die Kugeln zuerst in normalem Zucker, dann in reichlich Puderzucker wenden und auf ein mit Backpapier ausgelegtes Backblech legen. Dabei zwischen den Kugeln etwas Abstand lassen, da sie aufgehen.

Die Plätzchen auf mittlerer Schiene 12–14 Minuten backen. Sie sollten leicht goldgelb werden und nicht zu lange im Ofen bleiben, um innen nicht zu sehr auszutrocknen. Anschließend vollständig abkühlen lassen. In einer Frischhaltedose halten sie sich mehrere Wochen.

Vanillepudding mit Kirschen

Für 4 Personen

Zutaten

300 ml Vollmilch
160 g flüssige Schlagsahne
1 Vanilleschote
140 g Zucker
4 Eigelb
4 Blatt Gelatine
250 g Kirschen
Saft von ½ Zitrone

Zubereitungszeit
30 Minuten plus Ruhe- und Kochzeit

Die Milch und die Sahne in einem kleinen Topf zusammen mit der längs aufgeschnittenen Vanilleschote zum Kochen bringen. Dann von der Kochstelle nehmen und 5 Minuten ziehen lassen.

Anschließend 80 g Zucker in einer Schüssel mit dem Eigelb hell und schaumig aufschlagen. Die Milch-Sahne-Mischung abseihen und zurück in den Topf geben. Bei niedriger Temperatur unter ständigem Rühren auf 75 °C erhitzen. In der Zwischenzeit die Gelatineblätter in kaltem Wasser einweichen.

Den Topf vom Herd nehmen und die gut ausgedrückte Gelatine darin unter Rühren auflösen. Die Mischung in ein sauberes Gefäß abseihen und dann in vier Edelstahlförmchen gießen. Im Kühlschrank 3 Stunden kalt werden lassen.

Die gewaschenen Kirschen halbieren und entsteinen, dann in eine Schüssel geben und mit 60 g Zucker und dem Zitronensaft verrühren. Abgedeckt im Kühlschrank ziehen lassen.

Denn vollständig abgekühlten Pudding auf Teller stürzen, falls nötig kurz mit dem Flambierbrenner an den Seiten erhitzen, ohne dabei die Creme zu sehr zu erwärmen. Mit den Kirschen garnieren und sofort servieren. Der Pudding hält sich im Kühlschrank 3 Tage, er kann auch in Keramikformen erkalten und nicht gestürzt werden.

Cannoli siciliani

Für 10 Personen

Zutaten

Für die Füllung
1 kg (Schafs-)Ricotta
400 g Zucker
Schokotropfen (optional)

Für die Teighülsen
400 g Weizenmehl »Tipo 0« (ersatzweise Type 550)
1 TL Kakaopulver
40 g Zucker
1 Prise Salz
75 g Schweineschmalz
2 Eier
50 ml Marsala (sizilianischer Süßwein)
Öl zum Frittieren

Zubereitungszeit
50 Minuten plus Ruhe- und Backzeit

Am Vorabend für die Füllung den Ricotta in ein über eine Schüssel gehängtes Sieb geben und abgedeckt über Nacht im Kühlschrank gut abtropfen lassen. Am nächsten Tag zweimal durch ein feines Sieb streichen, dann mit dem Zucker verrühren und nach Belieben Schokotropfen zugeben. In den Kühlschrank stellen.

Für die Teighülsen Mehl und Kakao sieben und in einer Schüssel mit Zucker und Salz mischen. Das Schmalz, die Eier und den Marsala zugeben und mit der Hand oder in der Küchenmaschine zu einem glatten Teig verarbeiten. Den Teig in Frischhaltefolie einpacken und mindestens 1 Stunde im Kühlschrank ruhen lassen.

Die Cannoli-Röhrchen (spezielle Edelstahlformen, um die der Teig gewickelt wird) buttern. Mit einer Teigrolle den Teig sehr fein ausrollen und mit einem Ausstecher von 12 cm Durchmesser runde Plätzchen ausstechen. Die Plätzchen um die Formen wickeln, an den Enden leicht anfeuchten und an der Stelle, an der der Teig aufeinander stößt, fest zusammenpressen, damit sich die Teighülsen beim Frittieren nicht öffnen.

Das Öl auf 180 °C erhitzen und die Cannoli darin portionsweise frittieren, bis sie rundum gleichmäßig gebräunt sind. Vorsichtig herausheben, abtropfen lassen und auf einen mit Küchenpapier ausgelegten Teller legen. Die Teighülsen von den Formen abziehen.

Nach dem Abkühlen der Teighülsen den Ricotta in einen Spritzbeutel geben und die Cannoli damit von beiden Seiten füllen, um nicht zu viel Druck ausüben zu müssen. Nach Belieben mit Pistazienkernen oder Orangenzesten verzieren und sofort servieren.

Aprikosen-Gugelhupf mit Lavendel

Für eine Kranzform mit 24 cm Durchmesser (8 Personen)

Zutaten

225 g Aprikosen
320 g Weizenmehl »Tipo 0« (ersatzweise Type 550)
½ TL Backpulver
½ TL Natron (Backsoda)
170 g zimmerwarme Butter
250 g Zucker
3 Eier
10 g getrocknete Lavendelblüten, zerkleinert
abgeriebene Schale von 1 unbehandelten Zitrone
1 Vanilleschote
1 Prise Salz
180 g Sauerrahm (oder Buttermilch)
Puderzucker zum Bestäuben

Zubereitungszeit
40 Minuten plus Ruhe- und Backzeit

Den Backofen auf 180 °C (Umluft 160 °C) vorheizen. Die Kuchenform einfetten und mit Mehl bestäuben. Die Aprikosen waschen, halbieren und den Kern herausnehmen. Das Fruchtfleisch in kleine Stücke schneiden.

Das Mehl mit Backpulver und Natron in eine Schüssel sieben. In einer anderen Schüssel mit einem Schneebesen die weiche Butter zu einer schaumigen Creme aufschlagen. Dabei nach und nach unter Rühren den Zucker einrieseln lassen. Die Eier einzeln nacheinander unterrühren, dann die fein gehackten Lavendelblüten, den Zitronenabrieb, das Vanillemark und das Salz. Die gesiebte Mehlmischung, den Sauerrahm und zuletzt die Aprikosenstücke unterrühren.

Den Teig in die Form geben und auf mittlerer Schiene etwa 50 Minuten backen. Kurz vor Ende der Backzeit die Stäbchenprobe machen. Den Kuchen in der Form in etwa 15 Minuten lauwarm abkühlen lassen. Dann auf ein Kuchengitter legen und vollständig auskühlen lassen.

Leicht mit Puderzucker bestäubt servieren. Nach Belieben geschlagene Sahne dazu reichen. In Frischhaltefolie eingepackt hält sich der Kuchen 4 Tage im Kühlschrank.

Eiswaffeln

Für 15 Stück

Zutaten

60 g heller Rohrzucker
70 g Reis- oder Sonnenblumenöl
60 g Eiweiß (etwa 2 Eier)
85 g Weizenmehl »Tipo 0«
(ersatzweise Type 550)
15 g Speisestärke
Mark von ½ Vanilleschote

Zubereitungszeit
20 Minuten plus Ruhe- und Backzeit

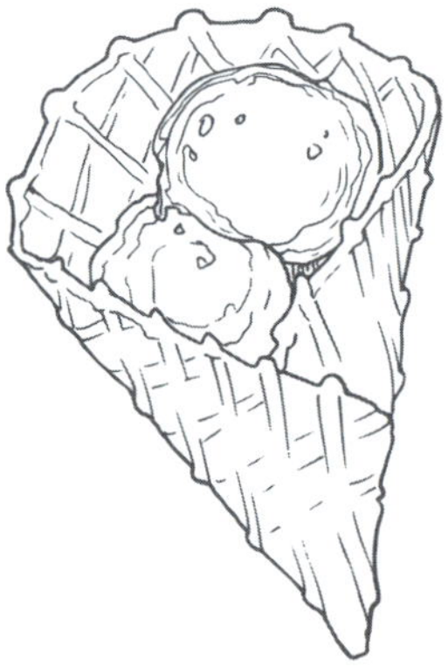

Mit dem elektrischen Handrührgerät den Zucker und das Öl zu einer hellen und schaumigen Mischung verquirlen. Dann unter weiterem Rühren nacheinander je ein Eiweiß zugeben. Das Mehl mit der Speisestärke mischen und über die Öl-Zucker-Mischung sieben. Zuletzt das Vanillemark zufügen und alles unter behutsamem Rühren zu einem glatten, gleichmäßigen Teig verrühren. Die Masse abgedeckt 1 Stunde im Kühlschrank ruhen lassen.

Das Waffeleisen leicht einfetten und stark erhitzen. Von dem Teig jeweils 1 Kelle in die Mitte des heißen Waffeleisens geben, den Deckel schließen und einige Minuten backen. Die Waffel sollte von beiden Seiten gebräunt sein.

Mithilfe einer Gabel die Waffel aus dem Eisen nehmen und zur Herstellung einer klassischen Eiswaffelform, sofort um einen Kegel wickeln, oder aber über ein Nudelholz legen, so entsteht eine konkave Form. Über eine kleine Schüssel gelegt entsteht eine Art Körbchen. Man kann sie aber einfach auch flach lassen. Mit dem übrigen Teig ebenso verfahren.

Die Formen vollständig abkühlen lassen und mit dem Lieblingseis servieren. Die Waffeln können in einer Frischhaltedose 1 Woche aufbewahrt werden. Sollten sie nicht mehr so knusprig sein, einfach vor der Verwendung kurz im Backofen aufwärmen.

Reiscreme mit Aprikosen-kompott und Pistazien

FÜR 4 PERSONEN

Zutaten

Für die Reiscreme
500 g ungesüßter Reis- oder Mandeldrink
Mark von ½ Vanilleschote
1 Prise Salz
50 g Rundkornreis
40 g flüssiger Blütenhonig

Für das Aprikosenkompott
300 g Aprikosen
50 g flüssiger Honig
1 Prise gemahlener Zimt

Außerdem
100 g Pistazienkerne, geröstet und gehackt

Zubereitungszeit
30 MINUTEN PLUS KOCHZEIT

Für die Reiscreme in einem Topf den Pflanzendrink mit dem Vanillemark und dem Salz aufkochen. Dann den Reis, abgespült und abgetropft, zugeben und 30 Minuten bei niedriger Temperatur garen.

Den Topf anschließend von der Kochstelle nehmen, den Honig zugeben und die Mischung mit einem Stabmixer pürieren. Die Creme in einen weiten, flachen Behälter mit Deckel füllen, abdecken und zunächst auf Zimmertemperatur abkühlen lassen, dann in den Kühlschrank stellen.

In der Zwischenzeit für das Kompott die Aprikosen waschen und trocknen, dann vierteln und den Kern herausnehmen. Die Viertel mit Honig und Zimt in einen Topf geben und in etwa 30 Minuten zu einem weichen Kompott einkochen. Danach abkühlen lassen.

Die abgekühlte Creme durch Aufrühren lockern oder gegebenenfalls nochmals pürieren. In Portionsförmchen füllen, mit dem Aprikosenkompott und Pistazienkernen garnieren und sofort servieren. Sowohl Creme als auch Kompott halten sich im Kühlschrank 4 Tage.

Ricottacreme mit Früchten

Für 6 Personen

Zutaten

Für die eingelegten Sauerkirschen
500 g Sauerkirschen
250 g Zucker
(Die angegebene Menge ergibt 2 große Gläser, aber es lässt sich auch eine kleinere Menge zubereiten.)

Für die Ricottacreme
600 g Ricotta, abgetropft
150 g Zucker
1 TL gemahlener Zimt
1 kleines Glas Kirsch- oder Sahnelikör

Außerdem
5 große frische Feigen
2 EL Rohrzucker
1 Handvoll Mandelblättchen (optional)

Zubereitungszeit
40 Minuten plus Ruhe- und Kochzeit

Die eingelegten Sauerkirschen 3 Tage im Voraus zubereiten. Die Kirschen waschen und abtropfen lassen. Dann entstielen, entsteinen und locker in eine Schüssel legen, ohne sie zu zerdrücken. Danach mi dem Zucker bedecken, ein Geschirrtuch über die Schüssel legen und über Nacht ziehen lassen.

Am Tag darauf die Kirschen in ein Sieb geben, den Saft ausdrücken und diesen in einem Topf bei mittlerer Temperatur erhitzen. Sobald er aufkocht, den Saft in eine Schüssel über die Kirschen gießen. Die Schüssel erneut abgedeckt über Nacht ziehen lassen und den Vorgang am nächsten Tag wiederholen.

Zwei Twist-Off-Einmachgläser in kochendem Wasser sterilisieren, die Kirschen einfüllen. Sie sollten komplett vom Saft bedeckt sein. Die Deckel aufschrauben und kopfüber abkühlen lassen. So eingemacht halten sich die Kirschen bis zu 6 Monaten.

Für die Creme den Ricotta durch ein feines Sieb streichen und sorgfältig mit den anderen Zutaten verrühren. Die Creme in einen Spritzbeutel füllen und abwechselnd mit einem Löffel eingelegter Kirschen auf sechs Gläser verteilen. Die letzte Schicht sollte aus Ricottacreme bestehen. Im Kühlschrank kalt werden lassen.

In der Zwischenzeit die Feigen waschen, trocknen und vom Stielansatz befreien. In vier Teile schneiden und mit dem Zucker in einen flachen Topf geben. Zunächst bei niedriger Temperatur köcheln, sodass sie etwas Saft ziehen, dann die Temperatur erhöhen und weiterköcheln, bis der Zucker aufgelöst ist und die Feigen leicht karamellisiert sind.

Die Feigen lauwarm abkühlen lassen und vor dem Servieren auf der Ricottacreme verteilen. Nach Belieben mit Mandelblättchen garnieren.

Baisertorte mit Sahne, Nektarinen und roten Beeren

FÜR 10 PERSONEN

Zutaten

Für das Baiser
4 TL Speisestärke
4 TL Weißweinessig
8 Eiweiß (300 g)
300 g Zucker

Für den Belag
4 Nektarinen
200 g Himbeeren
200 g Erdbeeren
500 g flüssige Schlagsahne
2 EL Puderzucker
Mark von 1 Vanilleschote

Zubereitungszeit
45 MINUTEN PLUS RUHE- UND BACKZEIT

Für das Baiser den Backofen auf 100 °C (Umluft 80 °C) vorheizen. Die Speisestärke mit dem Essig zu einer klumpenfreien Masse verrühren.

In einer Schüssel das Eiweiß verquirlen. Wenn es beginnt schaumig zu werden, nach und nach abwechselnd den Zucker einrieseln lassen und die Essig-Stärke-Mischung zugeben. Weiter quirlen, bis aus der Masse ein fester, glatter Eischnee geworden ist.

Den Eischnee auf einem mit Backpapier ausgelegten Backblech zu zwei etwa 24 cm runden Baiserböden verstreichen. In Ofen auf mittlerer Schiene 2 ½ Stunden backen, bis sie trocken sind. (Wenn Sie sich bei der Backofentemperatur unsicher sind, sollten Sie ein Thermometer verwenden, um zu vermeiden, dass die Temperatur 100 °C übersteigt und die Baisers gelb werden lässt.) Vollständig abkühlen lassen.

Die Früchte waschen und die Nektarinen in dünne Scheiben schneiden. Die Sahne mit dem Puderzucker und dem Vanillemark halbsteif schlagen.

Eine der Baiserböden auf eine Servierplatte legen und die Hälfte der Sahne mit einem Löffel darauf verstreichen. Die Hälfte der Früchte auf der Sahne verteilen, den zweiten Baiserboden darauflegen und diesen wie zuvor belegen. Sofort servieren oder höchstens für 30 Minuten in den Kühlschrank stellen, damit das Baiser nicht durchweicht.

Ricotta-Brombeer-Mousse

Für eine Springform mit 20 cm Durchmesser (6 Personen)

Zutaten

Für den Biskuit
4 Eier
150 g Zucker
3 EL warmes Wasser
1 TL flüssiger Honig
Mark von ½ Vanilleschote
100 g Weizenmehl »Tipo 0« (ersatzweise Type 550)

Für die Ricottacreme
5 Blatt Gelatine
300 g Ricotta, abgetropft
120 g Puderzucker
200 g flüssige Schlagsahne
1 EL Rum

Außerdem
250 g Brombeeren
100 g Brombeerkonfitüre

Zubereitungszeit
1 Stunde plus Ruhe- und Backzeit

Den Backofen auf 200 °C (Umluft 180 °C) vorheizen. Ein 30 x 40 cm großes Backblech mit Backpapier auslegen. Für den Biskuit die Eier und 100 g Zucker mit dem elektrischen Handrührgerät zu einer hellen, schaumigen Masse aufschlagen. Das Wasser, den Honig sowie das Vanillemark zugeben und 10 Minuten weiter schlagen. Dann das Mehl auf die Masse sieben und vorsichtig mit einem Holzlöffel unterheben, damit der Eischnee nicht zusammenfällt.

Den Teig auf das Blech geben, verstreichen und auf mittlerer Schiene etwa 8 Minuten backen. Der Biskuit sollte am Ende der Backzeit noch leicht feucht wirken. Nach dem Herausnehmen die Oberfläche mit den restlichen 50 g Zucker bestreuen, dann auf Backpapier stürzen, mit Frischhaltefolie abdecken und abkühlen lassen.

Anschließend vorsichtig die untere Lage Backpapier abziehen und aus dem Biskuit zwei Tortenböden ausschneiden, einen mit 18 cm Durchmesser, den anderen mit 20 cm Durchmesser. Den Boden der Form mit Backpapier auskleiden, die Seiten einfetten und mit Kuchenrandfolie auslegen. Den kleineren Biskuitboden in die Form legen und mit der Hälfte der Brombeerkonfitüre bestreichen, dann beiseitestellen.

Für die Ricottacreme die Gelatine in kaltem Wasser einweichen. In der Zwischenzeit den Ricotta durch ein Sieb streichen und mithilfe eines Schneebesens den Puderzucker gleichmäßig unterrühren. 4 EL Sahne erhitzen, die ausgedrückte Gelatine darin auflösen und den Rum zugeben. Diese Mischung sorgfältig unter den Ricotta quirlen. Die restliche Sahne mit dem elektrischen Handrührgerät steif schlagen. In zwei Portionen zur Ricottamasse geben und behutsam unterheben.

Die so entstandene Creme auf den Kuchenboden geben und die Form mehrmals leicht auf eine Unterlage klopfen, um mögliche Luftblasen entweichen zu lassen. Auf den zweiten Biskuitboden den Rest der Brombeerkonfitüre verstreichen, dann umgedreht auf die Creme legen und mit den Fingern leicht andrücken.

Die Torte im Gefrierschrank 2 Stunden kalt werden lassen. Mit den vorbereiteten Brombeeren garnieren und sofort servieren. Die Torte hält sich im Kühlschrank 4 Tage.

Zartbittermousse mit Himbeeren

Für eine runde Form mit 20 cm Durchmesser (6 Personen)

Zutaten

Für den Kuchenboden
75 g Bitterschokolade
(64–70 % Kakaogehalt)
3 Eier, getrennt
40 g Zucker
1 EL Kakaopulver
1 EL Speisestärke
1 Prise Salz

Für die Mousse
50 g Bitterschokolade
(64–70 % Kakaogehalt)
1 Blatt Gelatine
50 ml Vollmilch
2 EL Zucker
100 g flüssige Schlagsahne
100 g frische Himbeeren

Für die Himbeersauce
150 g frische Himbeeren
40 g Zucker
2 TL Zitronensaft

Außerdem
1 Handvoll Himbeeren
Kakaopulver zum Bestäuben

Zubereitungszeit
50 Minuten plus Ruhe- und Backzeit

Den Backofen auf 180 °C (Umluft 160 °C) vorheizen. Für den Kuchenboden eine 20 x 30 cm große Backform mit Backpapier auslegen. Die Schokolade in Stücke brechen und im Wasserbad schmelzen, dann abkühlen lassen. Das Eiweiß zu steifem Schnee schlagen. Den Eischnee in einen anderen Behälter umfüllen. In der Schüssel vom Eischnee das Eigelb mit Zucker und Salz zu einer schaumigen, blassgelben Masse verquirlen. Die Stärke mit dem Kakao mischen, auf die Eigelb-Zucker-Masse sieben und vorsichtig unterheben, damit die Masse nicht zusammenfällt.

Die geschmolzene Schokolade untermengen, dann ein Drittel vom Eischnee. Alles schnell verrühren. Den übrigen Eischnee in zwei Portionen vorsichtig unterheben. Die Masse in die vorbereitete, rechteckige Backorm geben, glatt streichen und auf mittlerer Schiene 12–15 Minuten backen, der Kuchenboden sollte nicht trocken werden. Danach abkühlen lassen.

Die runde Backform einfetten, den Boden mit Backpapier und den Rand mit einem Streifen Kuchenrandfolie auslegen. Aus dem abgekühlten Kuchenboden eine runde Platte mit 20 cm Durchmesser ausschneiden. Nun für die Mousse die Schokolade im Wasserbad schmelzen. Die Gelatine in kaltem Wasser einweichen. Die Milch aufkochen, den Zucker zugeben und unter Rühren auflösen. Die ausgedrückte Gelatine mit einem Schneebesen unterrühren. Die warme Masse in zwei bis drei Portionen über die Schokolade gießen und verrühren. Anschließend abkühlen lassen. Danach die Sahne steif schlagen und unterziehen.

Die Himbeeren putzen, halbieren und vorsichtig unter die Mousse ziehen. Diese auf den Kuchenboden geben und die Form leicht auf eine Unterlage klopfen, damit die Luftblasen entweichen. 2 Stunden im Kühlschrank ruhen lassen und in der Zwischenzeit für die Sauce Himbeeren, Zucker und Zitronensaft pürieren, alles durch ein Sieb streichen und in den Kühlschrank stellen.

Die Springform öffnen, die Randfolie entfernen und die Torte auf einen Teller legen. Mit Kakao bestäuben und bis zum Verzehr kalt stellen. Zum Servieren anschneiden und mit den Himbeeren und der Himbeersauce anrichten.

Pfirsichmousse

Für 6 Personen

Zutaten

Für die Mousse
2 reife Pfirsiche plus 2 zusätzlich für die Garnitur
125 g Vollmilchjoghurt
180 g Zucker
8 Blatt Gelatine
200 g flüssige Schlagsahne
40 g Wasser
100 g Eiweiß (etwa 3 Eier)

Außerdem
glutenfreie Kekse
1 Zweig Minze

Zubereitungszeit
45 Minuten plus Ruhe- und Kochzeit

Für die Mousse die Pfirsiche waschen und schälen, dann den Kern herausnehmen und 450 g Fruchtfleisch abwiegen. Diese Menge zusammen mit dem Joghurt und 20 g Zucker zu einem sämigen Püree verarbeiten.

Die Gelatine für etwa 5 Minuten in kaltem Wasser einweichen. Die Hälfte des Pfirsichpürees langsam in einem Topf erwärmen, dann vom Herd nehmen und die leicht ausgedrückte Gelatine unter Rühren mit einem Schneebesen darin auflösen. Die Masse in eine Schüssel geben und mit dem Rest des Pürees verrühren.

Nun eine italienische Meringe nach Anleitung auf Seite 10 zubereiten. Das Wasser mit 120 g Zucker in einem Topf verrühren und auf niedriger Stufe köcheln lassen. Den Sirup auf eine Temperatur von 118 °C erhitzen. Inzwischen das Eiweiß in der Küchenmaschine mit dem Rührbesen bei mittlerer Geschwindigkeit leicht verquirlen. Wenn es schaumig wird, den restlichen Zucker (40 g) einrieseln lassen und weiter rühren, bis eine glatte, cremige Meringe entsteht.

Wenn der Sirup eine Temperatur von 118 °C erreicht hat, diesen unter Rühren bei hoher Geschwindigkeit langsam zum Eischnee gießen. Anschließend auf niedriger Stufe noch etwa 3 Minuten mixen, bis die Meringe lauwarm ist. In drei Portionen behutsam unter die Pfirsichmasse heben. Dann die Sahne steif schlagen und diese in drei Portionen mit der Masse verrühren.

Sechs Gläser zur Hälfte mit der Pfirsichmousse füllen, das geht gut mit einem Spritzbeutel oder mit zwei Löffeln. Die Kekse über der Creme zerkleinern und eine weitere Schicht Mousse darauf geben. Für etwa 3 Stunden in den Kühlschrank stellen.

Die übrigen Pfirsiche waschen und trocknen, dann vierteln, den Kern herausnehmen und das Fruchtfleisch mit einem scharfen Messer oder einem Gemüsehobel in dünne Scheiben schneiden. Die Scheiben auf der Mousse verteilen und alles mit zerkleinerten Keksen und frischen Minzeblättern garnieren. Sofort servieren.

Zabaionemousse mit Sauerkirschkompott

Für 6 Personen

Zutaten

Für die Zabaione
4 Eigelb
4 EL Zucker
150 g Marsala (sizilianischer Süßwein)
300 g flüssige Schlagsahne
zerkleinerte Kekse (optional)

Für das Kompott
300 g Sauerkirschen plus einige zusätzlich zum Garnieren
100 g Wasser plus 2 EL
Saft und abgeriebene Schale von ½ unbehandelten Zitrone
1 EL Speisestärke
50 g Zucker

Außerdem
einfache Kekse (z. B. Butterkekse) zum Servieren

Zubereitungszeit
40 Minuten plus Ruhe- und Kochzeit

Für die Zabaione in einem Topf Wasser für ein Wasserbad aufkochen. In der Zwischenzeit in einer Schüssel das Eigelb und den Zucker mit dem elektrischen Handrührgerät kräftig zu einer hellen, schaumigen Masse verquirlen. Unter Rühren den Marsala langsam angießen.

Die Schüssel auf den Topf mit dem kochenden Wasser stellen – ihr Boden sollte nicht mit dem Wasser in Berührung kommen – und die Eimasse im Wasserbad zu einer Creme verrühren. Diese in einen Edelstahlbehälter geben und abkühlen lassen. Sobald sie lauwarm ist, abgedeckt in den Kühlschrank stellen.

Für das Kompott die Sauerkirschen waschen, entsteinen und mit dem Wasser in einem Topf zum Kochen bringen. Dann den Zitronensaft und den Zitronenabrieb dazugeben. Die Stärke in 2 EL kaltem Wasser anrühren und unter ständigem Rühren zu den Sauerkirschen geben, damit sich keine Klumpen bilden. Den Zucker einrühren und das Kompott weitere 15 Minuten köcheln lassen, bis es leicht eingedickt ist. Abkühlen lassen und dann in eine Schüssel geben. Wenn nötig, noch einmal kurz durchrühren.

Die Sahne halbsteif schlagen und in drei Portionen unter die Zabaione heben. Die Mousse abwechselnd mit Sauerkirschkompott in Portionsgläser schichten, nach Belieben mit zerkleinerten Keksen.

Zum Servieren mit frischen Sauerkirschen anrichten. Die Mousse hält sich im Kühlschrank 4 Tage.

Dinkelbrötchen mit Trockenaprikosen und Pinienkernen

FÜR 20 KLEINE BRÖTCHEN

Zutaten

300 g Dinkelmehl Type 630
200 g Weizenmehl »Tipo 0« (ersatzweise Type 550)
12 g frische Hefe (oder 4 g Trockenhefe)
300 g lauwarmes Wasser
4 EL flüssiger Blütenhonig
30 g natives Olivenöl extra
½ TL Salz
70 g Pinienkerne
150 g Trockenaprikosen, grob gehackt

Zubereitungszeit
40 MINUTEN PLUS RUHE- UND BACKZEIT

Das Mehl in einer Schüssel mischen. Die Hefe in 100 ml lauwarmem Wasser auflösen und ein paar Minuten ruhen lassen. Dann mit dem übrigen Wasser und 2 EL Honig zum Mehl geben. Alles etwa 6 Minuten kräftig durchkneten, bis ein weicher und elastischer Teig entsteht. Das Öl und das Salz zugeben und nochmals etwa 4 Minuten kneten. Aus dem Teig eine Kugel formen und mit Frischhaltefolie abgedeckt in einer leicht gefetteten Schüssel einige Stunden aufgehen lassen.

Nach der Gehzeit die Pinienkerne und die zerkleinerten Aprikosen in den Teig einkneten. Den Teig wiegen und in 20 gleiche Stücke teilen. Diese kurz durchkneten und zu Kugeln formen, dann auf einem mit Backpapier ausgelegten Backblech nochmals 1 Stunde gehen lassen.

Die Brötchen im auf 200 °C (Umluft 180 °C) vorheizten Backofen auf mittlerer Schiene etwa 20 Minuten backen, bis sie leicht gebräunt sind. Herausnehmen und sofort mit dem übrigen Honig bepinseln. Lauwarm mit Butter und einer beliebigen Konfitüre servieren.

Pinienkerne sind die länglichen, von einer harten, holzigen Schale umgebenen Samen, die aus den reifen Pinienzapfen herausfallen. Die weißlichen Kerne von mildem und leicht harzigem Geschmack werden in der Regel frisch verzehrt. In der italienischen Pasticceria findet man sie oft mit Sultaninen kombiniert. Eine Hauptrolle spielen sie einigen traditionellen Süßspeisen wie der *pinoccata*, einer in Umbrien typischen Weihnachtsspezialität, oder der toskanischen *pinolata*.

Pan Brioche mit Pfirsichen und Zitronenverbenen-Eis

Für 6 Personen

Zutaten

Für die Pan Brioche
160 g flüssige Schlagsahne
40 g Vollmilch
30 g Zucker
1 Eigelb (etwa 20 g), leicht aufgeschlagen
1 Prise Salz
4 ca. 1 cm dicke Scheiben Brioche
30 g Butter
1 EL Rohrzucker

Für das Eis
350 g Vollmilch
150 g flüssige Schlagsahne
20 g Zitronenverbene
100 g Eigelb (etwa 5 Eier)
90 g Zucker

Außerdem
250 g Pfirsiche, geschält
50 g Rohrzucker
abgeriebene Schale von 1 unbehandelten Zitrone
Zitronenverbene für die Garnitur

Zubereitungszeit
40 Minuten plus Ruhe- und Kochzeit

Für die Pan Brioche in einer weiten Schüssel die Sahne mit der Milch, dem Zucker, dem Eigelb und dem Salz verrühren. Die Brotscheiben darin von beiden Seiten eintauchen und auf eine Platte legen. Mit Frischhaltefolie abgedeckt mindestens 2 Stunden oder über Nacht kalt stellen.

Für das Eis die Milch, die Sahne und die Zitronenverbene in einem Topf erhitzen. Sobald es kocht, den Topf vom Herd nehmen und abgedeckt 10 Minuten ziehen lassen.

In einer Schüssel das Eigelb mit dem Zucker zu einer hellen, schaumigen Masse verquirlen. Die Milch-Sahne-Mischung abgeseiht unter die Eimasse rühren. Dann alles zurück in den Topf geben. Auf mittlerer Stufe unter ständigem Rühren köcheln lassen, bis die Creme die Temperatur von 82 °C erreicht hat. Dann sofort in einen breiten Behälter geben, eine Lage Frischhaltefolie direkt auf die Creme legen und zuerst bei Zimmertemperatur, dann im Kühlschrank abkühlen lassen. Die kalte Creme in der Eismaschine nach Bedienungsanleitung zubereiten.

In der Zwischenzeit die Pfirsiche in etwa 3 mm dicke Scheiben schneiden. Diese mit dem Zucker und dem Zitronensaft vermengen und mit Frischhaltefolie abgedeckt im Kühlschrank ziehen lassen.

Wenn das Eis fertig ist und das Brot genug durchgezogen ist, den Backofen auf 180 °C (Umluft 160 °C) vorheizen. In einer Pfanne die Butter schmelzen. Dann den Rohrzucker darin leicht karamellisieren. Die Brotscheiben in der Pfanne von jeder Seite in etwa 1 Minute leicht goldbraun braten. Dann auf ein mit Backpapier ausgelegtes Backblech legen und im Ofen auf mittlerer Schiene 10 Minuten backen. Diesen letzten Schritt kann man auch auslassen, dann allerdings sollte die Backzeit in der Pfanne etwas verlängert werden. Außerdem bläht sich das Brot in diesem Fall nicht so schön auf und wird weniger knusprig.

Auf einem Teller je eine Scheibe Brot mit Eis und marinierten Pfirsichen anrichten und sofort servieren. Nach Belieben mit Zitronenverbene garnieren.

Vollkorn-Plumcake mit Feigen

Für 6 Personen

Zutaten

6 frische dunkle Feigen
50 g Bitterschokolade
250 g Vollkornreismehl plus etwas mehr für die Form
50 g feines Maismehl (Fioretto)
30 g gemahlene Mandelkerne
16 g Backpulver
100 g Zucker
Mark von ½ Vanilleschote
1 Prise Salz
350 g Pflanzendrink (z. B. Reis, Hafer, Soja)
60 g Traubenkernöl

Zubereitungszeit
30 Minuten plus Kochzeit

Eine Kastenform buttern und mit Reismehl bestäuben. Den Backofen auf 190 °C (Umluft 170 °C) vorheizen.

Die Feigen waschen, trocknen, vom Stielansatz befreien und in Scheiben schneiden. Die Schokolade hacken oder raspeln und in eine Schüssel geben. Das Mehl, die gemahlenen Mandeln und das Backpulver mischen und über die Schokolade sieben. Den Zucker, das Vanillemark und das Salz zugeben und alles mischen. Den Pflanzendrink und das Öl verquirlen und unter Rühren langsam zu den trockenen Zutaten gießen, sodass eine glatte Masse entsteht. Dann behutsam die Feigen untermengen.

Den Teig in die Form geben und auf mittlerer Schiene 35 Minuten backen. Gegen Ende der Backzeit die Stäbchenprobe machen.

Den fertigen Kuchen zunächst 15 Minuten in der Form, dann auf einem Kuchengitter abkühlen lassen. Lauwarm oder kalt servieren. Mit Frischhaltefolie abgedeckt hält er sich 4 Tage.

Feigenbäume sind in Italien sehr verbreitet, genau wie in den anderen Regionen rund um das Mittelmeer, wo sie intensiv angebaut werden. Je nach Sorte tragen die Bäume im Jahr bis zu dreimal Früchte: Die aus Vorjahrestrieben stammenden Früchte heißen *fioroni* und reifen im Frühsommer. Als echte Feigen – *fichi veri* – werden die am neuen Holz wachsenden Früchte bezeichnet, die Anfang September reifen. Und schließlich gibt es noch die *cimaroli*, im späten Herbst reifende Feigen. Die Schale kann grün bis dunkelviolett sein. Im Vergleich mit frischen Feigen haben getrocknete Feigen etwa fünfmal so viel Kalorien.

Himbeer-Mascarpone-Rolle

Für 8 Personen

Zutaten

Für den Biskuit
4 Eier (à etwa 55 g), getrennt
100 g Zucker
30 g Weizenmehl »Tipo 0« (ersatzweise Type 550)
20 g Kartoffelstärke
1 Prise Salz
50 g Traubenkernöl

Für die Füllung
200 g beliebige Konfitüre (Himbeer, Feige, Pfirsich, Pflaume)
200 g frische Himbeeren
250 g Mascarpone
125 g flüssige Schlagsahne
2 TL Puderzucker

Außerdem
Puderzucker zum Bestäuben

Zubereitungszeit
40 Minuten plus Ruhe- und Backzeit

Für den Biskuit den Backofen auf 190 °C (Umluft 170 °C) vorheizen. Ein Backblech leicht einfetten und den Boden so mit Backpapier auslegen, dass es gut haftet.

Das Eiweiß mit dem Zucker zu Eischnee schlagen. Das Eigelb nach und nach bei niedriger Geschwindigkeit unterrühren. Das Mehl mit der Stärke mischen und über die Eimasse sieben. Vorsichtig mit einem Teigschaber unterziehen. Das Salz zufügen und das Traubenkernöl langsam und unter leichtem Rühren zugießen.

Die Masse auf das Backblech geben, gleichmäßig verstreichen und auf mittlerer Schiene etwa 9 Minuten backen. Der Teig sollte leicht gebräunt und noch weich sein. Ein sauberes Geschirrtuch durchfeuchten und gut auswringen. Den Kuchen darauf stürzen und das Backblech abheben. Dann den Biskuitboden mit Frischhaltefolie abgedeckt 15 Minuten abkühlen lassen. Nun ganz behutsam das Backpapier ablösen und den Boden auf ein frisches Stück Backpapier legen. Auf die weniger glatte Seite mit einem Teigschaber oder Löffel die Konfitüre verstreichen.

Die Himbeeren waschen und vorsichtig mit Küchenpapier trocken tupfen. Den Mascarpone mit der Sahne und dem Puderzucker auf niedriger Stufe zu einer glatten, cremigen Masse aufschlagen. Diese gleichmäßig auf der Konfitüre verstreichen. Die Himbeeren darüber verteilen und den Biskuitboden vorsichtig über die Längsseite aufrollen.

Die Biskuitrolle auf eine Servierplatte legen, mit Frischhaltefolie abdecken und für mindestens 1 Stunde in den Kühlschrank stellen. Bei knapper Zeit reichen 30 Minuten im Gefrierschrank. Vor dem Servieren leicht mit Puderzucker bestäuben. Die Rolle hält sich im Kühlschrank mit Frischhaltefolie abgedeckt 3 Tage.

Schokoladensalami

Für 6 Personen

Zutaten

150 g Zucker
100 g zimmerwarme Butter
100 g Kakaopulver
2 Eier
100 g einfache Kekse (z. B. Butterkekse)
Puderzucker für den Überzug

Zubereitungszeit
30 Minuten plus Ruhezeit

Die Butter mit dem Zucker cremig aufschlagen, dann den Kakao dazusieben und gut verrühren. Die Eier einzeln unterrühren. Dann die Kekse grob zwischen den Fingern zerkleinern, zur Schokomasse geben und behutsam mit einem Teigschaber oder einem Löffel unterziehen.

Die Masse auf Frischhaltefolie legen und zu einer Rolle formen. Vor dem Verzehr 2–3 Stunden kalt stellen. Soll die Schokosalami später gegessen werden, kann sie auch eingefroren werden.

Kurz vor dem Servieren in Puderzucker rollen und dann in etwa 1 cm dicke Scheiben schneiden.

Für den *salame di cioccolato*, eine zu vielen Anlässen beliebte italienische Süßspeise, gibt es je nach Region viele verschiedene Varianten: So kann man zusätzlich zum reinen Kakaopulver auch Trinkkakaopulver zugeben, nur Eigelb verwenden oder etwas süßen Likör, geröstete Mandeln, Haselnüsse, Pinienkerne oder ein paar Rosinen zugeben. Die Schokoladensalami erinnert von der Machart an den im deutschen Sprachraum beliebten Kalten Hund.

Semifreddo al Caffè

Für 4 Personen

Zutaten

100 g Zucker
75 g Vollmilch
12 g zimmerwarme Butter
1 Tasse Espressokaffee
250 g flüssige Schlagsahne
Kakaopulver zum Bestäuben

Zubereitungszeit
30 Minuten plus Ruhe- und Kochzeit

Zunächst wird eine Kondensmilch hergestellt. Dazu den Zucker mit der Milch und der Butter in einem Topf erwärmen und mit dem Schneebesen gut verrühren. Bei mittlerer Temperatur köcheln lassen und in 10–15 Minuten unter ständigem Rühren mit einem Holzlöffel eindicken lassen. In eine Schüssel umfüllen und abkühlen lassen.

Nach dem Abkühlen die kondensierte Milch und den Kaffee mit einem Schneebesen verquirlen. Die Sahne steif schlagen und dann behutsam unter den Kaffee-Milch-Mix ziehen. Die Creme auf vier Förmchen oder Gläser verteilen und abgedeckt etwa 5 Stunden in den Gefrierschrank stellen.

Das Semifreddo mit Kakao bestäubt servieren und nach Belieben Eiswaffeln (Seite 96) dazu reichen. Das Semifreddo hält sich im Gefrierschrank 1 Monat.

Semifreddo steht als Dessert irgendwo zwischen Eis und Gebäck. Es unterscheidet sich vom Eis sowohl durch die Konsistenz – es ist weicher und sehr viel weniger kalt – als auch im Hinblick auf die Zahl und die Art der Zutaten, zu denen Cremes, Schlagsahne und oft auch die italienische Meringe gehören.

Für den besonderen Kick sorgt in diesem Fall der caffè italiano, überall auf der Halbinsel der unverzichtbare Abschluss einer Mahlzeit.

Semifreddo mit Himbeeren, Pflaumen und Schlagsahne

Für 6 Personen

Zutaten

180 g Zucker
1 Ei (Größe L, etwa 60 g)
2 Eigelb
1 EL Zitronensaft
400 g Himbeerpüree, passiert
500 g flüssige Schlagsahne
6 reife Pflaumen (oder frische Feigen)
2 EL Puderzucker
Mark von ½ Vanilleschote

Zubereitungszeit
40 Minuten plus Ruhe- und Kochzeit

Am Vortag den Zucker, das ganze Ei, das Eigelb sowie den Zitronensaft in einer für ein Wasserbad geeigneten Schüssel verrühren (am besten die der Küchenmaschine). So über einen Topf mit kochendem Wasser platzieren, dass der Boden nicht vom Wasser berührt wird. Die Masse im Wasserbad unter Rühren erwärmen, bis sie eindickt und schaumig wird.

Dann die Masse in der Küchenmaschine 10 Minuten bei hoher Geschwindigkeit schlagen, bis sie lauwarm und luftig ist. 300 g Himbeerpüree vorsichtig unterheben. 200 g Sahne steif schlagen und in drei Portionen ebenfalls unterheben. Die Creme in einen hohen Behälter mit Deckel geben und über Nacht gefrieren lassen. (Das Semifreddo kann 2 Monate im Gefrierschrank aufbewahrt werden.)

Am nächsten Tag die Pflaumen entsteinen, in sechs Teile schneiden und beiseitestellen. Nicht ganz reife Pflaumen sollten zuvor mit 2 EL Zucker in einem Topf leicht garen, damit sie weicher werden.

Das Himbeer-Semifreddo aus dem Gefrierschrank nehmen und bei Zimmertemperatur 10–15 Minuten weich werden lassen. Die restliche Sahne (300 g) mit dem Puderzucker und dem Vanillemark steif schlagen.

Das Semifreddo abwechselnd mit der geschlagenen Sahne, den Pflaumen und dem übrigen Himbeerpüree in Eisbecher oder Gläser schichten. Nach Belieben Eiswaffeln (Seite 96) oder Katzenzungen (Seite 233) dazu reichen. Sofort servieren.

Melonensorbet

Für 4 Personen

Zutaten

1 große Zuckermelone
(z. B. Cantaloupe, Galia, Honigmelone)
2 EL Zucker
1 Eiweiß
Saft von 1 Zitrone

Zubereitungszeit
10 Minuten plus Ruhezeit

Am Vorabend die Melone halbieren und mit einem Löffel alle Kerne herausschaben.

Das Fruchtfleisch schälen und in Scheiben schneiden. Diese über Nacht in einer Frischhaltedose in den Gefrierschrank stellen.

Am nächsten Tag die gefrorene Melone mit dem Zucker, dem Eiweiß und dem Zitronensaft im Mixer zu einem sämigen Püree verarbeiten.

Sofort in Eisschalen angerichtet servieren und nach Belieben Eiswaffeln (Seite 96) dazu reichen.

Sorbet ist eine feinkörnige, zart schmelzende Delikatesse, deren Herstellung auf halb gefrorenem Fruchtsaft oder Fruchtfleisch und Zuckersirup beruht. Besonders fein wird diese erfrischende Speise durch die Zugabe von Eischnee oder geschlagener Sahne, aber auch ein trockener oder süßer Wein macht sich gut. Sorbets werden in Italien oft als Zwischengang bei einem Menu gereicht.

Blätterteig-Tarteletten mit Obst und Eiscreme

Für 8 Personen

Zutaten

500 g Blätterteig (Rezept auf Seite 18; Zutatenmenge x 0,75)
neutrales Pflanzenöl oder weiche Butter zum Einfetten
1 reifer Pfirsich
3–4 reife Aprikosen (oder Pflaumen)
80 g Aprikosenkonfitüre
2 EL heller Rohrzucker
500 g Sahneeis

Zubereitungszeit
30 Minuten plus Backzeit

Den Blätterteig im Voraus nach der Anleitung auf Seite 18 vorbereiten, leicht einfetten und vorsichtig zu einem etwa 5 mm dicken Rechteck ausrollen.

Die Ränder mit einem Teigrädchen glatt abschneiden und acht Rechtecke ausschneiden. Jeweils in der Mitte mit einer Gabel einstechen, in eine mit Backpapier ausgelegte Form legen und im Kühlschrank ruhen lassen.

In der Zwischenzeit den Backofen auf 190 °C (Umluft 170 °C) vorheizen. Die Früchte putzen, entsteinen und in 5–6 mm dicke Scheiben schneiden.

Die Blätterteigplatten aus dem Kühlschrank nehmen und mithilfe eines Teelöffels die Konfitüre so darauf verstreichen, dass ein mindestens 1 cm breiter Rand frei bleibt. Dann abwechselnd und leicht überplappend mit Pfirsich- und Aprikosenscheiben belegen. Zuletzt mit dem Rohrzucker bestreuen und 15–20 Minuten backen, bis das Obst leicht gebräunt ist.

Danach lauwarm abkühlen lassen und mit 1 Kugel Eis pro Person servieren.

Tarteletten sind kleine Tortenböden aus Mürbe- oder Blätterteig, die auf vielfältige Weise belegt werden können: mit frischen oder eingelegten Früchten (nach Belieben ganz, in Stücke oder in Schnitze geschnitten), Konditorcreme, Schokolade ... Bei einigen Rezepten werden die Törtchen gebacken, bevor sie gefüllt werden.

Heidelbeer-Tarteletten

Für 8 Personen

Zutaten

Für den Olivenöl-Mürbeteig
215 g Weizenmehl »Tipo 0« (ersatzweise Type 550)
2 EL feines Maismehl (Fioretto)
½ TL Backpulver
100 ml natives Olivenöl extra
2 EL heller Rohrzucker
1 TL Zitronensaft
1 EL eiskaltes Wasser
1 Prise Salz

Für die Zitronencreme
90 g heller Rohrzucker
50 g Speisestärke
250 ml frisch gepresster Zitronensaft
50 ml Reisdrink

Außerdem
Hülsenfrüchte zum Blindbacken (z. B. Kichererbsen)
300 g Heidelbeeren
80 g Heidelbeerkonfitüre
essbare Blüten für die Garnitur (optional)

Zubereitungszeit
45 Minuten plus Ruhe- und Backzeit

Zunächst den Mürbeteig vorbereiten. (Statt des hier beschriebenen Teigs ohne Butter kann auch die klassische Variante von Seite 16 verwendet werden.) Das Mehl und das Backpulver mischen und in eine Rührschüssel sieben. In einer zweiten Schüssel mit einem Schneebesen das Öl mit dem Zucker, dem Zitronensaft, dem Wasser (es muss eiskalt sein) und dem Salz verrühren. Die flüssigen Zutaten mit der Mehlmischung in der Schüssel vermischen und kurz zu einem glatten Teig verkneten. Den Teig in Frischhaltefolie eingewickelt mindestens 2 Stunden im Kühlschrank ruhen lassen.

In der Zwischenzeit für die Creme den Zucker und die Speisestärke in einem Topf mischen. Den Zitronensaft durch ein feines Sieb geben, zusammen mit dem Reisdrink hinzufügen und alles klumpenfrei verquirlen. Bei niedriger bis mittlerer Temperatur unter ständigem Rühren erhitzen, bis die Creme anfängt zu kochen. Dann vom Herd nehmen, eine Lage Frischhaltefolie direkt auf die Masse legen und abkühlen lassen.

Den Backofen auf 170 °C (Umluft 150 °C) vorheizen. Acht Tarteletteförmchen (etwa 7 cm Durchmesser) einfetten und mit Mehl bestäuben. Den Mürbeteig zwischen zwei Lagen Backpapier 2 mm dünn ausrollen und die Förmchen damit auskleiden. Die Teigböden mit einer Gabel einstechen, dann Backpapier und Kichererbsen darauflegen und auf mittlerer Schiene 10 Minuten blindbacken. Anschließend das Papier und die Kichererbsen entfernen und die Böden goldgelb backen. Nach dem Abkühlen die Tarteletten mit der Zitronencreme füllen.

Die Heidelbeeren mit der Konfitüre vermengen und auf der Zitronencreme verteilen. Mit essbaren Blüten garniert servieren.

Tegole dolci mit Cranberrys, Mandeln und Pistazien

Für 8 Personen

Zutaten

240 g Rohrzucker
100 g zimmerwarme Butter
70 g Wasser
400 g Weizenmehl »Tipo 0« (ersatzweise Type 550)
100 g getrocknete Cranberrys
140 g blanchierte Mandelkerne
100 g Pistazienkerne, geröstet und gehackt
1 TL Natron (Backsoda)
½ TL gemahlener Kardamom
½ TL Salz

Zubereitungszeit
30 Minuten plus Backzeit

Am Vortag in einem Topf bei niedriger Temperatur den Zucker mit der Butter und dem Wasser etwa 5 Minuten köcheln lassen, bis der Zucker vollständig aufgelöst ist.

Die Masse in eine Edelstahlschüssel geben. Das Mehl in eine Schüssel sieben. Die Cranberrys, die Mandelkerne, die Pistazienkerne, das Natron, den Kardamom und das Salz zugeben und alles mit einem Holzlöffel zu einem gleichmäßigen Teig verrühren. Den Teig in eine leicht gefettete und mit Mehl bestäubte Kastenform geben und über Nacht in den Kühlschrank stellen.

Am nächsten Tag den noch ungebackenen Teig aus der Form lösen und mit einem glatten, sehr scharfen Messer in dünne Scheiben schneiden (gegebenenfalls zuvor 30 Minuten in den Gefrierschrank stellen).

Die Scheiben auf ein mit Backpapier ausgelegtes Backblech legen und im auf 190 °C (Umluft 170 °C) vorgeheizten Backofen etwa 12 Minuten goldbraun backen.

Vollständig abkühlen lassen. Einfach so essen oder zum Eis servieren.

Eistorte mit Kirschen

Für eine runde Form mit 22–24 cm Durchmesser (8 Personen)

Zutaten

220 g einfache Kekse (z. B. Butterkekse)
100 g Butter, zerlassen
400 g Süßkirschen, entsteint
150 g Zucker
abgeriebene Schale und Saft von 1 unbehandelten Zitrone
300 g Ricotta
250 g zimmerwarmer Mascarpone
350 g kalte flüssige Schlagsahne

Zubereitungszeit
40 Minuten plus Ruhezeit

Den Boden der Form mit Backpapier auslegen. Die Kekse mit einem Nudelholz oder einem Fleischklopfer zerkrümeln und mit der zerlassenen Butter vermengen. Auf den Boden der Form geben und mit einem Löffelrücken gut andrücken. In den Kühlschrank stellen.

200 g Süßkirschen waschen und mit dem Zucker, dem Zitronensaft sowie dem Zitronenabrieb pürieren. Den Ricotta durch ein Sieb in eine andere Schüssel passieren, den Mascarpone dazugeben und mit einem Schneebesen verrühren. Die Sahne dazugeben und alles zu einer luftigen Masse aufschlagen.

Das Kirschpüree unterrühren und die entstandene Creme auf den Keksboden in der Form geben. Die Form leicht hin und her schwenken, damit sich die Masse verteilt wird.

Die Torte über Nacht in den Gefrierschrank stellen. Vor dem Servieren 30 Minuten bei Zimmertemperatur antauen lassen und mit den restlichen Kirschen garnieren.

Kuchen ohne Backen, wie in diesem und auch im nächsten Rezept beschrieben, sind einfach und schnell vorzubereiten. Der Fantasie sind dabei kaum Grenzen gesetzt: Lassen Sie Ihrer Kreativität freien Lauf. Ob für ein Geburtstagsfest oder eine Gartenparty – diese Kuchen sind ideale Begleiter für sommerliche Anlässe.

Kühlschrankkuchen mit Ricotta und Susinen

Für eine Springform mit 20 cm Durchmesser (6 Personen)

Zutaten

Für den Kuchenboden
200 g einfache Kekse (z. B. Butterkekse)
100 g Butter, zerlassen
1 EL flüssiger Akazienhonig

Für die Creme
3 Blatt Gelatine
400 g Ricotta, abgetropft
150 g Zucker
½ Vanilleschote
200 g flüssige Schlagsahne

Außerdem
300 g reife Susinen (italienische Pflaumen)
100 g Rohrzucker

Zubereitungszeit
45 Minuten plus Ruhezeit

Zunächst die Form am Boden und seitlich mit Backpapier auskleiden. Die Kekse mit einem Nudelholz oder einem Fleischklopfer zerkrümeln, die zerlassene Butter und den Honig dazugeben und alles vermengen. Wenn sich die Masse zwischen den Fingern nicht gut zusammendrücken lässt, noch etwas zerlassene Butter zugeben.

Zwei Drittel des Teigs auf den Boden der Form geben und mit einem Löffelrücken gut andrücken. Aus dem Rest einen hohen Rand formen und mit dem Löffel oder den Fingern andrücken. Im Kühlschrank fest werden lassen.

Für die Creme die Gelatine in kaltem Wasser einweichen. Den Ricotta durch ein Sieb passieren und behutsam mit dem Zucker und dem Vanillemark zu einer kompakten, seidigen Creme verrühren. Bei niedriger Temperatur 200 g der Ricottacreme erwärmen. Die Gelatine gut ausdrücken, zur Creme geben und mit einem Schneebesen unterrühren, bis sie sich aufgelöst und gut verteilt hat. Anschließend die Mischung zur restlichen Ricottacreme geben und mit einem Holzlöffel unterrühren.

Die Sahne steif schlagen und in drei Portionen unter die Creme heben. Die Mischung in die Form geben und über Nacht in den Kühlschrank stellen.

Die Susinen waschen, trocknen und vom Stielansatz befreien. Die Früchte halbieren, die Steine entfernen und mit dem Rohrzucker in eine große Pfanne geben. Etwa 1 ½ Stunden bei niedriger Temperatur leise köcheln lassen, bis sie weich und karamellisiert sind. Die Kochflüssigkeit darf nicht zu stark verkochen; falls nötig, noch etwas Wasser zugeben oder den Deckel auflegen.

Vor dem Servieren den kalten Kuchen mit einem scharfen Messer, das zuvor kurz in warmes Wasser getaucht und abgetrocknet wurde, in Stücke schneiden. Mit den karamellisierten Susinen servieren.

Himbeer-Mandel-Torte

Für eine Springform mit 26 cm Durchmesser (8 Personen)

Zutaten

260 g zimmerwarme Butter
130 g heller Rohrzucker
130 g flüssiger Akazienhonig
4 Eier
225 g Weizenmehl »Tipo 0« (ersatzweise Type 550)
2 TL Backpulver
120 g gemahlene Mandelkerne
150 g frische Himbeeren

Zubereitungszeit
40 Minuten plus Backzeit

Den Backofen auf 180 °C (Umluft 160 °C) vorheizen. Die Form mit Backpapier auslegen. In einer Schüssel die Butter mit dem Zucker und dem Honig zu einer cremigen Masse aufschlagen. Anschließend die Eier einzeln unterrühren. Das Mehl mit dem Backpulver mischen, über die Masse sieben und zusammen mit den Mandeln unterheben. Die Himbeeren putzen und vorsichtig mit der Hand untermischen, damit sie ganz bleiben.

Den Teig in die Form geben und 40–45 Minuten backen. Vor Ende der Backzeit die Stäbchenprobe machen.

Den Kuchen 15 Minuten abkühlen lassen, dann aus der Form nehmen und vollständig auskühlen lassen. Mit Frischhaltefolie abgedeckt hält er sich im Kühlschrank 4 Tage. Vor dem Servieren sollte er bei Zimmertemperatur etwas weich werden.

Himbeeren gibt es heute in verschiedenen Züchtungen, mit rundlichen oder spitzen Früchten und in unterschiedlichen Rot- und Gelbtönen (wobei Letztere nicht ganz so beliebt sind). Himbeeren lieben die Höhe und kühle Nächte, weshalb sich die wichtigsten Produzenten der besten Sorten in gemäßigten Zonen und hoch gelegenen Gebieten befinden. Die an Vitamin A, B1, B2, C und Anthozyanen reichen Früchte sind überaus gesund und haben einen unverkennbaren Duft. Man sollte sie genießen, wann immer sich die Möglichkeit bietet. Sie werden oft zum Garnieren von Süßspeisen und Gebäck verwendet und auch zu Konfitüren, Essenzen, Saucen und Sirupen verarbeitet.

Herzhafte
Rezepte

Creme vom Klippfisch auf Crostini

Für 4 Personen

Zutaten

1 Knoblauchzehe
1 l Vollmilch
400 g *baccalà* (Klippfisch), entsalzen
150 g natives Olivenöl extra
50 g flüssige Schlagsahne
50 g zimmerwarme Butter
1 Vollkornbaguette
1 Bund Petersilie, gehackt

Zubereitungszeit
30 Minuten plus Backzeit

Die Knoblauchzehe schälen – den grünen Keim gegebenenfalls entfernen für einen milderen Geschmack.

In einem Topf die Milch mit dem Knoblauch zum Kochen bringen und den *baccalà* darin 10 Minuten garen. Den Fisch herausnehmen und abtropfen lassen, Haut und Gräten entfernen, in Stücke schneiden und in einen hohen Behälter geben.

Den Fisch mit dem Stabmixer pürieren und dabei nach und nach das Öl und die Sahne zugeben. Zuletzt die Butter unterrühren. Mit Frischhaltefolie abdecken und im Kühlschrank durchziehen lassen (auf diese Weise kann die Creme bis zu 3 Tagen aufbewahrt werden).

Vor dem Anrichten das Baguette schräg in 1 cm dicke Scheiben schneiden, rösten und abkühlen lassen. Die Crostini mit der Creme bestreichen und mit der gehackten Petersilie garniert sofort servieren.

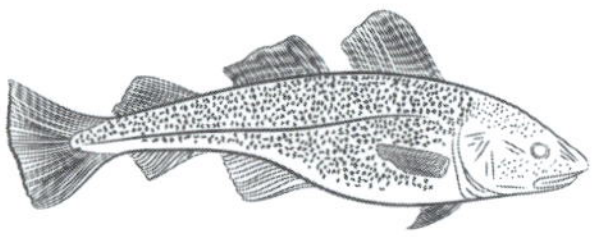

Für diese Delikatesse gibt es verschiedene Rezepte, von denen besonders die Varianten aus Ferrara und Venedig bekannt sind. In Ferrara wird der Fisch nach dem Blanchieren zusammen mit der Milch und geschmorter Zwiebel, Petersilie, Muskatnuss sowie reichlich geriebenem Parmesan eine gute Stunde gekocht, bis sich Milch und Fisch cremig verbinden. Die andere Variante stammt aus Venedig (in Venetien versteht man allerdings unter *baccalà* den Stockfisch, also den durch Lufttrocknung haltbar gemachten Kabeljau): Hier wird der Fisch zerkleinert, mit Gewürzen (Knoblauch, Zitrone, Lorbeerblätter) gedünstet und dann, unter Zugabe von Olivenöl, mit einem Holzspatel zerstampft. Früher wurde dies im Butterfass gemacht. Im westlichen Ligurien ist das Gericht *brandacujun* Tradition, eine Kombination aus Stockfisch und Kartoffeln: Beides wird zusammen gekocht, dann kräftig gestampft und gewürzt mit einem gehackten Mix aus Knoblauch, Petersilie und Pinienkernen, der mit Öl, Zitronensaft und Eigelb angerührt wird.

Ricottabällchen mit Mortadella und Pistazien

Für 4 Personen

Zutaten

100 g Pistazienkerne (am besten Sorte »Bronte«), geröstet
150 g Mortadella
200 g (Schafs-)Ricotta
30 g Parmigiano Reggiano
frisch gemahlener schwarzer Pfeffer

Zubereitungszeit
15 Minuten plus Ruhezeit

In einem Mixer die Pistazienkerne fein zerkleinern, dabei in Intervallen vorgehen, damit sie nicht warm werden. Dann herausnehmen und beiseitestellen.

Anschließend ebenfalls im Mixer die Mortadella zerkleinern. Den Ricotta, den geriebenen Parmigiano und 1 Prise Pfeffer zugeben und alles kurz zu einer weichen Paste verarbeiten.

Mit den Händen gleichmäßig große Bällchen (etwa 3 cm) aus der Paste formen. Dies geht besonders gut mit einem Eisportionierer.

1 Stunde kalt stellen. Dann in den Pistazienbröseln wenden und servieren. Die Bällchen halten sich im Kühlschrank 2 Tage.

Diese feinen Häppchen sind perfekt als Fingerfood. In Italien werden die Käsebällchen oft mit dem französischen Begriff *bonbon* bezeichnet, den man allerdings dort und auch im deutschen Sprachgebrauch mit Zuckerwaren verbindet. In der italienischen Kulinarik werden neben Konfekt, Pralinen und sonstigen Süßigkeiten auch herzhafte Häppchen als Bonbon bezeichnet, beispielsweise Fleischbällchen, sehr kleine Brötchen oder ähnliche kleine Snacks.

Tricolore-Schiffchen mit Auberginen und Tomaten

Für 24 Stück

Zutaten

Für den Quicheteig
Rezept auf Seite 12

Für die Füllung
1–2 Auberginen
2 EL natives Olivenöl extra
12 Pachino-Kirschtomaten
250 g Mozzarella
80 g Robiola (italienischer Weichkäse)
1 Ei
150 g flüssige Schlagsahne
2 EL gehackte Basilikumblätter
2 EL frischer Oregano
Salz
frisch gemahlener Pfeffer

Außerdem
Hülsenfrüchte zum Blindbacken (z. B. Linsen)

Zubereitungszeit
1 Stunde plus Ruhe- und Backzeit

Den Quicheteig nach Anleitung auf Seite 12 zubereiten.

Den Teig aus dem Kühlschrank nehmen und gegebenenfalls etwas weich werden lassen. 24 Mulden in Muffinblechen einfetten und bemehlen. Dann den Teig 3 mm dick ausrollen. Aus dem Teig runde Plätzchen ausschneiden und damit die Backmulden auskleiden. Die Teigböden mehrfach mit einer Gabel einstechen und für 15 Minuten im Kühlschrank kalt stellen.

Die Auberginen wachen, putzen, längs in 2 mm dicke Scheiben schneiden und in einer gusseisernen Grillpfanne grillen. Danach mit Öl bestreichen, salzen und beiseitestellen.

Den Backofen auf 170 °C (Umluft 150 °C) vorheizen. Die ungebackenen Tarteletten mit etwas Backpapier auslegen und die Linsen daraufgeben. Etwa 10 Minuten blindbacken, dann Papier und Linsen entfernen und nochmals etwa 5 Minuten backen, bis der Teig leicht gebräunt ist. Abkühlen lassen und aus den Förmchen nehmen.

Die Tomaten waschen und halbieren. Den Mozzarella würfeln und abtropfen lassen. Den Robiola mit dem Ei, der Sahne und dem Basilikum verrühren, dann salzen und pfeffern.

Die Mischung auf die Teigböden verteilen, mit einer Tomatenhälfte und einem Mozzarellawürfel belegen. Erneut 15–20 Minuten backen. Zum Anrichten jedes Schiffchen mit einer Auberginenscheibe und etwas Oregano garnieren.

Bruschetta mit Pfifferlingen und Ricottaschaum

Für 6 Personen

Zutaten

Für die Bruschetta
1 Baguette
250 g frische Pfifferlinge
natives Olivenöl extra
1 Knoblauchzehe, abgezogen
Salz
1 Bund Petersilie, gehackt

Für den Ricottaschaum
250 g Ricotta, abgetropft
½ TL Salz
1 Prise frisch gemahlener Pfeffer
1 gestrichener EL geriebener Parmigiano Reggiano
1 EL Vollmilch

Zubereitungszeit
30 Minuten plus Backzeit

Für die Bruschetta das Brot in etwa 1 cm dicke Scheiben schneiden und auf dem Grill oder auf einem Backblech im Ofen goldbraun und knusprig rösten. Dann beiseitestellen.

Für den Ricottaschaum den Ricotta in eine Schüssel geben, Salz und Pfeffer zufügen und mit einem elektrischen Handmixer auf niedriger Stufe leicht cremig rühren. Dann den Parmesan und die Milch zugeben und bei höherer Geschwindigkeit zu einer weichen und gleichmäßigen Masse verrühren. Abgedeckt im Kühlschrank durchziehen lassen.

Die Pfifferlinge mit einem feuchten Tuch oder einem Pinsel reinigen, den unteren Teil vom Stiel abschneiden und je nach Größe halbieren oder vierteln.

In einer Pfanne 2 EL Öl erhitzen. Die Knoblauchzehe hineingeben. Wenn sie Farbe angenommen hat, die Pilze zugeben, salzen und 8–10 Minuten bei mittlerer Temperatur mitgaren. Zuletzt mit der gehackten Petersilie bestreuen.

Den Ricottaschaum und die lauwarmen Pilze auf dem knusprigen Brot verteilen. Mit Olivenöl beträufelt servieren.

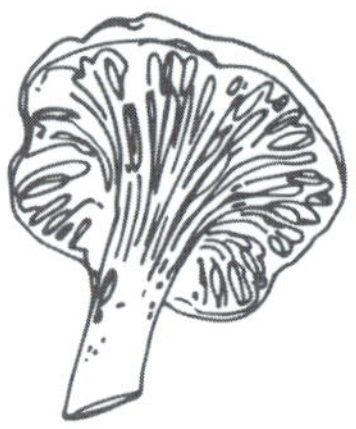

***Cantharellus cibarius*, der Echte Pfifferling, auch Eierschwamm oder Rehling genannt, ist in ganz Europa verbreitet und ein beliebter Speisepilz. Die goldgelben Fruchtkörper weisen dichte Leisten auf, die über den Stiel und die Unterseite des Huts verlaufen, der zunächst klein und unregelmäßig ist und sich dann trichterförmig auswölbt. Zubereitet wird er in Italien besonders gern *trifolato*, das heißt, klein geschnitten und mit Öl, Knoblauch und Petersilie angebraten.**

Schinken-Burrata-Plätzchen

Für 4 Personen

Zutaten

½ Baguette vom Vortag
200 g Prosciutto crudo
200 g Burrata
4 frische Feigen, in Scheiben gesschnitten
natives Olivenöl extra
Thymian für die Garnitur

Zubereitungszeit
30 Minuten plus Backzeit

Das Brot in etwa 3 mm dicke Scheiben schneiden, möglichst mit einer Brotschneidemaschine. (Anstelle von Brot können auch Vollkorn-Piadine, Dinkelcracker oder andere dünne Brotspezialitäten verwendet werden.)

Die Brotscheiben auf einem mit Backpapier ausgelegten Backblech verteilen und auf der mittleren Schien in 10–15 Minuten im auf 180 °C vorgeheizten Backofen knusprig rösten.

Abkühlen lassen und dann mit den hauchdünn geschnittenen Schinkenscheiben, Burrata-Stückchen und Feigenscheiben belegen. Mit etwas bestem Olivenöl beträufeln und mit Thymian garniert servieren.

Dünne, knusprig geröstete Brotscheiben werden hier mit rohem Schinken und cremiger Burrata verfeinert, einem ursprünglich aus Apulien stammenden Kuhmilchkäse. Dieser besonders milde, buttrige Käse besteht aus einer Hülle aus Pasta filata. Sie ähnelt dem Mozzarella, enthält aber im Inneren lose Mozzarellastränge und Rahm.

Focaccine mit Zucchini und Wachteleiern

Für 6 Personen

Zutaten

Für den Belag
2 Zucchini
12 Wachteleier
natives Olivenöl extra
gemahlener rosa Pfeffer
1 Prise Salz
einige Blätter Feldsalat oder Kresse (optional)

Für den Teig
250 g Weizenmehl »Tipo 0« (ersatzweise Type 550)
8 g Backpulver
1 gestrichener TL Salz
1 Prise Zucker
130 g Wasser
20 g natives Olivenöl extra

Zubereitungszeit
30 Minuten plus Backzeit

Für den Belag die Zucchini waschen, trocknen und die Enden abtrennen. Dann der Länge nach mit einem Sparschäler in dünne Scheiben schneiden. Diese 1 Minute in kochendem Salzwasser blanchieren und dann abgießen. Mit etwas Olivenöl, Pfeffer und Salz würzen und im Kühlschrank durchziehen lassen.

In einem kleinen Topf Wasser zum Kochen bringen, die Wachteleier vorsichtig hineingeben und 3–4 Minuten kochen. Dann abkühlen lassen. Die Eier schälen, halbieren und beiseitestellen.

Für den Teig zunächst das Mehl und das Backpulver mischen und in eine Schüssel sieben. Salz und Zucker zugeben und mit den Händen mischen. Dabei nach und nach das Wasser und das Öl zugeben und alles zu einem glatten Teig verkneten. Diesen 4–5 mm dick ausrollen und 12 runde Scheiben ausstechen.

Eine beschichtete Pfanne erhitzen und die Focaccine darin pro Seite ein paar Minuten goldbraun backen. Sie sollten nicht zu lange gebacken werden.

Sofort mit den Zucchinischeiben und den Wachteleiern belegt servieren und nach Belieben zum Anrichten mit etwas Feldsalat oder Kresse garnieren.

Frittierte Klippfisch-Häppchen

Für 4 Personen

Zutaten

400 g *baccalà* (Klippfisch), entsalzen
15 g frische Hefe
50 g lauwarmes Wasser (26 °C)
300 g Weizenmehl »Tipo 0« (ersatzweise Type 550)
250 ml helles Bier
1 Prise edelsüßes Paprikapulver
1 Prise weißer Pfeffer
neutrales Pflanzenöl zum Frittieren

Zubereitungszeit
45 Minuten plus Ruhe- und Ausbackzeit

Den gut gewässerten Klippfisch in Stücke schneiden. Die Hefe in einer Schüssel im Wasser auflösen, dann das Mehl einrieseln lassen und anschließend das Bier angießen. Alles zu einem nicht zu flüssigen Ausbackteig verrühren. Mit Frischhaltefolie abdecken und etwa 1 Stunde im ausgeschalteten Backofen ruhen lassen.

Anschließend die *baccalà*-Stücke sowie das Paprikapulver und den Pfeffer untermengen. Erneut abdecken und nochmals 30 Minuten ruhen lassen.

Das Öl auf 180 °C erhitzen und dann mit einem kleinen Schöpflöffel portionsweise in Teig gehüllte Fischstücke in das heiße Öl geben. Von beiden Seiten goldbraun braten, mit einem Schaumlöffel herausnehmen und zum Abtropfen auf Küchenpapier legen. Heiß servieren.

Ein in vielen Regionen traditionelles Gericht, für das die Klippfischstücke mal von einem einfachen Ausbackteig, mal von einer Art Hefeteig umhüllt werden. In der Toskana sind vor allem die *frittelle* aus Pontremoli bekannt, mit einem Ausbackteig aus Mehl, Milch, Ei und Öl. In Umbrien werden sie traditionell an Heilig Abend zubereitet und mit ebenfalls frittiertem Gemüse (insbesondere Kardonen und Brokkoli) gereicht. In Venetien wird *baccalà* – dort bezeichnet es Stockfisch – zuerst in Milch gekocht und dann in einem Teig aus sehr weichem Brot frittiert. In Ligurien wird er in kleinen Stücken frittiert, den sogenannten *frisceu*. In Neapel ist er, eingehüllt in aufgegangenem Hefeteig, ein würdiger Begleiter anderer herzhafter *zeppulelle*.

Tomaten-Mozzarella-Schnecken

Für 24 Stück

Zutaten

8 g frische Hefe
80 g lauwarme Vollmilch
½ TL Zucker
200 g Weizenmehl »Tipo 0« (ersatzweise Type 550)
20 g zimmerwarme Butter
⅓ TL Salz
80 g Tomatenmark
80 g Mozzarella, in kleine Stücke geschnitten
1 kleiner Bund Oregano
2 EL natives Olivenöl extra

Zubereitungszeit
45 Minuten plus Ruhe- und Backzeit

Die Hefe leicht zerbröseln und in die Milch geben. Den Zucker zufügen und alles gut verrühren. Dann in eine Schüssel geben und das Mehl unter Rühren einrieseln lassen. Die Zutaten zu einem glatten Teig verkneten und abgedeckt 10 Minuten ruhen lassen.

Die Butter und das Salz dazugeben und mit einem Rührbesen kräftig unterschlagen, sodass ein glatter und fester Teig entsteht. Diesen auf eine leicht bemehlte Arbeitsfläche geben, mit einem Geschirrtuch abdecken und 20 Minuten gehen lassen.

Anschließend 3 mm dick ausrollen, mit dem Tomatenmark bestreichen und die Mozzarellastücke sowie die Oreganoblättchen darauf verteilen. Den Teig aufrollen, in Frischhaltefolie einwickeln und für 1 Stunde in den Kühlschrank legen.

Danach die Rolle in 1 cm dicke Scheiben schneiden. Diese mit etwas Abstand auf ein mit Backpapier ausgelegtes Backblech legen. 1 Stunde aufgehen lassen, dann mit Öl einpinseln und im auf 220 °C (Umluft 200 °C) vorgeheizten Backofen auf mittlerer Schiene in 6–8 Minuten goldbraun backen.

Maisbrötchen mit Piennolo-Tomaten

Für 12 Brötchen

Zutaten

200 g Piennolo-Tomaten (ersatzweise Datteltomaten)
260 ml entrahmte Milch (Magermilch)
50 ml natives Olivenöl extra
1 Ei, getrennt
160 g Maismehl
1 TL Weinsteinbackpulver
120 g Hartweizengrieß
1 EL frischer Oregano
1 TL Salz
1 Prise Peperoncino

Zubereitungszeit
30 Minuten plus Ruhe- und Backzeit

Die Tomaten waschen, trocknen und achteln. Dann in einem Sieb abtropfen lassen.

In einer Schüssel die Milch mit dem Öl verrühren, dann das Eigelb zugeben. Das Maismehl und das Weinsteinbackpulver mischen, sieben und mit dem Milch-Öl-Gemisch verrühren. Anschließend die übrigen Zutaten bis auf das Eiweiß und die Tomaten untermengen. Den Teig im Kühlschrank 30 Minuten ruhen lassen.

In der Zwischenzeit 12 Edelstahlförmchen mit etwa 8 cm Durchmesser buttern und mit Mehl bestäuben. Den Backofen auf 200 °C (Umluft 180 °C) vorheizen.

Das Eiweiß zu Eischnee schlagen und unter den fertigen Teig heben. Die Masse in die Formen füllen, die Tomaten darauf verteilen und 15 Minuten backen, bis die Brötchen gebräunt sind. Danach 10 Minuten lauwarm abkühlen lassen, dann aus der Form nehmen und servieren.

Piennolo-Tomaten sind eine spezielle Tomatensorte von den vulkanischen Hängen des Vesuvs. Deren Lavaböden verleihen dieser regionalen Spezialität ihre besonders aromatischen Eigenschaften. Die Schale ist kräftig, das Fruchtfleisch fest, kompakt und trocken, der Geschmack süßsäuerlich. Da sie allerdings nicht so leicht zu finden sein werden, kann man ohne weiteres andere aromatische, kleine Tomaten nehmen.

Piadine mit gerösteten Paprikaschoten und Robiola

Für 20 Stück

Zutaten

Für den Teig
150 g Weizenmehl »Tipo 0« (ersatzweise Type 550)
4 g Backpulver
60 g Vollmilch
40 g Schweineschmalz
1 Prise Salz

Für den Belag
1 rote Paprikaschote
1 gelbe Paprikaschote
2 EL natives Olivenöl extra
200 g Robiola (italienischer Weichkäse)
1 Bund Petersilie, gehackt
Salz
frisch gemahlener Pfeffer

Zubereitungszeit
20 Minuten plus Ruhe- und Backzeit

Für den Teig zunächst alle Zutaten mit der Hand oder in der Küchenmaschine zu einem glatten und festen Teig verkneten. In Frischhaltefolie einwickeln und mindestens 2 Stunden im Kühlschrank ruhen lassen.

In der Zwischenzeit die Paprikaschoten waschen, von Stiel und Samen befreien und halbieren. Die Schoten mit der Hautseite nach oben auf einem eingeölten Backblech verteilen und im auf 250 °C Oberhitze vorgeheizten Ofen auf einer oberen Schiene backen, bis die Haut der Schoten schwarz wird und Blasen wirft. Dann aus dem Ofen nehmen, mit einem feuchten Küchentuch bedecken und abkühlen lassen. Anschließend die Haut der Schoten abziehen und das Fruchtfleisch in 1 cm breite Streifen schneiden. Diese mit Öl und Salz vermengen und beiseitestellen.

Den Teig für die Piadine 3 mm dick ausrollen und etwa 4 cm große, runde Scheiben ausstechen. Eine beschichtete Pfanne bei mittlerer Temperatur erhitzen und die Scheiben darin von beiden Seiten goldbraun backen.

Mithilfe von zwei Teelöffeln jeweils etwas Robiola auf die Piadine geben. Die Paprikastreifen aufrollen und dekorativ aufsetzen. Mit etwas Olivenöl beträufeln, mit Salz und Pfeffer würzen und mit der gehackten Petersilie garniert servieren.

Tartine mit Auberginen, Ricotta salata und Prosciutto

Für 6 Personen

Zutaten

Für die Auberginencreme
2 mittelgroße violette Auberginen
Saft von ½ Zitrone
1 Knoblauchzehe
natives Olivenöl extra
Salz
frisch gemahlener Pfeffer

Außerdem
Vollkorntoastbrot
200 g Prosciutto crudo, in hauchdünne Scheiben geschnitten
120 g Ricotta salata (trockener, gesalzener Ricotta), in Späne gehobelt
60 g Pinienkerne
1 Bund Rucola

Zubereitungszeit
30 Minuten plus Ruhe- und Backzeit

Den Backofen auf 190 °C (Umluft 170 °C) vorheizen. Für die Creme die gewaschenen Auberginen auf einem mit Backpapier ausgelegten Backblech etwa 1 Stunde im Ofen backen, bis sie weich sind.

Danach zunächst lauwarm abkühlen lassen, dann die Haut abziehen und die Samen entfernen. Das Fruchtfleisch in einem hohen Gefäß mit dem Zitronensaft, der abgezogenen Knoblauchzehe und 2 EL Öl pürieren. Mit Salz und Pfeffer abschmecken und nach Belieben noch Öl zugeben. Abgedeckt 30 Minuten im Kühlschrank ziehen und erkalten lassen.

Aus dem Toastbrot runde Scheiben mit etwa 5 cm Durchmesser ausschneiden und diese in einer Grillpfanne (oder im Backofen) in 5–10 Minuten goldbraun rösten. Anschließend jeweils 1 EL Auberginencreme darauf verstreichen und mit dem Schinken, dem Ricotta und gerösteten Pinienkernen garnieren. Zum Servieren je 1 Rucolablatt auf die Tartine legen und mit Olivenöl beträufeln.

Ricotta, ein Frischkäse aus Kuh-, Schaf- oder Büffelmilch, wird in Italien rund um das Jahr in süßen und herzhaften Gerichten verwendet. Hergestellt wird er aus bei der Käseproduktion entstehenden Molke durch Erhitzen (daher »*ri-cotta*«). Er wird besonders gern frisch gegessen und verwendet, aber auch gesalzen und gereift. Dann ist er als Ricotta salata unter anderem als geriebener Käse eine beliebte Zutat.

Bunter Grillgemüsekuchen

Für 8 Personen

Zutaten

1 gelbe Paprikaschote
1 Ochsenherztomate
1 Zucchini
1 kleine Aubergine
1 Zweig Minze
1 Zweig Thymian
1 Zweig Oregano
180 g Weizenmehl »Tipo 0« (ersatzweise Type 550)
16 g Weinsteinbackpulver
100 g Parmigiano Reggiano, gerieben
100 ml teilentrahmte Milch (Fettgehalt 1,5–1,8 %)
50 ml natives Olivenöl extra plus 2 EL zusätzlich für das Gemüse
3 Eier
1 EL Senf
Salz
frisch gemahlener Pfeffer

Zubereitungszeit
40 Minuten plus Ruhe- und Backzeit

Am Vortag das Gemüse waschen, putzen und in etwa 1 cm dicke Scheiben schneiden. Diese in einer gusseisernen Pfanne leicht grillen. Dann mit 2 EL Olivenöl und den Kräuterzweigen in einen Behälter geben, Salz zugeben und leicht vermengen, damit sich das Öl gut verteilt. Über Nacht im Kühlschrank durchziehen lassen.

Am nächsten Tag nochmals durchmischen und dann die Kräuterzweige entfernen. Das Öl abtropfen lassen und das Gemüse in Streifen schneiden. Den Backofen auf 180 °C (Umluft 160 °C) vorheizen. Eine Kastenform einfetten und mit Mehl bestäuben.

Das Mehl mit dem Weinsteinbackpulver mischen und in eine Schüssel sieben. Dann den geriebenen Parmesankäse untermischen. In einer zweiten Schüssel die Milch mit dem Öl, den Eiern und dem Senf verrühren. Die Mischung salzen und pfeffern und unter Rühren mit einem Schneebesen zum Mehl geben. Das Gemüse zufügen, alles gut vermengen und in die Form geben.

Sofort in den heißen Ofen schieben und 45–50 Minuten backen. Vor dem Ende der Backzeit die Stäbchenprobe machen. Den fertig gegarten Kuchen 15 Minuten abkühlen lassen, aus der Form nehmen und servieren. In Frischhaltefolie verpackt hält sich der Gemüsekuchen 4 Tage im Kühlschrank.

Tomatentörtchen à la Tarte Tatin

Für 8 Personen

Zutaten

Quichteig nach Rezept auf Seite 12
6 gerippte Tomaten
60 g zimmerwarme Butter
100 g Rohrzucker
einige Zweige Oregano
Salz

Zubereitungszeit
40 Minuten plus Ruhe- und Backzeit

Zunächst den Quicheteig nach Anleitung auf Seite 12 zubereiten. (Der Teig kann auch mit der Hand zubereitet werden. Dazu das Mehl auf der Arbeitsfläche anhäufen, eine Mulde hineindrücken und die gewürfelte Butter, das leicht verquirlte Ei, Salz und Zucker zugeben und mit den Fingern behutsam zu einem glatten Teig verkneten. Falls nötig, etwas Wasser zugeben. Den Teig leicht flach drücken und in Frischhaltefolie eingewickelt mindestens 1 Stunde im Kühlschrank ruhen lassen.)

Von den Tomaten Stiel- und Blütenansatz entfernen und die Tomaten quer in etwa 1 cm dicke Scheiben schneiden. Eine runde Backform mit der Butter einfetten und mit dem Zucker bestreuen. Die Oreganozweige sowie die Tomatenscheiben darauf verteilen und leicht salzen.

Den Backofen auf 190 °C (Umluft 170 °C) vorheizen. Den Teig aus dem Kühlschrank nehmen und 4 mm dick ausrollen. Aus der Teigplatte runde Plätzchen ausschneiden, die etwa 1 cm größer sind als die Tomatenscheiben, und diese mit dem Teig belegen.

Die Form in den Ofen schieben und 20–30 Minuten backen, bis die Törtchen gebräunt und die Tomaten karamellisiert sind. Aus dem Ofen nehmen, lauwarm abkühlen lassen und vorsichtig einzeln mit einem Pfannenwender so aus der Backform stürzen, dass die Tomatenseite nach oben zeigt. Mit etwas Olivenöl beträufelt und mit ein paar Oreganoblättchen garniert servieren.

Sommertörtchen mit Gurke, Kirschtomaten und Oliven

Für 4 Personen

Zutaten

Für den Quicheteig mit Olivenöl
300 g Weizenmehl »Tipo 0« (ersatzweise Type 550)
1 Prise Salz
1 Prise Natron (Backsoda)
80 g natives Olivenöl extra
100–120 g Wasser
2 EL Weißweinessig
Hülsenfrüchte zum Blindbacken (z. B. Kichererbsen)
1 Ei, verquirlt

Für den Belag
300 g Kirschtomaten
100 g Rohrzucker
2 kleine Salatgurken
100 g Taggiasca-Oliven
natives Olivenöl extra
etwas Basilikum, gehackt
Salz

Für die Füllung
150 g Pancetta, fein gewürfelt
250 g flüssige Schlagsahne
3 Eier
20 g Speisestärke
80 g Greyerzer-Käse, fein gewürfelt
Salz
frisch gemahlener Pfeffer

Zubereitungszeit
40 Minuten plus Ruhe- und Backzeit

(Anstelle des hier verwendeten Quicheteigs mit Olivenöl kann auch die auf Seite 12 beschriebene klassischere Variante mit Butter zubereitet werden.) Für den Teig in einer Schüssel das Mehl mit dem Salz und dem Natron mischen. In einer zweiten Schüssel das Öl mit 100 g Wasser und dem Essig verrühren. Diese Mischung über das Mehl gießen und alles mit den Händen zu einem glatten Teig verkneten. (Sollte er zu fest werden, nach und nach etwas von dem restlichen Wasser unterkneten). In Frischhaltefolie einwickeln und 2 Stunden im Kühlschrank ruhen lassen.

In der Zwischenzeit für den Belag eine Backform mit Backpapier auslegen. Die Tomaten waschen und darauf verteilen. Großzügig mit dem Rohrzucker bestreuen, mit Öl beträufeln und salzen. Dann im auf 120 °C (Umluft 100 °C) vorgeheizten Backofen backen, bis die Tomaten zusammengefallen sind.

Vier runden Förmchen (16 cm Durchmesser) einfetten und mit Mehl bestäuben. Den Teig auf einer leicht bemehlten Arbeitsfläche 3–4 cm dick ausrollen und damit die Förmchen auskleiden. Den Teig mit Backpapier abdecken und Kichererbsen daraufgeben. Im auf 170 °C (Umluft 150 °C) vorgeheizten Backofen etwa 15 Minuten blindbacken. Dann Kichererbsen und Backpapier wieder entfernen, den Teig mit dem verquirlten Ei einpinseln und nochmals 5–10 Minuten backen.

Für die Füllung zunächst den gewürfelten Pancetta in einer beschichteten Pfanne etwa 5 Minuten anbraten. Auf Küchenpapier legen und abkühlen lassen. Die Eier mit der Sahne verrühren. Die Stärke darübersieben und alles zu einem glatten Teit vermengen. Salz und Pfeffer zugeben und auf die Teigböden gießen. Den Pancetta und den Käse auf den Törtchen verteilen. Weitere 15–20 Minuten backen, bis die Füllung fest und gebräunt ist. Anschließend abkühlen lassen.

Mit den gerösteten Kirschtomaten, den mit einem Sparschäler in feine Scheiben geschnittenen Gurken, den Oliven, dem Olivenöl und dem Basilikum toppen. Zuletzt salzen, dann servieren.

Herbst

Amaretti mit Honig

Für 24 Plätzchen

Zutaten

200 g gemahlene, blanchierte Mandelkerne
110 g Zucker
abgeriebene Schale von 1 unbehandelten Zitrone
1 Prise Salz
60 g Eiweiß
etwas Zitronensaft
25 g flüssiger Blütenhonig
4 Tropfen Bittermandelaroma
80 g Puderzucker

Zubereitungszeit
40 Minuten plus Ruhe- und Backzeit

In einer Schüssel die Mandeln, den Zucker, den Zitronenabrieb und das Salz mischen.

Das Eiweiß und ein paar Tropfen Zitronensaft mit dem elektrischen Handrührgerät bei mittlerer Geschwindigkeit halbsteif schlagen. In der Zwischenzeit in einem kleinen Topf den Honig erwärmen. Sobald er anfängt zu köcheln, das Handrührgerät auf die höchste Stufe stellen und den heißen Honig unter ständigem Rühren langsam zum Eiweiß geben. Auf eine mittlere Geschwindigkeit zurückschalten und 2 Minuten schlagen, bis die Masse lauwarm ist und seidigmatt glänzt.

Die Mandel-Zucker-Mischung und das Mandelaroma zugeben und vorsichtig unterziehen. Die Schüssel mit Frischhaltefolie abgedeckt für 1 Stunde in den Kühlschrank stellen.

Die Masse in vier Portionen teilen und auf einer mit Puderzucker bestreuten Arbeitsfläche etwa 1,5 cm dicke Rollen daraus formen. In Frischhaltefolie einwickeln und für mindestens 2 Stunden oder über Nacht in den Kühlschrank stellen.

Anschließend jede Rolle in sechs Stücke teilen, diese in Puderzucker wenden und auf ein mit Backpapier ausgelegtes Backblech legen. Im auf 190 °C (Umluft 170 °C) vorgeheizten Backofen auf mittlerer Schiene 13–15 Minuten goldgelb backen.

Lauwarm oder kalt servieren. In einer verschlossenen Frischhaltedose aufbewahrt halten sich die Amaretti 2 Wochen.

Baci di dama – gefüllte Doppelkekse

Für 30 Pralinen

Zutaten

180 g Weizenmehl »Tipo 0« (ersatzweise Type 550)
165 g zimmerwarme Butter
165 g Zucker
1 Prise Salz
Mark von ½ Vanilleschote
1 Eigelb (20 g)
100 g gemahlene Mandelkerne
65 g gemahlene Haselnusskerne
Haselnussmus oder geschmolzene Bitterschokolade zum Bestreichen

Zubereitungszeit
40 Minuten plus Ruhe- und Backzeit

Am Vortag zunächst das Mehl sieben und beiseitestellen. In einer Schüssel die Butter mit dem Zucker, dem Salz und dem Vanillemark verrühren. Dann das Eigelb sowie die gemahlenen Mandel- und Nusskerne unterrühren. Zum Schluss das gesiebte Mehl einarbeiten. Den Teig etwa 5 mm dick ausrollen und in Frischhaltefolie eingewickelt über Nacht im Kühlschrank ruhen lassen.

Am nächsten Tag aus dem Teig zunächst runde Plätzchen mit 3 cm Durchmesser ausstechen, damit die Kekse gleichgroß werden. Die Plätzchen dann mit den Händen rasch zu Kugeln formen und abgedeckt für 2 Stunden kalt stellen.

Anschließend die Kekse auf einem mit Backpapier belegten Backblech mit etwas Abstand zueinander verteilen und im auf 170 °C (Umluft 150 °C) vorgeheizten Backofen auf mittlerer Schiene in etwa 20 Minuten goldbraun backen.

Nach dem Abkühlen die Hälfte der Kekse auf der glatten unteren Seite mit Nussmus oder geschmolzener Bitterschokolade bestreichen und einen zweiten Keks mit der glatten Seite darauf legen.

Müsliriegel mit getrockneten Feigen und Schokolade

Für 4 Personen

Zutaten

250 g getrocknete Feigen
1 EL Kakaopulver
1 EL warmer Espressokaffee
200 g Trockenaprikosen, grob gehackt
180 g Früchte-Nuss-Müsli
1 TL gemahlener Zimt (optional)
20 g weiße Sesamsamen, geröstet
200 g Bitterschokolade (67–70 % Kakaoanteil), gehackt

Zubereitungszeit
30 Minuten plus Ruhezeit

Von den getrockneten Feigen den Stielansatz entfernen und die Feigen grob zerkleinern. Dann zusammen mit dem Kakaopulver und dem Espressokaffee in einen Standmixer geben und pürieren.

100 g Trockenaprikosen sowie 90 g Müsli dazugeben und in Intervallen zu einem gleichmäßigen Teig verarbeiten. Er sollte sich dabei nicht erhitzen.

Den Rest von den Aprikosen und dem Müsli sowie das Zimtpulver, die Sesamsamen und die Hälfte der gehackten Schokolade dazugeben und alles gut vermengen.

Die Masse mit einer Teigrolle zwischen zwei Lagen Backpapier 1 cm dick ausrollen. Die restliche Schokolade schmelzen und mit einem Backpinsel auf der Teigplatte verstreichen.

Die Platte mindestens 3 Stunden im Kühlschrank fest werden lassen und dann mit einem scharfen Messer Riegel in beliebiger Form ausschneiden. In Frischhaltefolie verpackt halten sich die Riegel im Kühlschrank 4 Tage, im Gefrierschrank 3 Monate.

Haferkekse mit Honig und Rosinen

Für 25 Kekse

Zutaten

100 g Rosinen
185 g Weizenmehl »Tipo 0« (ersatzweise Type 550)
90 g gemahlene Mandelkerne
100 g feine Haferflocken
50 g Haferkleie
140 g heller Rohrzucker
abgeriebene Schale von 1 unbehandelten Zitrone
1 Prise Salz
185 g Butter
60 g flüssiger Akazienhonig
30 g Wasser
Mark von 1 Vanilleschote
1 TL Natron (Backsoda)

Zubereitungszeit
30 Minuten plus Backzeit

Den Backofen auf 170 °C (Umluft 150 °C) vorheizen. Die Rosinen waschen, abtropfen lassen und mit dem Mehl, den gemahlenen Mandeln, den Haferflocken sowie Kleie, Zucker, Zitronenabrieb und Salz in eine Schüssel geben.

Die Butter mit dem Honig, dem Wasser und dem Vanillemark in einem Topf erwärmen, bis die Butter geschmolzen ist. Den Topf vom Herd nehmen und das Natron rasch mit einem Schneebesen unterrühren. Den Topfinhalt zu den trockenen Zutaten geben und alles gut verrühren.

Jeweils etwa 40 g schwere Türmchen mit etwas Abstand auf ein mit Backpapier ausgelegtes Backblech legen.

Die Kekse im vorgeheizten Ofen auf mittlerer Schiene etwa 20 Minuten backen, bis sie gebräunt, aber innen noch weich sind.

Vor dem Verzehr vollständig abkühlen lassen, am besten auf einem Kuchengitter. In einer verschlossenen Frischhaltedose halten sich die Kekse 2 Wochen.

Mandelpudding mit Kakisauce

Für 12 Personen

Zutaten

1 EL Sonnenblumenöl
1 l ungesüßter Mandeldrink
200 g Zucker
½ TL gemahlener Zimt
½ TL gemahlener Kardamom
100 g Speisestärke
4 weiche Kakis
1 EL flüssiger Honig
1 TL gemahlene Vanille

Zubereitungszeit
20 Minuten plus Ruhezeit

Eine große Form oder mehrere Portionsförmchen aus Edelstahl leicht mit dem Öl einfetten.

Von dem Mandeldrink ein Glas beiseitestellen und den Rest in einem Topf mit dem Zucker und den Gewürzen bei niedriger Temperatur erwärmen.

In dem beiseitegestellten Mandeldrink die Speisestärke auflösen und durch ein Sieb zur lauwarmen Flüssigkeit im Topf geben. Unter ständigem Rühren köcheln lassen, bis die Flüssigkeit eindickt. Dann den Topf vom Herd nehmen, damit der Mandelpudding nicht zu fest wird.

Sofort in die Form(en) füllen und mindestens 3 Stunden im Kühlschrank fest werden lassen. Bei der Verwendung von Silikonformen müssen diese leicht angefroren werden, um die Speise besser stürzen zu können.

Für die Kakisauce das Fruchtfleisch mit dem Honig und der Vanille kräftig aufkochen lassen. Anschließend durch ein Sieb passieren.

Abkühlen lassen und den gestürzten Mandelpudding damit anrichten. Sollte dieser sich nicht aus der Form stürzen lassen, kurz mit einem Flambierbrenner oder im Wasserbad erwärmen.

MANDORLATO

Nusskekse mit Kaffee und weißer Schokolade

Für 30 Kekse

Zutaten

200 g Haselnusskerne
50 g Butter
90 g Zucker
1 Ei
1 EL Kaffeelikör
1 EL Instant-Kaffeepulver
1 Prise Salz
100 g weiße Schokolade

Zubereitungszeit
20 Minuten plus Backzeit

Den Backofen auf 170 °C (Umluft 160 °C) vorheizen. Die Nusskerne rösten und fein mahlen. Die Butter zerlassen und mit dem Zucker über die gemahlenen Nüsse geben. Dann nacheinander das Ei, den Likör, das Kaffeepulver und das Salz unterrühren.

Mit einem Eisportionierer (3 cm Durchmesser) aus der Masse Halbkugeln formen und mit reichlich Abstand auf ein mit Backpapier ausgelegtes Backblech legen.

Die Kekse auf mittlerer Schiene in 15–20 Minuten goldbraun backen und anschließend vollständig abkühlen lassen.

Die Schokolade im Wasserbad unter häufigem Rühren schmelzen und die Kekse einzeln darin eintauchen. Anschließend abtropfen und die Schokolade fest werden lassen. In einer Frischhaltedose halten sich die Kekse 1 Woche.

In Italien gibt es zwei Regionen, die sich jeweils einer ganz besonderen Haselnusssorte rühmen können, die die Herkunftsbezeichnung »geschützte geografische Angabe« trägt. Das ist einmal die *Nocciola Piemonte*, die vor allem in den Gebieten Langhe, Roero und Monferrato angebaut wird, sowie die *Nocciola di Giffoni* aus der Provinz Salerno. Die piemontesische Sorte ist kugelförmig und hat eine mitteldicke, hellbraune Schale mit zahlreichen Streifen. Nach dem Rösten haben die Kerne ein feines und nachhaltiges Aroma, was sie ideal für die Verwendung in Backwaren macht. Die zweite Sorte aus Süditalien, ebenfalls rundlich, hat einen weißlichen Kern und ist fest und aromatisch.

Schoko-Salz-Kekse

Für 20 Kekse

Zutaten

125 g zimmerwarme Butter
45 g heller Rohrzucker
45 g Muscovado-Vollrohrzucker
2,5 g Salz
155 g Weizenmehl »Tipo 0« (ersatzweise Type 550)
20 g Kakaopulver
2 g Natron (Backsoda)
2,5 g Backpulver
150 g Bitterschokoladentropfen

Zubereitungszeit
30 Minuten plus Backzeit

In der mit Rührbesen bestückten Küchenmaschine die Butter mit den Zuckersorten und dem Salz zu einer luftigen Masse aufschlagen.

Das Mehl mit dem Kakao, dem Natron und dem Backpulver vermischen, über den Butter-Zucker-Mix sieben und langsam unterheben. Zuletzt mit einem Löffel die Schokotropfen unterrühren.

Mit einem Eisportionierer (3 cm Durchmesser) aus der Masse Kugeln formen und mit reichlich Abstand auf ein mit Backpapier ausgelegtes Backblech legen.

Die Kekse im auf 170 °C (Umluft 160 °C) vorgeheizten Backofen auf mittlerer Schiene etwa 15 Minuten backen. Sie sollten nach dem Backen noch weich sein, beim Abkühlen werden sie dann fester. In einer Frischhaltedose halten sich die Kekse bis zu 2 Wochen.

Castagnaccio – Maronenkuchen

Für 6 Personen

Zutaten

70 g Rosinen
350 g Kastanienmehl (im Biomarkt oder in Drogerien erhältlich)
50 g Zucker
600–700 g Wasser
25 ml natives Olivenöl extra
1 Prise Salz
70 g Pinienkerne
1 EL gehackter Rosmarin

Zubereitungszeit
20 Minuten plus Backzeit

Eine Springform mit 22–24 cm Durchmesser einfetten und mit Mehl bestäuben. Die Rosinen gut abspülen, mit lauwarmem Wasser bedecken und etwa 10 Minuten einweichen.

Das Kastanienmehl sieben und in einer Schüssel mit dem Zucker mischen. Das Wasser langsam angießen und unter Rühren mit einem Schneebesen zu einer glatten und gleichmäßigen, nicht allzu flüssigen Masse verquirlen. Dann Öl und Salz unterrühren.

Von den abgegossenen Rosinen und den Pinienkernen eine kleine Menge beiseitestellen. Die übrigen Rosinen mit Mehl bestäuben und zusammen mit den Pinienkernen in den Teig rühren.

Die Masse in die Springform geben und die beiseitegestellten Rosinen und Pinienkerne darauf verteilen. In den auf 180 °C (Umluft 160 °C) vorgeheizten Backofen schieben und auf mittlerer Schiene 30–40 Minuten backen, bis sich an der Oberfläche eine Kruste bildet.

Das Castagnaccio lauwarm oder kalt servieren. Gut schmeckt dazu etwas geschlagene Sahne.

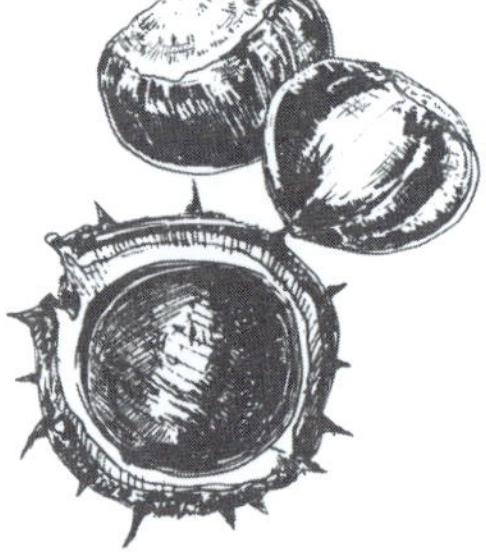

Castagnaccio ist in Gebieten, wo Maronen, also Esskastanien, früher ein Grundnahrungsmittel darstellten, eine weit verbreitete Süßspeise. So beispielsweise in den auf dem Apennin liegenden Gegenden Toskana, Ligurien, Emilia und Piemont, aber auch im Latium (Provinz Rieti), in der Lombardei (Provinzen Cremona und Mantua) sowie in einigen Gebieten der Marken. Einig ist man sich, dass *castagnaccio* ursprünglich der nördlichen Toskana zuzuordnen ist, bei der Zubereitung aber gibt es viele Varianten. Allen gemeinsam ist ein Teig aus Wasser, Olivenöl und Kastanienmehl, das Backen im Ofen, eine flache Form, eine kräftig braune Farbe und eine durch kleine Risse geprägte Oberfläche, die am Ende der Backzeit entstehen. Von den einfachsten Varianten (*pattona*) ging man später dazu über, den Kuchen – je nach den regionalen Gebräuchen – mit Pinienkernen, Rosmarinblättern, Rosinen, gehackten Walnusskernen oder kandierten Orangenschalen zu garnieren.

Cornetti mit Birnenkonfitüre und Walnüssen

FÜR 32 MINI-CORNETTI

Zutaten

200 g Doppelrahmfrischkäse
200 g Butter
200 g Weizenmehl »Tipo 0« (ersatzweise Type 550)
2 EL Vollrohrzucker, plus etwas mehr zum Bestreuen
1 TL gemahlene Vanille
1 Prise Salz
250 g Birnenkonfitüre
100 g Walnusskerne, gehackt
2 EL Wasser
2 EL flüssiger Honig

Zubereitungszeit
40 MINUTEN PLUS RUHE- UND BACKZEIT

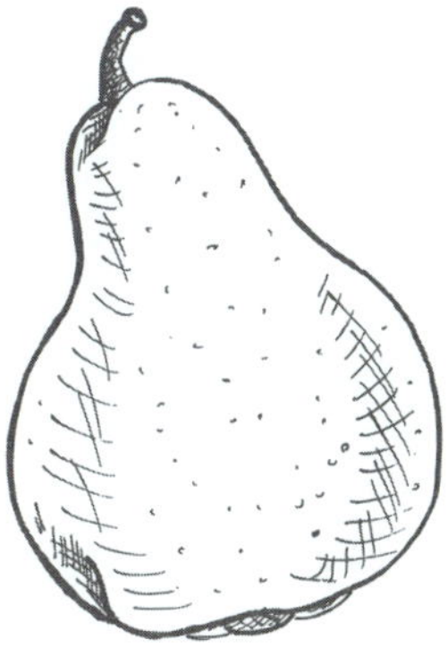

Am Vortag zunächst den Frischkäse und die Butter auf Zimmertemperatur bringen. Danach beides zusammen mit einem Schneebesen aufschlagen. Dann das Mehl, den Zucker, die Vanille und das Salz zugeben und mit einem Holzlöffel verrühren. Den so entstandenen sehr weichen Teig abgedeckt über Nacht in den Kühlschrank stellen.

Am nächsten Tag den Teig in zwei Portionen aufteilen und jeweils zu einem Fladen mit einem Durchmesser von 30 cm ausrollen. Beide mit der Birnenkonfitüre bestreichen und die gehackten Walnusskerne darauf verteilen.

Jeden Fladen in 16 Stücke schneiden und diese von außen beginnend zur Mitte hin einrollen, sodass Hörnchen (Cornetti) entstehen. Die Hörnchen auf einem mit Backpapier ausgelegten Backblech verteilen.

Für den Sirup das Wasser mit dem Honig gut verquirlen und dann die Hörnchen damit bepinseln. Mit Rohrzucker bestreuen und im auf 180 °C (Umluft 160 °C) vorgeheizten Backofen auf der mittlerern Schiene in etwa 20 Minuten goldgelb backen. Vor dem Verzehr vollständig abkühlen lassen.

Die Cornetti halten sich bei Zimmertemperatur 2 Tage, im Gefrierschrank 3 Monate. Nach dem Einfrieren vor dem Verzehr einfach im Ofen aufbacken.

Rotweinkringel

Für 50 Stück

Zutaten

375 g Weizenmehl »Tipo 0« (ersatzweise Type 550)
180 g Zucker
1 TL Backpulver
1 TL gemahlener Zimt (optional)
1 Prise Salz
150 ml Traubenkernöl (ersatzweise Sonnenblumenöl)
150 ml kräftiger Rotwein
grober Zucker

Zubereitungszeit
20 Minuten plus Backzeit

Das Mehl mit Zucker, Backpulver, Zimt (nach Belieben) und Salz mischen. Das Öl und den Wein zugeben und alles kurz zu einem weichen und elastischen Teig vermengen.

Auf der Arbeitsfläche aus dem Teig eine 1 cm dicke Rolle formen und in jeweils 8 cm lange Stücke teilen. Die Stücke zu Strängen formen und jeweils an beiden Enden zusammenführen.

Grobkörnigen Zucker auf einen Teller geben und die Kringel von einer Seite leicht hineindrücken, sodass Zucker an den Teiglingen haften bleibt. Mit der ungezuckerten Seite auf ein mit Backpapier ausgelegtes Backblech legen.

Die Kringel im auf 180 °C (Umluft 160 °C) vorgeheizten Backofen auf mittlerer Schiene in 20 Minuten goldgelb backen. In einer Frischhaltedose halten sie sich 2 Wochen.

Kürbis-Crèmebrûlée

Für 6 Personen

Zutaten

400 g flüssige Schlagsahne
200 g Kürbispüree
3 Eigelb
1 Ei
70 g Rohrzucker plus etwas mehr zum Bestreuen

Zubereitungszeit
20 Minuten plus Backzeit

Die Sahne und das Kürbispüree in einem Topf erhitzen. Kurz vor dem Kochen die Zutaten mit einem Stabmixer zu einer glatten Masse pürieren.

In einer Schüssel das Eigelb und das Ei mit dem Zucker verquirlen. Den Sahne-Kürbis-Mix langsam zugießen und mit dem Schneebesen unterrühren.

Die Mischung auf sechs flache, etwa 10 cm große ofenfeste Förmchen aufteilen und auf einem Backblech in den auf 120 °C (Umluft 100 °C) vorgeheizten Backofen schieben. Auf mittlerer Schiene etwa 30 Minuten backen, bis die Creme gestockt, aber noch nicht ganz fest ist. Danach vollständig auf Zimmertemperatur abkühlen lassen.

Kurz vor dem Servieren auf jede Form reichlich Rohrzucker geben, kurz umdrehen, um überschüssigen Zucker zu entfernen, und die Oberfläche mit einem Brenner flambieren. Achtung, die Förmchen sind sehr heiß. Sofort servieren.

Der Kürbis, ein sehr vielseitiges Gemüse, von dem alle Teile verwertet werden können, kommt sowohl in vielen süßen als auch herzhaften Gerichten zum Einsatz. Um den süßlichen Eigengeschmack von Kürbis etwas auszugleichen, kann das Fruchtfleisch mit leicht säuerlichen Früchten gemischt werden, beispielsweise mit bestimmten Apfelsorten.

Maronen-Apfel-Creme mit Baisers

Für 6 Personen

Zutaten

Für die Baisers
2 Eiweiß (etwa 70 g)
½ TL Zitronensaft
140 g Zucker

Für die Creme
400 g Maronen
1 Lorbeerblatt
1 große Prise Salz
1 Handvoll Rosinen
2 Äpfel, Sorte »Golden Delicious«
3 EL Reismalzsirup
(oder flüssiger Honig)
200 g flüssige Schlagsahne
1 TL gemahlener Zimt
1 Handvoll Pinienkerne, geröstet

Zubereitungszeit
50 Minuten plus Zubereitung und Backzeit der Baisers

Zunächst für die Zubereitung der Baisers das Eiweiß bei Zimmertemperatur mit dem Zitronensaft in eine Edelstahlschüssel geben und mit dem elektrischen Handrührgerät aufschlagen. Sobald die Masse schaumig wird, den Zucker langsam unter Rühren einrieseln lassen und auf hoher Stufe weiter zu festem Eischnee schlagen.

Den Eischnee in einen Spritzbeutel füllen und auf ein mit Backpapier ausgelegtes Backblech kleine Baisers spritzen. Bei 80 °C einige Stunden im Ofen backen. Sie sollten luftig leicht und trocken sein.

In der Zwischenzeit für die Creme die Maronen mit dem Lorbeerblatt in reichlich Salzwasser 30 Minuten garen. Dann abgießen und schälen, solange sie noch warm sind. (Ebenso gut geeignet sind aber auch vorgegarte Maronen oder ungesüßtes Maronenmus.) Die Rosinen in lauwarmem Wasser einweichen.

Die Äpfel schälen, in Stücke schneiden und bei mittlerer Temperatur in einem Topf zusammen mit den abgetropften Rosinen weich garen. Zu den weichen Äpfeln die Maronen sowie 1 EL Reismalz zugeben und alles im Standmixer pürieren.

Die Creme auf Gläser verteilen. Zum Anrichten die Sahne mit dem restlichen Malz und Zimt steif schlagen, auf der Creme verteilen und mit den gerösteten Pinienkernen bestreuen. Mit den Baisers garniert servieren.

Gut abgedeckt hält sich die Creme im Kühlschrank bis zu 5 Tagen.

Croccante mit Nüssen und Puffreis

FÜR 4 PERSONEN

Zutaten

100 g Reissirup (oder Reismalzsirup)
3 EL Traubenkernöl (ersatzweise Maiskeimöl)
2 EL Rosinen
100 g Puffreis
100 g gepuffte Hirse
4 EL gehackte Haselnusskerne

Zubereitungszeit
40 MINUTEN PLUS BACKZEIT

Ein Backblech mit Backpapier auslegen und dieses mit Öl einpinseln.

Den Reis(malz)sirup und das Öl bei niedriger Temperatur erwärmen. Dann die abgespülten Rosinen, die gepufften Reiskörner und die gehackten Nüsse zugeben und alles gut verrühren.

Die Masse auf das gefettete Papier gießen und im auf 180 °C (Umluft 160 °C) vorgeheizten Backofen auf mittlerer Schiene 15 Minuten backen.

Leicht abkühlen lassen und die lauwarme Krokantplatte mit einem scharfen Messer in beliebige Formen schneiden. In einer Frischhaltedose hält sich der Krokant bis zu 5 Tagen.

Croccante **ist ein in allen Regionen beliebter Knuspersnack, der aus einer Kombination von Hasel- oder Walnüssen, Mandeln, Sesam, Erdnüssen oder sonstigen ganzen oder gehackten Kernen und karamellisiertem Zucker besteht. Für das feine Aroma sorgen neben der Hauptzutat auch andere Beimischungen wie Vanille oder Stückchen von Zitronen- oder Orangenschale. Mehr oder weniger grob gehackt findet der Krokant auch Verwendung bei der Zubereitung von Saucen, Nachspeisen oder Garnierungen von Pralinen, Trüffeln und Eiscremes.**

Pflaumen-Zimt-Crostata

Für eine Kuchenform mit 18–20 cm Durchmesser (4 Personen)

Zutaten

Für die Konfitüre
500 g Pflaumen, Sorte »Stanley«y
150 g Vollrohrzucker
Saft und abgeriebene Schale von 1 unbehandelten Zitrone
2 Zimtstangen

Für den veganen Mürbeteig
60 g kaltes Wasser
80 g Vollrohrzucker
60 g Traubenkernöl
150 g Weizenmehl »Tipo 0« (ersatzweise Type 550)
100 g Dinkelmehl
½ TL gemahlene Vanille

Zubereitungszeit
40 Minuten plus Ruhe- und Backzeit

Am Vorabend zuvor für die Konfitüre die Pflaumen entsteinen, in Stücke schneiden und mit dem Zucker, dem Zitronensaft und dem -abrieb sowie dem Zimt in einer großen Schüssel vermengen. Über Nacht mit Frischhaltefolie abgedeckt ziehen lassen.

Am nächsten Tag den entstandenen Saft abseihen und in einem großen Topf auf ein Drittel einkochen. Die Pflaumen dazugeben und bei niedriger Temperatur köcheln lassen, bis sie sehr weich sind und die Flüssigkeit verkocht ist.

In der Zwischenzeit den Mürbeteig zubereiten. (Nach Belieben kann hier auch das klassische Rezept von Seite 16 zubereitet werden.) Mit einem Stabmixer das kalte Wasser mit dem Zucker und dem Öl verrühren. Das Mehl in eine Schüssel geben und mit dem Wasser-Öl-Mix sowie der Vanille gut verkneten. Den Teig zu einem kompakten Block formen und in Frischhaltefolie eingewickelt mindestens 2 Stunden im Kühlschrank ruhen lassen.

Anschließend den Teig zwischen zwei Lagen Backpapier 5 mm dick ausrollen.

Die Kuchenform fetten, mit Mehl bestäuben und mit zwei Dritteln des Teigs auskleiden. Den restlichen Teig in Streifen schneiden. Den Teigboden mit der Pflaumenkonfitüre füllen und die Teigstreifen gitterförmig über die Konfitüre legen.

Die Crostata im auf 180 °C (Umluft 160 °C) vorgeheizten Backofen auf mittlerer Schiene 30–40 Minuten backen, bis sie goldgelb gebräunt ist.

Crostata mit Birnen-Frangipane-Creme

Für eine Kuchenform mit 26–28 cm Durchmesser (6 Personen)

Zutaten

Für den Mürbeteig
125 g zimmerwarme Butter
125 g Zucker
1 Prise Salz
1 Ei (50 g)
240 g Dinkelmehl Type 630
5 g Backpulver

Für die Füllung
1 Birne, Sorte »Williams Christ«
90 g Butter
90 g heller Rohrzucker
150 g blanchierte und gemahlene Mandelkerne
40 g natives Olivenöl extra
35 g Traubenkernöl
2 Eier
50 g Dinkelmehl Type 630
100 g Bitterschokolade, in Stücke gebrochen

Zubereitungszeit
1 Stunde plus Ruhe- und Backzeit

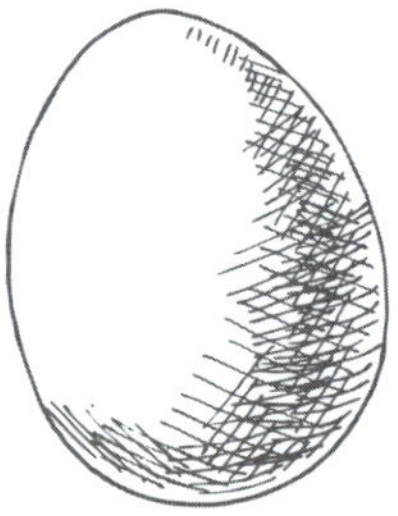

Für den Mürbeteig in der Küchenmaschine zunächst die Butter mit dem Zucker und dem Salz verquirlen. Dann das Ei unterrühren. Das Mehl mit dem Backpulver mischen und über die Butter-Ei-Masse sieben. Nun gerade so lange verrühren, bis ein gleichmäßiger Teig entsteht. Den Mürbeteig auf etwa 3 cm flach drücken, in Frischhaltefolie einwickeln und im Kühlschrank mindestens 3 Stunden ruhen lassen.

Den fertigen Teig auf 4 mm ausrollen und die gefettete und mit Mehl bestäubte Kuchenform so auskleiden, dass ein etwa 5 mm hoher Rand entsteht. Den Boden mehrfach mit einer Gabel einstechen und wieder in den Kühlschrank stellen.

Für die Füllung die Birne schälen, vom Kerngehäuse befreien und das Fruchtfleisch in 2 cm große Stücke schneiden. Eine beschichtete Pfanne stark erhitzen und 15 g Butter darin zerlassen. Die Birnenstücke dazugeben und in der Butter anbraten. Dann 15 g Zucker zugeben und bei mittlerer Temperatur köcheln, bis die Birnenstücke weich sind, aber noch nicht zerfallen. Beiseitestellen.

Die restliche Butter mit dem restlichen Zucker zu einer luftigen Masse aufschlagen. Dann die gemahlenen Mandeln unterrühren. Die beiden Ölsorten mischen und unter ständigem Rühren langsam zugeben. Anschließend nacheinander einzeln die Eier einarbeiten. Das Dinkelmehl sieben und vorsichtig unter die anderen Zutaten mischen. Zum Schluss mit einem Holzlöffel die Birnenstücke und die Schokolade unterheben.

Die Füllung auf den Mürbeteigboden geben und in dem auf 170 °C (Umluft 150 °C) vorgeheizten Backofen auf mittlerer Schiene in etwa 35 Minuten goldbraun backen.

Millefoglie mit Rum

Für 8 Personen

Zutaten

400 g Blätterteig nach Rezept auf Seite 18 (Zutatenmenge x 0,6)
Puderzucker zum Bestäuben

Für die Konditorcreme
½ l Vollmilch
120 g Zucker
½ Vanilleschote
120 g Eigelb (etwa 6 Eier)
50 g Speisestärke
50 g Butter, in Stücke geschnitten
30 ml Rum

Zubereitungszeit
50 Minuten plus Ruhe- und Backzeit

Am Tag zuvor den Blätterteig nach Anleitung auf Seite 18 sowie die Konditorcreme zubereiten. Für diese die Milch mit der Hälfte des Zuckers und der längs aufgeschnittenen Vanilleschote zum Kochen bringen. In der Zwischenzeit in einer hitzebeständigen Schüssel den restlichen Zucker mit dem Eigelb verquirlen. Die Stärke darübersieben und klumpenfrei anrühren. Von der kochenden Milch die Hälfte unter ständigem Rühren langsam über das Eigelb gießen. Diese Masse zur Milch im Topf geben und bei mittlerer Temperatur verquirlen, bis alles wieder aufkocht. Nach 2 Minuten vom Herd nehmen, die Vanilleschote entfernen und die in Stücke geschnittene Butter zugeben.

Die Creme in einen Edelstahlbehälter geben, eine Lage Frischhaltefolie direkt auf die Masse legen und lauwarm abkühlen lassen. Dann in den Kühlschrank stellen.

Den Blätterteig 2 mm dick ausrollen und zu drei Rechtecken in der Größe von etwa 30 x 13 cm zuschneiden. Die drei Teigstücke auf das mit Backpapier ausgelegte Backblech legen, dessen Rand nicht höher ist als 1 cm, dann den Teig einstechen und mit einem Blatt Backpapier abdecken. Bis zur weiteren Verwendung in den Kühlschrank stellen.

Den Backofen auf 200 °C (Umluft 180 °C) vorheizen. Wenn die Temperatur erreicht ist, die Teiglinge so mit einem Ofenrost bedecken bzw. beschweren, damit sich der Blätterteig nicht zu stark aufblähen kann. Dann im heißen Backofen goldgelb und knusprig backen. (Wenn mehrere Bleche gleichzeitig im Ofen sind, zwischendurch die Bleche tauschen, damit alle gleichmäßig backen.) Wenn der Teig beginnt knusprig zu werden, das Backpapier sowie die Roste abnehmen. Die Temperatur um 30 °C erhöhen, die Teigplatten mit dem gesiebten Puderzucker bestreuen und zurück in den Ofen schieben. Sofort herausnehmen, wenn der Zucker karamellisiert ist. Danach vollständig abkühlen lassen.

In der Zwischenzeit die erkaltete Konditorcreme kräftig aufschlagen und den Rum unterrühren. Die Creme in einen Spritzbeutel mit glatter Spitze (8–10 mm) füllen und gleichmäßig auf das erste Blätterteigrechteck verteilen. Das zweite Rechteck mit leichtem Druck darauflegen, wieder Creme darauf verteilen und mit der letzten Lage Blätterteig abdecken. Mit Puderzucker bestäuben, mit einem scharfen Brotmesser in acht Portionen teilen und sofort servieren.

Baisers mit Karamellbirnen und gerösteten Haselnüssen

Für 6 Personen

Zutaten

Für die Baisers
150 g Eiweiß (etwa 3 Eier)
etwas Zitronensaft
150 g Zucker
150 g Puderzucker

Für die Füllung
3 Birnen, Sorte »Abate«
40 g Butter, in Stücke geschnitten
60 g flüssiger Kastanienhonig (oder eine andere Sorte)
Mark von 1 Vanilleschote
½ TL gemahlener Kardamom
300 g flüssige Schlagsahne
120 g Haselnusskerne, geröstet und grob gehackt

Zubereitungszeit
40 Minuten plus Backzeit

Für die Baisers den Backofen auf 90 °C (Umluft 80 °C) vorheizen. Das Eiweiß mit ein paar Tropfen Zitronensaft in der Küchenmaschine oder mit einem elektrischen Handrührgerät leicht aufschlagen. Wenn die Eier schaumig werden, bei mittlerer Geschwindigkeit den Zucker einrieseln lassen und weiter rühren, bis ein glatter und seidigmatter Eischnee entstanden ist. Dann den Puderzucker darübersieben und behutsam unter die Masse heben.

Auf einem mit Backpapier ausgelegten Backblech sechs runde Baisers formen, entweder mit der Rückseite eines Löffels oder mit einem Spritzbeutel auftragen. Das Blech in den vorgeheizten Backofen schieben und auf mittlerer Schiene mindestens 1 ½ Stunden backen. Die Baisers sollten an der Oberfläche leicht rissig werden. Dann den Ofen ausschalten und die Backofentür leicht anlehnen, sodass die Baisers im Ofen langsam abkühlen.

Für die Füllung die Birnen schälen, vom Kerngehäuse befreien und in sechs Spalten scheiden. Bei nicht ganz so reifen Birnen feinere Spalten schneiden. Eine beschichtete Pfanne stark erhitzen und die in Stücke geschnittene Butter darin zerlassen. Die Birnenspalten dazugeben und ein paar Minuten anschwitzen, bis sie glänzen. 40 g Honig und das Vanillemark zugeben, dann bei mittlerer Temperatur köcheln, bis die Birnenscheiben weich und karamellisiert sind. Wenn nötig mit etwas Wasser verdünnen, sodass der Sirup später verwendet werden kann. Anschließend beiseitestellen.

Kurz vor dem Servieren die Sahne mit den restlichen 20 g Honig steif schlagen und auf den Baisers verteilen. Die lauwarmen Birnenstücke darauf anrichten und mit den gehackten Haselnusskernen bestreuen.

Die Baisers können bis zu 2 Wochen im Voraus zubereitet und in einer Frischhaltedose aufbewahrt werden. Die Birnen halten sich im Kühlschrank 4 Tage.

STAUB

Haselnussmousse

Für 4 Personen

Zutaten

100 g Haselnusskerne, geröstet
50 g heller Rohrzucker
20 g Speisestärke
1 gestr. TL Agar-Agar
300 g ungesüßter Mandeldrink
1 gestr. EL naturbelassenes Haselnussmus
2 Mandarinen (oder Clementinen)

Zubereitungszeit
20 Minuten plus Ruhezeit

50 g Haselnusskerne im Hochleistungsmixer zusammen mit dem Zucker zu feinem Mehl zermahlen. Die Stärke und das Agar-Agar zugeben und unter weiterem Mixen den Mandeldrink zugießen, sodass eine glatte Masse entsteht.

Die Masse in einen Topf geben und unter ständigem Rühren mit dem Schneebesen bei mittlerer Temperatur zum Kochen bringen. Dann leise köchelnd unter ständigem Rühren ein paar Minuten eindicken lassen. Die eingedickte Creme in einen schmalen, hohen Behälter geben und das Haselnussmus einrühren.

Eine Lage Frischhaltefolie direkt auf die Masse legen und lauwarm abkühlen lassen. Dann für mindestens 2 Stunden im Kühlschrank kalt stellen. Die Creme hält sich im Kühlschrank 4 Tage.

Anschließend die Creme erneut mit einem Stabmixer pürieren und abwechselnd mit filetierten Mandarinenstücken und den übrigen gerösteten Haselnusskernen auf Dessertschalen verteilen. Sofort servieren.

Ricciarelli – Mandelkekse

Für 25 Stück

Zutaten

2 Eiweiß
Zitronensaft
200 g blanchierte und gemahlene Mandelkerne
350–400 g Puderzucker
1 gestr. EL Mandelaroma
1 Vanilleschote
abgeriebene Schale von 1 unbehandelten Orange

Zubereitungszeit
40 Minuten plus Ruhe- und Backzeit

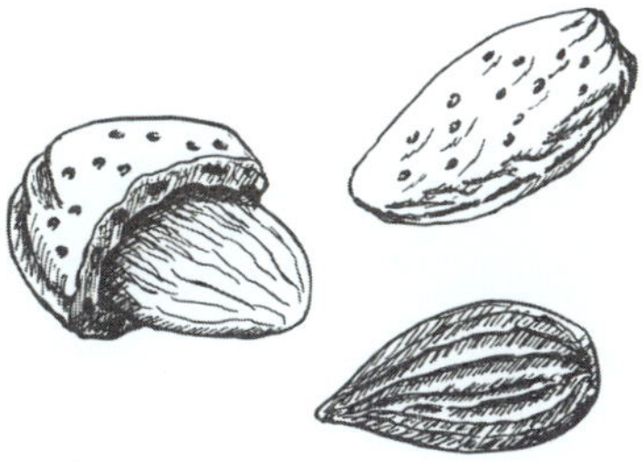

Am Vortag das Eiweiß mit einigen Tropfen Zitronensaft zu steifem Schnee schlagen. Mit dem Rührbesen 200 g Puderzucker und die gemahlenen Mandeln unter den Eischnee heben. Das Mandelaroma, das Vanillemark und den Orangenabrieb dazugeben und mit den Händen verkneten. Die Masse zu einer etwa 5 cm dicken Rolle formen und in Frischhaltefolie verpackt über Nacht in den Kühlschrank legen.

Am nächsten Tag den Backofen auf 180 °C (Umluft 160 °C) vorheizen. Mit einem scharfen Messer etwa 1 cm dicke Scheiben von der Rolle abschneiden.

Den restlichen Puderzucker auf der Arbeitsfläche verteilen und jeden Mandelkeks behutsam darin wenden. Die rundum mit Puderzucker bedeckten Kekse auf ein mit Backpapier ausgelegtes Backblech legen und etwa 15 Minuten backen, bis sie goldgelb, aber noch weich sind. Sie sollten auf der Oberfläche leichte Risse aufweisen.

Danach vollständig abkühlen lassen. In einer Frischhaltedose halten sich die Ricciarelli 1 Woche.

Apfel-Zimt-Schnecken

Für 8 Personen

Zutaten

Für den Teig
380 g Weizenmehl »Tipo 0« (ersatzweise Type 550)
8 g frische Hefe
50 g Vollrohrzucker
170 g Reisdrink (ersatzweise Haferdrink)
50 g zimmerwarme Sojamargarine
1 Prise Salz

Für die Füllung
1 Apfel, Sorte »Golden Delicious«, geschält und gewürfelt
60 g zimmerwarme Sojamargarine
50 g Vollrohrzucker
Mark von ½ Vanilleschote
2 EL gemahlener Zimt

Für die Glasur
60 g Reisdrink (ersatzweise Haferdrink)
50 g Vollrohrzucker
2 EL Sojamargarine

Zubereitungszeit
40 Minuten plus Aufgeh- und Backzeit

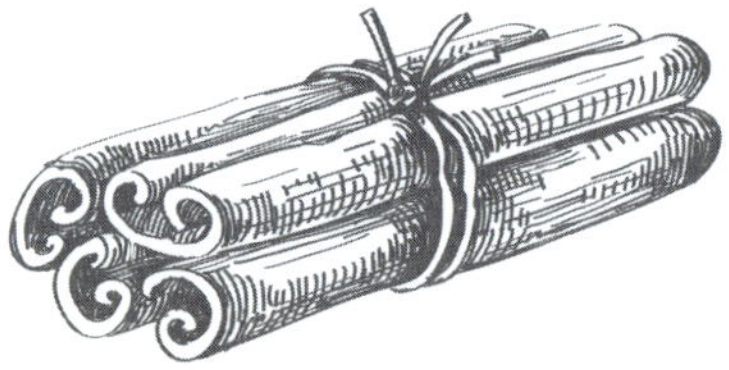

Am Vortag für den Teig 190 g Mehl, die Hefe und 1 EL Zucker in die Rührschüssel der Küchenmaschine geben und mit den Händen verkneten. Die Hälfte des Reisdrinks auf eine Temperatur zwischen 26 und 28 °C erwärmen und langsam unter Rühren mit dem Knethaken dazugießen.

Wenn sich alles zu einer glatten Masse verbunden hat, die Schüssel mit einem Tuch abdecken und den Vorteig 10 Minuten ruhen lassen. Dann das restliche Mehl und den restlichen Zucker, die Sojamargarine und das Salz zugeben. Den Teig mit der Maschine kneten und dabei langsam den restlichen Pflanzendrink zugießen. Mindestens 10 Minuten weiterkneten, bis der Teig glatt und elastisch ist.

Einen großen Behälter mit etwas Öl einfetten. Den Teig zu einer Kugel formen, in den Behälter hineinlegen und abgedeckt im unteren Teil des Kühlschranks über Nacht gehen lassen.

Am nächsten Tag den Teig auf einer bemehlten Arbeitsfläche gut durchkneten, damit die Luft entweicht. Den Teig erneut zu einer Kugel formen, leicht mit Mehl bestäuben und mit einem Tuch abgedeckt nochmals etwa 2 Stunden aufgehen lassen.

Anschließend zu einem etwa 4 mm dünnen Rechteck ausrollen, dessen lange Seite doppelt so lang ist wie die kurze.

Für die Füllung den gewürfelten Apfel mit der Sojamargarine, dem Zucker, dem Vanillemark und dem Zimt mischen. Die Mischung auf dem Teig verteilen und dabei an den Rändern 1 cm frei lassen.

Den Teig von der langen Seite aus aufrollen. Mit einem scharfen Messer die Rolle in acht Scheiben schneiden und in eine mit Backpapier ausgelegte Form legen, in der sie mit ein paar Zentimeter Abstand zueinander die ganze Fläche ausfüllen. Die Schnecken abgedeckt etwa 1 Stunde ruhen lassen.

Den Backofen auf 180 °C (Umluft 170 °C) vorheizen. Wenn sich die Schnecken im Volumen vergrößert haben, die Form in den Ofen (mittlere Schiene) stellen und ein halbes Glas Wasser auf den Boden des Backofens gießen. Die Tür sofort verschließen. Der dabei entstehende Dampf sorgt dafür, dass die Schnecken außen knusprig werden und innen saftig bleiben. Etwa 50 Minuten backen, bis sie schön gebräunt sind. Sollten die Schnecken zu früh zu dunkel werden, zum Ende der Backzeit mit Alufolie abdecken.

In der Zwischenzeit für die Glasur alle Zutaten in einem Topf zum Kochen bringen und 5 Minuten unter Rühren köcheln lassen.

Sobald die Schnecken aus dem Ofen kommen, mit der Glasur einpinseln, leicht abkühlen lassen und lauwarm servieren. Sie können 3 Tage im Kühlschrank oder 2 Monate im Gefrierschrank aufbewahrt werden. Vor dem Servieren einfach kurz aufbacken.

Maronisalami mit Schokomousse

Für 8 Personen

Zutaten

Für die Maronisalami
1,5 kg Maronen
300 g einfache Kekse (z. B. Butterkekse), zerkrümelt
100 g Amaretti (kleine Mandelmakronen), zerkrümelt
75 g Kakaopulver
125 g Zucker
7 EL Rum
flüssige Schlagsahne

Für die Mousse
100 g Bitterschokolade (55 % Kakaoanteil), zerkleinert
200 g flüssige Schlagsahne

Zubereitungszeit
1 Stunde und 10 Minuten plus Ruhezeit

Für die Maronisalami die Maronen weich kochen, schälen und durch ein Sieb streichen, sodass ein Püree entsteht. Dann mit den zerkrümelten Keksen und Amaretti vermengen. Den Kakao, den Zucker, den Rum und so viel Sahne zugeben, dass eine formbare Konsistenz entsteht.

Die Masse zu einer Art Wurst formen und fest mit Frischhaltefolie umwickeln, damit sie kompakt bleibt. Etwa 2 Stunden im Kühlschrank kalt stellen. Anschließend mit einem scharfen Messer in 1 cm dicke Scheiben schneiden.

Während die Masse durchkühlt, für die Glasur die zerkleinerte Schokolade unter Rühren im Wasserbad schmelzen. Sie sollte nicht zu heiß werden (maxmimal 45–55 °C).

Die Sahne halbsteif aufschlagen. Dann die geschmolzene Schokolade bei mittlerer Geschwindigkeit langsam dazugießen und weiterrühren, bis die Creme komplett steif geschlagen ist.

Die Mousse in einen Spritzbeutel mit gezackter Spitze füllen, etwas auf eine »Salamischeibe« spritzen und mit einer zweiten Scheibe belegen. Mindestens 2 Stunden im Kühlschrank kalt werden lassen.

Kastanienstreusel mit Joghurt, Frischkäse und Apfel

Für 4 Personen

Zutaten

Für die Streusel
50 g kalte Butter, in Stücke geschnitten
50 g Vollrohrzucker
50 g Kastanienmehl (im Biomarkt oder in Drogerien erhältlich)
50 g gemahlene Mandelkerne
1 Prise Salz

Für die Äpfel
3 Äpfel (z. B. Sorte »Elstar«)
Saft von 1 Zitrone
70 g Butter, in Stücke geschnitten
1 TL gemahlener Zimt (oder Kardamom)
Mark von ½ Vanilleschote
70 g Vollrohrzucker

Für die Creme
80 g Vollrohrzucker
100 g Ziegenfrischkäse
100 g Vollmilchjoghurt (möglichst stichfest, gegebenenfalls abtropfen lassen)

Zubereitungszeit
40 Minuten plus Ruhe- und Backzeit

Zunächst für die Streusel die Butterstücke mit dem Zucker verkneten. Das Kastanienmehl und die gemahlenen Mandeln sowie das Salz zugeben und alles zu einer streuseligen Masse verkneten.

Den Streuselteig etwa 1 Stunde kalt stellen. Anschließend auf einem mit Backpapier ausgelegten Backblech verteilen und im auf 170 °C (Umluft 150 °C) vorgeheizten Backofen auf mittlerer Schiene in etwa 10 Minuten goldgelb backen.

Die Äpfel schälen und vom Kerngehäuse befreien, in acht Schnitze schneiden und diese mit Zitronensaft beträufeln. Eine große Pfanne erhitzen und die Butterstücke darin unter Rühren zerlassen. Die Äpfel in die Pfanne geben und mit der Butter vermengen. Zimt (oder Kardamom), Vanillemark und Zucker zugeben und die Apfelschnitze darin bei niedriger Temperatur weich dünsten. Etwas Wasser dazugeben, sodass in der Pfanne ein aromatischer Sirup zum Anrichten entsteht.

Für die Creme den Zucker im Mixer fein mahlen, dann mit dem Frischkäse und dem Joghurt verquirlen und zu einer weichen Creme anrühren.

Die Creme auf Dessertschalen verteilen und zuerst die warmen Äpfel, dann die Kastanien-Mandel-Streusel und zum Schluss den Sirup darübergeben.

Toskanische Trauben-Focaccia

Für eine Kuchenform mit 24 cm Durchmesser (8 Personen)

Zutaten

Für den Vorteig
125 g Weizenmehl »Tipo 0« (ersatzweise Type 550)
1/4 TL Trockenhefe
125 g zimmerwarmes Wasser

Für den Teig
125 g Manitoba-Mehl (backstarkes Weizenmehl)
125 g Weizenmehl »Tipo 0« (ersatzweise Type 550)
1 TL flüssiger Honig
1 TL feines Salz
125 g lauwarmes Wasser (maximal 28 °C)
80–100 g Zucker
200 g rote Weintrauben (ohne Kerne)
1 EL natives Olivenöl extra

Zubereitungszeit
50 Minuten plus Ruhe- und Backzeit

Am Vortag für den Vorteig das Mehl in der Rührschüssel der Küchenmaschine mit der Trockenhefe mischen. Das Wasser mit einem Holzlöffel unterrühren, bis ein glatter Teig entsteht. Die Schüssel abdecken und den Teig darin 12 Stunden gehen lassen.

Am nächsten Tag das Manitoba-Mehl, das Weizenmehl, den Honig sowie das Salz zum Vorteig geben und mit dem Knethaken der Küchenmaschine bei mittlerer Geschwindigkeit kneten. Dabei nach und nach das Wasser angießen. Alles etwa 10 Minuten mit der Maschine verarbeiten, dann mit den Händen zu einem glatten und elastischen Teig kneten. In eine leicht eingeölte Schüssel legen, mit einem Geschirrtuch abdecken und etwa 3 Stunden gehen lassen.

Den Teig halbieren und eine Hälfte auf einem gebutterten Backblech ausrollen. Mit der Hälfte des Zuckers bestreuen und mit der Hälfte der Weintrauben belegen. Das andere Teigstück ebenfalls ausrollen und auf den Teig mit den Trauben legen. Die beiden Teigplatten an den Rändern sorgfältig verschließen, die Oberfläche mit dem Öl einpinseln und dann weitere 2 Stunden gehen lassen.

Den Backofen auf 190 °C (Umluft 170 °C) vorheizen. Den Kuchen mit dem restlichen Zucker bestreuen und die übrigen Weintrauben gleichmäßig verteilt in den Teig drücken. In den Ofen schieben und auf mittlerer Schiene in 20–30 Minuten goldbraun backen.

Semifreddo al Caffè mit Baiser und Schokolade

Für 6 Personen

Zutaten

Für das Baiser
80 g Puderzucker
20 g Kakaopulver
125 g Eiweiß (etwa 3 große Eier)
1 Prise Weinsteinbackpulver zur Stabilisierung (oder etwas Zitronensaft)
100 g Zucker
80 g Haselnusskerne, geröstet und gehackt
1 TL gemahlener Kardamom
10 Mokkapralinen
200 g Bitterschokolade (67 % Kakaoanteil), zerkleinert

Für das Semifreddo
350 g flüssige Schlagsahne
250 ml Espressokaffee
180 g Zucker
6 Eigelb von großen Eiern
1 EL Kaffeelikör
Kakaopulver zum Bestäuben

Zubereitungszeit
40 Minuten plus Ruhe- und Backzeit

Am Vortag für das Baiser den Puderzucker und den Kakao sieben und beiseitestellen. Das Eiweiß sowie das Weinsteinbackpulver (oder einige Tropfen Zitronensaft) mit dem elektrischen Handrührgerät leicht aufschlagen. Sobald es schaumig wird, den Zucker einrieseln lassen und weiterrühren, bis ein fester, glänzender Eischnee entstanden ist. Den Puderzucker, den Kakao, die gehackten Haselnusskerne und den Kardamom behutsam unterheben.

Den Backofen auf 110 °C (Umluft 90 °C) vorheizen. Das Baiser auf einem mit Backpapier ausgelegten Backblech verstreichen, sodass ein Rechteck von etwa 40 x 20 cm entsteht. Auf mittlerer Schiene etwa 2 Stunden backen, bis das Baiser getrocknet ist.

Nach dem vollständigen Abkühlen aus dem Rechteck zwei Quadrate von 20 x 20 cm (oder in der Größe der zu verwendenden Form; möglichst aus Keramik) schneiden. Eventuell überstehende Teile abschneiden.

Die Mokkapralinen in etwa 5 mm große Stückchen zerkleinern. Die Bitterschokolade im Wasserbad schmelzen, dabei oft rühren und nicht zu heiß werden lassen. Die flüssige Schokolade mit einem Pinsel auf den beiden Baisers verstreichen, sofort mit den zerkleinerten Mokkapralinen bestreuen und dann auf Zimmertemperatur abkühlen lassen.

Nun für das Semifreddo die Sahne halbsteif schlagen und im Kühlschrank kalt stellen.

Den Kaffee mit dem Zucker bei hoher Temperatur aufkochen. Die Temperatur dabei mit einem Thermometer kontrollieren. In der Zwischenzeit das Eigelb mit einem elektrischen Handrührgerät schaumig aufschlagen. Wenn der Kaffeesirup die Temperatur von 118 °C erreicht hat, diesen unter Rühren langsam zum Eigelb gießen und etwa 10 Minuten bei mittlerer Geschwindigkeit weiterrühren. Dann abkühlen lassen.

Wenn die Kaffee-Ei-Masse abgekühlt ist, die Sahne in drei Portionen vorsichtig unterheben, sodass die Masse nicht zusammenfällt.

Eines der beiden Baisers mit der Schokoseite nach unten in die Keramikform legen. Die Kaffeemasse darauf verteilen und das zweite Baiser mit der Schokoseite nach unten darauf legen. Dabei leicht andrücken, damit sich die Bestandteile gut verbinden. Das Semifreddo mit Frischhaltefolie abdecken und über Nacht in den Gefrierschrank stellen.

Vor dem Servieren mit Kakao bestäuben und mit einem Löffel portionieren.

Apfelstrudel

Für 10 Personen

Zutaten

Für den Teig
300 g Weizenmehl »Tipo 0« (ersatzweise Type 550)
125 g lauwarmes Wasser
20 g Traubenkernöl
1 Ei

Für die Füllung
150 g Rosinen
3 kg Äpfel (z. B. Sorte »Boskop«)
Saft von 1 Zitrone
120 g Butter plus etwas zerlassene Butter zusätzlich zum Einpinseln
200 g Zucker
150 g Semmelbrösel
1 EL gemahlener Zimt
1 EL Mohnsamen

Außerdem
Puderzucker zum Bestäuben

Zubereitungszeit
50 Minuten plus Ruhe- und Backzeit

Alle Zutaten für den Teig mischen und so lange auf der Arbeitsfläche kneten, bis ein glatter und fester Teig entsteht. Diesen zu einer Kugel formen, mit Öl einpinseln und mit einem Geschirrtuch abgedeckt 20 Minuten ruhen lassen.

Anschließend den Teig auf der bemehlten Arbeitsfläche sehr vorsichtig und langsam hauchdünn zu einem Rechteck ausziehen, ohne ihn dabei zu zerreißen. Den Teig auf ein Geschirrtuch legen. Damit kann der Strudel nach dem Füllen leichter aufgerollt und auf das Backblech gelegt werden.

Nun für die Füllung die Rosinen gründlich abspülen, mit lauwarmem Wasser bedecken und 10 Minuten einweichen. Danach abgießen und vorsichtig ausdrücken.

Die Äpfel schälen und vom Kerngehäuse befreien. Dann in dünne Scheiben schneiden und diese mit dem Zitronensaft beträufeln.

Die Butter in einer Pfanne zerlassen. Die Semmelbrösel und den Zucker hinzufügen und alles auf niedriger Stufe erhitzen, sodass nichts anbrennt. Das Zimtpulver und die Mohnsamen zugeben.

Zwei Drittel der Mischung aus der Pfanne auf dem Strudelteig verteilen. Die Apfelscheiben und die ausgedrückten Rosinen darübergeben. Am Rand dabei jeweils 1 cm freilassen, um den Strudel zu verschließen. Die übrige Buttermasse aus der Pfanne darüber verteilen, dann den Teig von der Seite aus zusammenrollen und an den Enden verschließen. Die Oberfläche mit zerlassener Butter einpinseln und im auf 200 °C (Umluft 180 °C) vorgeheizten Backofen auf mittlerer Schiene in 30 Minuten goldbraun backen.

Anschließend zunächst lauwarm abkühlen lassen, dann mit Puderzucker bestäuben. Zum Servieren mit frisch geschlagener Sahne, Vanilleeis oder Konditorcreme anrichten.

Der Strudel hält sich im Kühlschrank 4 Tage, im Gefrierschrank 2 Monate. Dann vor dem Servieren aufbacken.

Mandel-Pflaumen-Trüffel

Für 40 Pralinen

Zutaten

300 g blanchierte Mandelkerne
200 g Trockenpflaumen ohne Stein
Saft von ½ kleinen Zitrone
1 EL Rum (optional)
Mark von ½ Vanilleschote
1 Prise Salz
fein gehackte Haselnusskerne zum Wälzen

Zubereitungszeit
20 Minuten

Die Mandeln in einem Standmixer zu feinem Mehl mahlen. Dann die Trockenpflaumen und den Zitronensaft zugeben und in Invervallen verarbeiten, sodass sich die Zutaten dabei nicht erhitzen. Den Rum, wenn gewünscht, zugeben, sowie Vanillemark und Salz, und alles verrühren.

Mit den Händen aus der Masse etwa 2 cm große Kugeln formen und in den gehackten Haselnusskernen wenden (hier können ebenso gut gehackte Walnuss- oder Pistazienkerne oder auch Kakao verwendet werden).

Diese Trüffel halten sich im Kühlschrank 1 Woche, im Gefrierschrank 2 Monate. Mindestens 15 Minuten vor dem Verzehr herausnehmen, sodass sie weich werden.

Diese ansprechenden, unregelmäßig geformten Trüffel erinnern an den begehrten gleichnamigen Pilz. Süße Varianten gibt es in einer großen Bandbreite, oft auf der Basis von Bitterschokolade, Eigelb, Kaffee, Likör, aber auch solche aus Vanilleeis mit Schokoüberzug.

Walnuss-Kaffee-Torte

Für 6 Personen

Zutaten

Für den Tortenboden
180 g Weizenmehl »Tipo 0« (ersatzweise Type 550)
2 ½ TL Backpulver
½ TL Natron (Backsoda)
70 g Walnusskerne
225 g zimmerwarme Butter
170 g heller Rohrzucker
4 Eier (220 g)
1 kleine Tasse Espresso, erkaltet

Für die Creme
150 g heller Rohrzucker
300 g weiche Butter
1 kleine Tasse Espresso, erkaltet
4 EL flüssige Schlagsahne

Für die Garnitur
Walnusskerne
Bitterschokolade

Zubereitungszeit
40 Minuten plus Backzeit

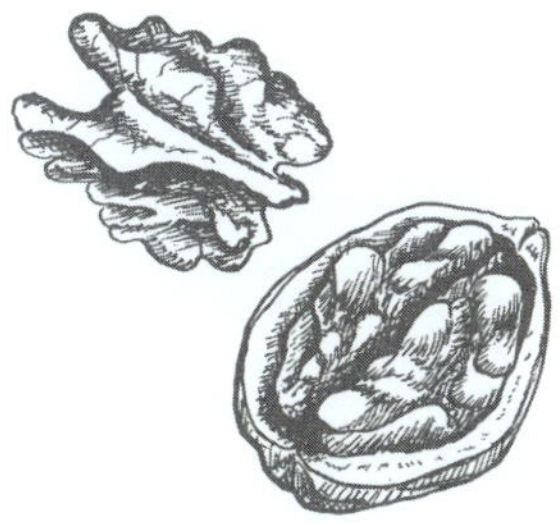

Zunächst für den Tortenboden 2 Springformen mit 20 cm Durchmesser einfetten und mit Mehl bestäuben. Den Backofen auf 180 °C (Umluft 160 °C) vorheizen.

Das Mehl mit dem Backpulver und dem Backnatron in eine Schüssel sieben. Die Walnusskerne in einem Standmixer fein mahlen und ebenfalls in die Schüssel geben.

In einer zweiten Schüssel die Butter mit dem Zucker zu einer weichen und luftigen Masse aufschlagen. Die Eier einzeln dazugeben und unterrühren. Die Mehlmischung untermengen und anschließend unter Rühren den Espressokaffee.

Den Teig auf die beiden Kuchenformen verteilen und auf mittlerer Schiene etwa 25 Minuten backen. Gegen Ende der Backzeit die Stäbchenprobe machen. Die fertig gebackenen Kuchen herausnehmen und etwa 15 Minuten abkühlen lassen. Dann aus den Formen nehmen und auf einen Kuchenrost legen.

Für die Creme in einem Standmixer den Zucker sehr fein mahlen. Die Butter in einer Schüssel mit dem elektrischen Handrührgerät schaumig-weich aufschlagen. Dann den Zucker, den erkalteten Kaffee und die Sahne unterrühren. Bei mittlerer Geschwindigkeit alles zu einer glatten und gleichmäßigen Masse verarbeiten.

Die Creme mit einem Teigschaber auf den beiden Kuchenböden verstreichen und diese aufeinandersetzen. Sollte der Boden zu trocken geworden sein, kann er zuvor mit etwas Kaffee – nach Belieben gezuckert – beträufelt werden.

Zum Schluss die Torte nach Belieben mit Walnusshälften oder mit Schokospänen garnieren. Um Schokospäne herzustellen, einfach Bitterschokolade mit einem Sparschäler fein hobeln.

Kaki-Nuss-Kuchen

FÜR EINE BACKFORM MIT 22–24 CM DURCHMESSER (8 PERSONEN)

Zutaten

3 reife große Kakis
2 EL flüssiger Honig
2 Eier, getrennt
4 EL natives Olivenöl extra
1 Prise Salz
200 g Weizenvollkornmehl
100 g Weizenmehl »Tipo 0« (ersatzweise Type 550)
16 g Backpulver
80 g Walnusskerne, gehackt

Zubereitungszeit
30 MINUTEN PLUS BACKZEIT

Den Backofen auf 180 °C (Umluft 160 °C) vorheizen. Die Kakis schälen und zusammen mit dem Honig pürieren.

Das Eigelb mit dem Öl und 1 Prise Salz mit einer Gabel oder einem Schneebesen aufschlagen. Das Kakipüree, das Mehl, das Backpulver sowie die gehackten Walnusskerne zugeben und alles gut vermengen.

Das Eiweiß zu steifem Schnee schlagen und behutsam unter den Kaki-Mehl-Mix heben.

Den Teig in eine gefettete Form geben und auf mittlerer Schiene etwa 40 Minuten backen. Gegen Ende der Backzeit die Stäbchenprobe machen.

Den fertig gebackenen Kuchen aus dem Ofen nehmen, 15 Minuten abkühlen lassen und dann auf eine Platte legen. Er kann lauwarm oder kalt serviert werden und hält sich 4 Tage.

Die rundliche, gelb-orangefarbene Kaki, auch Kakipflaume genannt, ist in reifem Zustand gekennzeichnet durch ihr geleeartiges Fruchtfleisch, im Unterschied zu den Zuchtformen der Persimone oder der Sharonfrucht. Die Früchte sollten bei der Verwendung zwar noch fest, aber gut reif sein.

Kastanienkuchen

Für eine Kuchenform mit 22-24 cm Durchmesser (6 Personen)

Zutaten

4 große Eier (etwa 240 g)
50 g Kastanienmehl (im Biomarkt oder in Drogerien erhältlich)
150 g zerlassene Butter
80 g flüssiger Blütenhonig
100 g Reissirup
1 TL Quatre-épices (Viergewürz)
1 Prise Salz

Zubereitungszeit
30 Minuten plus Backzeit

Den Backofen auf 170 °C (Umluft 150 °C) vorheizen. Eine Kuchenform einfetten und mit (gutenfreiem) Mehl bestäuben oder mit nassem, ausgedrückten Backpapier auslegen.

In einer großen Schüssel alle Zutaten mit dem elektrischen Handrührgerät kräftig verquirlen. Dabei entsteht ein sehr flüssiger Teig, diesen in die Form gießen und sofort in den Ofen schieben. Auf mittlerer Schiene etwa 30 Minuten backen – dabei wird sich der Kuchen am Rand aufblähen –, anschließend aus dem Ofen nehmen und auf einen Kuchenrost stellen. Wenn er lauwarm ist, den Kuchen auf einen Teller stürzen.

Wenn Backpapier verwendet wurde, dieses erst nach dem vollständigen Abkühlen (das geht auch im Kühlschrank) abziehen, da es sonst den Kuchen aufreißen würde. Mit steif geschlagener Sahne servieren.

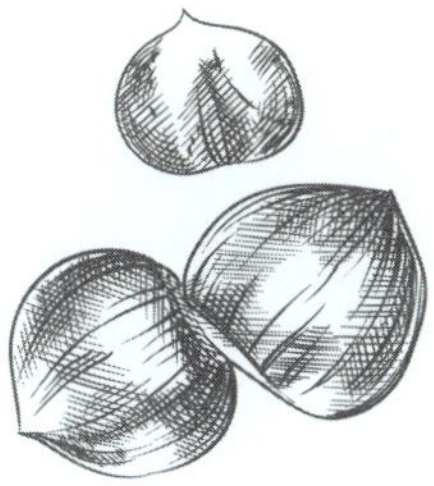

Um Kastanien über das Jahr hinweg gut haltbar zu machen, werden sie getrocknet und geschält, so wie es früher überall in den Bergdörfern gehandhabt wurde. In manchen Gebieten wird noch heute mit solch traditionellen Methoden gearbeitet, so etwa in den Orten Calizzano und Murialdo im Val Bormida (Provinz Savona), wo die in *tecci* – speziellen Trockenspeichern aus Stein – getrockneten Kastanien durch ein Presidio Slow Food geschützt sind. Die getrockneten Kastanien werden dann zu Mehl gemahlen, das dann beispielsweise in diesem Rezept sowie in vielen anderen Gerichten Verwendung findet: in Brot, Polenta, Nudeln, Süßspeisen (siehe auch das Castagnaccio auf Seite 154).

Kürbiskuchen mit Apfel-Mandel-Creme

Für 8 Personen

Zutaten

Für die Creme
750 g Äpfel, Sorte *annurca* oder »Golden Delicious«
2 EL flüssiger Akazienhonig (oder flüssiger Blütenhonig)
30 g Wasser
60 g naturbelassenes weißes Mandelmus

Für den Teig
50 g Rosinen
1 EL Rum
3 Eier
100 g Rohrzucker
70 g Muscovado-Zucker
100 ml Traubenkernöl
1 Apfel, Sorte *annurca* oder »Golden Delicious«
100 g Kürbisfruchtfleisch (Sorte »Mantovana«)
100 g Weizenmehl »Tipo 0« (ersatzweise Type 550)
50 g gemahlene Haselnusskerne
50 g Buchweizenmehl
50 g Kürbiskerne
1 TL Vanilleextrakt
1 Prise Salz
8 g Backpulver
½ TL Natron (Backsoda)

Zubereitungszeit
40 Minuten plus Backzeit

Zunächst für die Creme die Äpfel schälen, vom Kerngehäuse befreien und in Stücke geschnitten in einen großen Topf geben. Den Honig und das Wasser zufügen und die Äpfel bei mittlerer Temperatur in etwa 45 Minuten weich kochen.

Die weichen Äpfel abkühlen lassen, danach in einen Standmixer umfüllen. Das Mandelmus zugeben und alles in Intervallen verarbeiten, damit sich die Masse nicht erwärmt. (Luftdicht verpackt hält sich der Mix im Kühlschrank bis zu 2 Wochen.)

Für den Teig die Rosinen gut abspülen und in einem Glas mit warmem Wasser und dem Rum für etwa 10 Minuten einweichen. Eine Kastenform (25 cm) einfetten und mit Mehl bestäuben. Den Backofen auf 180 °C (Umluft 160 °C) vorheizen.

In einer großen Schüssel die Eier mit dem Zucker und dem Öl verquirlen. Den Apfel schälen und vom Kerngehäuse befreien. Das Fruchtfleisch reiben oder zusammen mit dem Kürbis pürieren und beides zur Eiermischung geben.

Dann die Haselnusskerne, das Buchweizenmehl, die Kürbiskerne, die ausgedrückten Rosinen, das Vanilleextrakt und das Salz zugeben und alles mit einem Holzlöffel oder einem Teigschaber behutsam vermengen. Zum Schluss das Backpulver mit dem Backnatron mischen, über den Teig sieben und unterrühren.

Den Teig sofort in die Form füllen und auf mittlerer Schiene etwa 40 Minuten backen. Vor Ende der Backzeit die Stäbchenprobe machen.

Nach dem Backen zunächst 15 Minuten abkühlen lassen, dann aus der Form nehmen, in Stücke schneiden und mit der Apfel-Mandel-Creme servieren. Mit Frischhaltefolie abgedeckt hält sich der Kuchen bei Zimmertemperatur 4 Tage, im Gefrierschrank 2 Monate.

Kürbis-Kastanien-Kuchen

Für eine Springform mit 22 cm Durchmesser (8 Personen)

Zutaten

120 g naturbelassenes Mandelmus
240 g Rohrzucker
2 Eier
140 g Weizenmehl »Tipo 0« (ersatzweise Type 550)
100 g Kastanienmehl (im Biomarkt oder in Drogerien erhältlich)
½ TL Salz
½ TL Backpulver oder Weinsteinpulver
1 TL Natron (Backsoda)
1 TL gemahlener Zimt
1 TL gemahlene Gewürznelken
1 TL frisch geriebene Muskatnuss
400 g Kürbispüree

Zubereitungszeit
30 Minuten plus Backzeit

Den Backofen auf 160 °C (Umluft 140 °C) vorheizen. Die Kuchenform einfetten und mit Mehl bestäuben.

Mit einem elektrischen Handmixer das Mandelmus mit dem Zucker verquirlen. Nacheinander die Eier zugeben und jeweils gut unterrühren.

In einer Schüssel Weizen- und Kastanienmehl, Salz, Backpulver, Backnatron und Gewürze mischen, über die Eimasse sieben und unterrühren.

Das Kürbispüree zugeben und alles zu einem gleichmäßigen Teig verarbeiten. Diesen löffelweise in die Form füllen und auf mittlerer Schiene etwa 1 Stunde backen. Am Ende der Backzeit die Stäbchenprobe machen. Den fertig gebackenen Kuchen aus dem Ofen nehmen, abkühlen lassen und dann auf ein Kuchengitter stürzen.

Mit Frischhaltefolie abgedeckt hält sich der Kuchen 4 Tage bei Zimmertemperatur oder im Kühlschrank, falls es sehr warm ist. Er kann auch gut eingefroren werden.

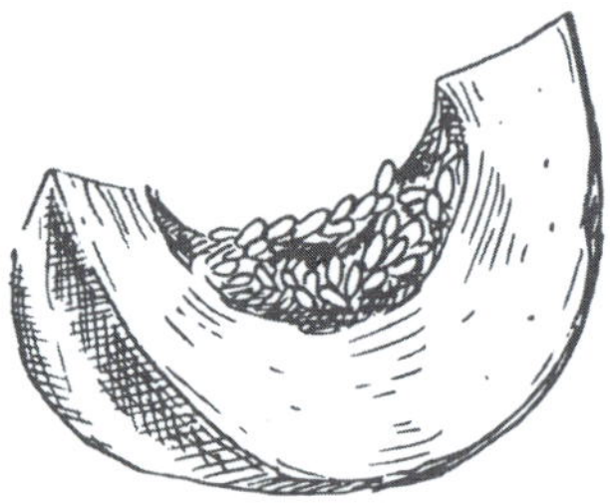

Ricotta-Mandel-Kuchen mit Birnenkompott

Für eine Kuchenform mit 26 cm Durchmesser (8 Personen)

Zutaten

Für das Kompott
4 Birnen, Sorte »Williams Christ«
170 g flüssiger Blütenhonig
5 Stück Sternanis
Zeste von 1 unbehandelten Zitrone

Für den Teig
4 Eier, getrennt
1 Prise Natron (Backsoda)
240 g zimmerwarme Butter
220 g Zucker
Mark von 1 Vanilleschote
1 Prise Salz
abgeriebene Schale von 1 unbehandelten Zitrone
240 g blanchierte und gemahlene Mandelkerne
300 g Ricotta

Zubereitungszeit
40 Minuten plus Backzeit

Für das Kompott die Birnen schälen und das Kerngehäuse herausschneiden. Die Birnen zusammen mit den anderen Zutaten in einen Topf geben und bei aufgesetztem Deckel etwa 15 Minuten kochen lassen, bis die Birnen weich sind. Das Kompott kann kalt oder warm serviert werden.

Für den Kuchen die Form fetten und mit Mehl bestäuben. Den Backofen auf 180 °C (Umluft 160 °C) vorheizen. Das Eiweiß mit dem Backnatron in einer Schüssel zu Eischnee schlagen. Beiseitestellen.

In einer zweiten Schüssel die Butter mit dem Zucker, dem Vanillemark, dem Salz und dem Zitronenabrieb cremig aufschlagen und dann unter ständigem Rühren die Eigelbe einzeln zugeben. Die gemahlenen Mandeln dazugeben und bei niedriger Geschwindigkeit unterrühren.

Anschließend den Ricotta unterrühren. (Sollte er zu fest sein, empfiehlt es sich, ihn zuvor durch ein Sieb zu streichen.) Zum Schluss mit einem Löffel zunächst ein Drittel des Eischnees unterrühren und den Rest dann in zwei Portionen behutsam unter die Masse heben.

Den Teig in die Kuchenform geben und auf mittlerer Schiene etwa 45 Minuten backen. Anschließend aus dem Ofen nehmen, 30 Minuten abkühlen lassen und aus der Form lösen. Mit dem Birnenkompott servieren.

Herzhafte
Rezepte

Windbeutel mit Parmesan und Sardellen

Für 6 Personen

Zutaten

Für die herzhafte Konditorcreme
100 g Vollmilch
25 g flüssige Schlagsahne
9 g Speisestärke
25 g frisch geriebener Parmigiano Reggiano
1 Prise Salz
1 Prise frisch geriebene Muskatnuss
30 g Eiweiß (etwa 1 großes Ei)
10 g Butter

Für die Windbeutel
Beignet-Rezept auf Seite 14

Außerdem
10 in Öl eingelegte Sardellen

Zubereitungszeit
50 Minuten plus Backzeit

Für die herzhafte Konditorcreme die Milch und die Sahne in einem Topf bei niedriger Temperatur zum Kochen bringen. In der Zwischenzeit die Stärke mit dem geriebenen Parmesan, dem Salz und der Muskatnuss vermengen, das Eigelb zugeben und alles klumpenfrei verquirlen. Die aufgekochte Milch in einem feinen Strahl unter Rühren über die Mischung gießen und anschließend alles zusammen im Topf bei mittlerer Temperatur einige Minuten köchelnd eindicken lassen.

Den Topf vom Herd nehmen und die Butter unterrühren. In einen flachen Edelstahlbehälter umfüllen und Frischhaltefolie direkt auf die Creme legen, sodass kein Kondenswasser entsteht und sich keine Haut bildet. Die lauwarme Creme in den Kühlschrank stellen.

Nun den Brandteig nach Anleitung auf Seite 14 zubereiten.

Den Teig sofort in einen Spritzbeutel mit glatter Tülle (10–12 mm) füllen und als große Tupfen auf ein leicht gebuttertes Backblech spritzen. Die Teigtupfen sollten genug Abstand zueinander haben, da sie sich stark aufblähen. Je nach Größe die Windbeutel auf mittlerer Schiene 15–20 Minuten backen. Zwischendurch die Ofentür nicht öffnen, da sie sonst zusammenfallen würden. Nach dem Abkühlen von jedem Windbeutel den Deckel abschneiden.

Die kalte Konditorcreme mit einem Schneebesen leicht aufschlagen, in einen Spritzbeutel mit gezackter Tülle geben und die Windbeutel damit füllen. Auf die Creme ein Stückchen Sardelle legen und mit dem Deckel abdecken. Sofort servieren.

Vollkorn-Cracker aus Dinkel und Hafer mit Kürbiscreme

Für 40 Stück

Zutaten

Für die Cracker
100 g kalte Butter
210 g Dinkelvollkornmehl
70 g Haferflocken plus etwas mehr zum Wenden
½ TL Salz
½ TL Natron (Backsoda)
80 g kaltes Wasser
1 Ei, verquirlt

Für die Creme
400 g Kürbisfruchtfleisch, Sorte »Mantovana«
natives Olivenöl extra
Salz
2 Knoblauchzehen, in der Schale angedrückt
ein paar Lorbeerblätter
einige Rosmarinnadeln, gehackt
200 g vorgegarte und abgegossene Kichererbsen
2 EL Sesammus

Zubereitungszeit
40 Minuten plus Ruhe- und Backzeit

Für die Cracker die Butter in 1 cm große Würfel schneiden und mit den anderen Zutaten außer dem Wasser und dem Ei in einen Standmixer geben. In Intervallen grob zu einem Teig verarbeiten. Das Wasser in drei Portionen zugeben und dabei weiter in Intervallen mixen.

Anschließend den Teig von Hand fertig kneten und zu einer etwa 5 cm dicken Rolle formen. Mit dem verquirlten Ei einpinseln und in Haferflocken wenden. In Frischhaltefolie einwickeln und für etwa 30 Minuten in den Kühlschrank legen.

In der Zwischenzeit für die Creme das Kürbisfruchtfleisch in kleine Stücke schneiden und auf einem mit Backpapier ausgelegten Backblech ausbreiten. Mit Öl und Salz würzen und die angedrückten Knoblauchzehen, ein paar Lorbeerblätter und einige gehackte Rosmarinnadeln dazwischen verteilen. Im auf 220 °C (Umluft 200 °C) vorgeheizten Backofen auf mittlerer Schiene etwa 20 Minuten backen. Danach abkühlen lassen.

Nach dem Abkühlen den Kürbis mit den Kichererbsen, dem Sesammus und 2 EL Öl im Standmixer oder mit einem Stabmixer zu einer glatten Creme pürieren. Mit Salz abschmecken und beiseitestellen.

Die Backofentemperatur auf 170 °C (Umluft 150 °C) herunterstellen. Die kalte Teigrolle aus dem Kühlschrank nehmen und mit einem scharfen Messer in 5 mm dicke Scheiben schneiden. Auf ein mit Backpapier ausgelegtes Backblech legen und auf mittlerer Schiene in etwa 20 Minuten goldgelb backen. Anschließend abkühlen lassen.

Die Kürbiscreme auf den Crackern verteilen, mit etwas Olivenöl beträufeln und mit gehacktem Rosmarin servieren.

Buchweizencrêpes mit Eiern und Parmesan

Für 6 Personen

Zutaten

500 g Buchweizenmehl
10 g grobes Salz
1 l Wasser
10 g Schweineschmalz
240 g Parmigiano Reggiano, gerieben
6 Eier
Brunnenkresse (oder Feldsalat) für die Garnitur

Zubereitungszeit
30 Minuten plus Ruhezeit

Am Vorabend für den Crêpeteig in einer Schüssel das Mehl mit dem Salz mischen und die Hälfte des Wassers unter kräftigem Rühren langsam zugießen. Den Rest des Wassers ohne zu rühren zur Masse hinzufügen, die Schüssel abdecken und über Nacht in den Kühlschrank stellen.

Am nächsten Tag den Teig durchmischen, er sollte gut fließen, aber nicht flüssig sein. Falls nötig, etwas Wasser zugeben.

Eine Crêpepfanne stark erhitzen und ein wenig Schmalz hineingeben. Mit Küchenpapier vorsichtig wieder auswischen und dann eine Kelle voll Teig hineingeben (es sollten insgesamt sechs Crêpes werden). Von jeder Seite etwa 1 ½ Minuten backen. Sollte der Teig anbacken, die Pfanne nochmals mit etwas Schmalz einfetten.

In die Mitte jeder Crêpe ein Nest aus Parmesan formen und in die Mulde je ein aufgeschlagenes Ei mit intaktem Eigelb geben. Von vier Seiten aus zur Mitte einschlagen, sodass das Ei frei bleibt. Auf niedriger Stufe nochmals in der Pfanne erhitzen, bis das Eiweiß gestockt ist. Wer auch das Eigelb leicht durchgegart bevorzugt, legt hierbei den Deckel auf. Mit etwas Brunnenkresse oder Feldsalat garnieren und sofort servieren.

Crostini mit Makrele und ofengebackenem Fenchel

Für 6 Personen

Zutaten

2 Fenchelknollen
natives Olivenöl extra
Salz
frisch gemahlener schwarzer Pfeffer
250 g in Olivenöl eingelegte Makrelenfilets
Saft von ½ Zitrone
120 g Doppelrahmfrischkäse
1 EL Sardellenpaste
1 Prise Salz
Vollkorntoastbrot
1 Zweig Oregano

Zubereitungszeit
30 Minuten plus Backzeit

Die Fenchelknollen putzen und waschen, das Fenchelgrün aufbewahren. Die Knollen in 5 mm dicke Scheiben schneiden und in eine Auflaufform legen. Leicht mit Öl beträufeln und mit Salz und Pfeffer bestreuen. Im auf 200 °C (Umluft 180 °C) vorgeheizten Backofen bei mittlerer Temperatur etwa 20 Minuten garen, bis die Scheiben leicht gebräunt sind.

In der Zwischenzeit das abgetropfte Makrelenfilet mit dem Zitronensaft kurz im Mixer zerkleinern. Dann den Frischkäse, die Sardellenpaste und das Salz zugeben und alles zu einer Creme pürieren. Diese in einen Spritzbeutel mit gezackter Spitze füllen.

Aus dem Toastbrot runde Scheibchen mit 4–5 cm Durchmesser ausstechen oder ausschneiden.

Die Scheiben jeweils mit einem Klecks Makrelencreme und einer Fenchelscheibe belegen, mit etwas Olivenöl beträufeln und mit Fenchelgrün und Oregano verziert sofort servieren.

Crostini mit Kürbis, Schalotte und Ricotta salata

Für 6 Personen

Zutaten

3 kleine Vollkornbrötchen
350 g Kürbisfruchtfleisch, gewürfelt
100 g natives Olivenöl extra
3 Schalotten
2 EL flüssiger Akazienhonig
1 EL Balsamessig
120 g Ricotta salata
1 Zweig Oregano

Zubereitungszeit
30 Minuten plus Backzeit

Die Brötchen quer halbieren und im Ofen rösten.

Die Kürbiswürfel in kochendem Salzwasser bissfest garen. Anschließend mit einem Stabmixer pürieren, dabei das Öl einfließen lassen.

Die Schalotten schälen und längs halbieren. In der heißen Pfanne mit dem Honig und dem Essig anbraten, bis sie weich und karamellisiert sind. Gegebenenfalls etwas Wasser zugeben.

Die Brötchen-Crostini mit dem Kürbispüree bestreichen, die Schalotten darauflegen und dann mit dem geriebenen oder gehobelten Ricotta salata bestreuen. Mit etwas Oregano und dem Schalottensirup aus der Pfanne anrichten und servieren.

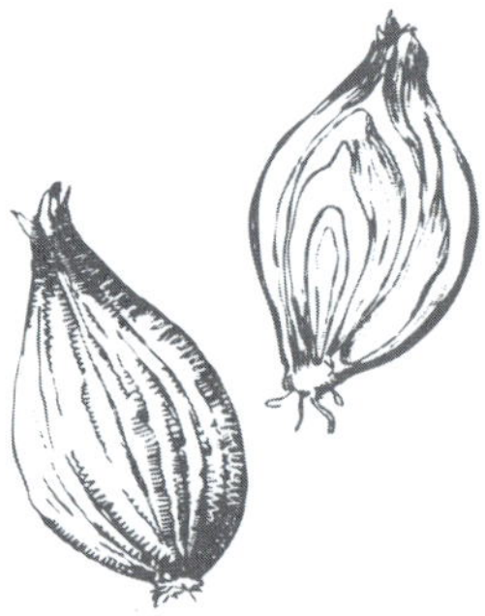

Die in der französischen Küche allgegenwärtigen Schalotten (*échalottes*) erfreuen sich auch in Italien immer größerer Beliebtheit. Kombiniert mit Kürbis und Ricotta salata machen sie diese Crostini zu einem unwiderstehlichen Snack.

Kartoffel-Focaccine

FÜR 20 STÜCK

Zutaten

Für den Teig
150 g mehligkochende Kartoffeln
250 g Manitoba-Mehl (backstarkes Weizenmehl)
250 g lauwarmes Wasser
10 g frische Hefe (oder 3 g Trockenhefe)
½ TL Zucker
250 g Hartweizengrieß
30 g natives Olivenöl extra
10 g Salz

Für die Emulsion
2 EL Wasser
2 EL natives Olivenöl extra

Zubereitungszeit
40 MINUTEN PLUS AUFGEH- UND BACKZEIT

Die Kartoffeln mit kaltem Wasser bedeckt in einem Topf zum Kochen bringen und garen. Anschließend abkühlen lassen, dann pellen und durch die Kartoffelpresse drücken. Das Püree beiseitestellen.

In einer Schüssel das Manitoba-Mehl mit der Hälfte des Wassers, der zerbröckelten Hefe und dem Zucker zu einer glatten Masse verrühren und 10 Minuten ruhen lassen.

Dann das Kartoffelpüree, den Hartweizengrieß und das restliche Wasser untermischen. Zum Schluss Öl und Salz hinzufügen und mit einem Schneebesen 5 Minuten kräftig verrühren. Aus dem Teig eine Kugel formen und mit Frischhaltefolie abgedeckt in einer leicht gefetteten Schüssel etwa 2 Stunden gehen lassen.

Den Teig anschließend auf einer bemehlten Arbeitsfläche mit den Fingern zu einem etwa 1 cm dicken Rechteck ausbreiten. Das Wasser und das Olivenöl zu einer Emulsion verrühren und den Teig damit einpinseln.

Mit einem scharfkantigen Teigrädchen aus dem Teig kleine Quadrate ausschneiden und mit etwas Abstand auf einem mit Backpapier ausgelegten Backblech verteilen. Nochmals 30 Minuten gehen lassen, dann mit etwas Salz bestreuen und im auf 200 °C (Umluft 180 °C) vorgeheizten Backofen auf mittlerer Schiene in etwa 15 Minuten goldbraun backen. Danach aus dem Ofen nehmen und sofort servieren.

Kartoffelplätzchen mit Kichererbsencreme und Pulpo

FÜR 8 PERSONEN

Zutaten

Für den Pulpo
1 Pulpo
Salz
etwas glatte Petersilie
natives Olivenöl extra

Für die Creme
500 g vorgegarte Kichererbsen
4 EL natives Olivenöl extra
abgeriebene Schale von ½ unbehandelten Zitrone
½ TL Paprikapulver
Salz
frisch gemahlener Pfeffer

Für die Kartoffelplätzchen
1 kg Kartoffeln
Salz
120 g frisch geriebener Pecorino
1 Bund glatte Petersilie, gehackt, plus einige Blätter für die Garnitur
frisch gemahlener Pfeffer
helles Weizenmehl
2 Eier, verquirlt
Semmelbrösel
natives Olivenöl extra

Zubereitungszeit
50 MINUTEN PLUS BACKZEIT

Den Pulpo putzen und in kochendem Salzwasser in etwa 30 Minuten weich kochen. Danach im Kochwasser abkühlen lassen.

In der Zwischenzeit für die Kichererbsencreme alle Zutaten pürieren, wenn nötig, mit etwas Wasser.

Für die Kartoffelplätzchen die Kartoffeln mit kaltem Salzwasser bedeckt in einem Topf bei mittlerer Temperatur garen, dann abgießen und noch lauwarm pellen. Durch die Kartoffelpresse drücken und mit dem geriebenen Pecorino, der gehackten Petersilie sowie Salz und Pfeffer verrühren.

Aus der Masse kleine Kugeln formen und diese zu etwa 15 mm dicken Plätzchen flach drücken. Zuerst im Mehl wenden, dann in den verquirlten Eiern und zuletzt in den Semmelbröseln.

1 EL Öl in einer Pfanne erhitzen und die Plätzchen darin portionsweise von beiden Seiten goldbraun braten. Dann auf einem mit Küchenpapier ausgelegten Teller beiseitestellen.

Den Pulpo abtropfen lassen, in Stücke schneiden und in einer heißen, leicht geölten Pfanne kurz anbraten.

Jedes Kartoffelplätzchen mit Kichererbsencreme und Pulpostücken belegen und mit einigen Petersilienblättern garniert servieren.

Dinkelpfannkuchen mit Quittensauce

Für 25 kleine Pfannkuchen

Zutaten

Für die Sauce
500 g Quitten
3 Zwiebeln
100 ml Apfelessig
100 g Wasser
80 g Rohrzucker
3 EL flüssiger Honig
½ TL gemahlene Gewürznelken
1 TL Salz

Für die Pfannkuchen
300 g Vollmilch
50 g Butter, zerlassen
2 Eier
1 EL Apfelessig
250 g Dinkelmehl Type 630
16 g Backpulver
2 g Natron (Backsoda)
1 TL Salz
1 Prise Zucker
natives Olivenöl extra

Außerdem
250 g Fontina-Käse (oder Toma aus Kuhmilch), gewürfelt

Zubereitungszeit
40 Minuten plus Backzeit

Für die Sauce die Quitten schälen, vom Kerngehäuse befreien und zusammen mit den geschälten Zwiebeln würfeln. Alles in einem Topf mit den anderen Zutaten mischen und bei niedriger Temperatur unter gelegentlichem Rühren etwa 1 Stunde kochen, bis die Flüssigkeit verkocht ist und das Kompott die Konsistenz einer Konfitüre hat.

Die Sauce in sterilisierte Einmachgläser füllen und luftdicht verschließen, so lässt sich eventuell hier nicht verwendete Sauce gut aufbewahren.

Für die Pfannkuchen Milch, Butter, Eier und Apfelessig (alles zimmerwarm) in einer Schüssel verquirlen. In einer zweiten Schüssel die trockenen Zutaten vermengen. Anschließend die flüssigen mit den trockenen Zutaten gut vermischen und zu einem cremigen Teig verrühren. Diesen abgedeckt etwa 10 Minuten ruhen lassen.

Eine kleine Pfanne leicht mit Öl einfetten und erhitzen. Jeweils eine kleine Kelle Teig hineingeben und bei niedriger Temperatur von jeder Seite einige Minuten goldgelb backen.

Sofort mit der Quittensauce und dem in Würfel geschnittenen Käse servieren.

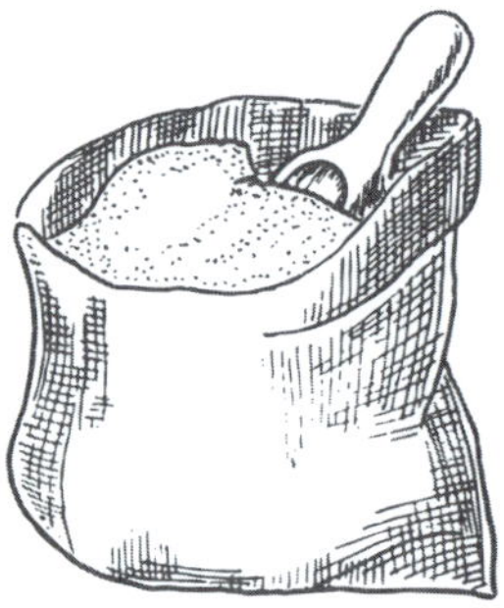

Dinkelbrötchen mit Beten-Apfel-Zwiebel-Sauce

FÜR 20 BRÖTCHEN

Zutaten

Für die Sauce
200 g Äpfel
200 g vorgegarte Rote Bete
150 g rote Zwiebeln
220 g Rohrzucker
190 ml Apfelessig
½ TL gemahlener Sternanis
½ TL gemahlene Gewürznelken
1 TL Salz

Für die Dinkelbrötchen
300 g Dinkelvollkornmehl
200 g Weizenmehl »Tipo 0« (ersatzweise Type 550)
12 g frische Hefe (oder 4 g Trockenhefe)
300 g lauwarmes Wasser
2 EL Gerstenmalz
30 g natives Olivenöl extra
½ TL Salz
150 g Walnusskerne, gehackt

Außerdem
250 g Prosciutto crudo – San Daniele oder Parmaschinken

Zubereitungszeit
40 MINUTEN PLUS AUFGEH- UND BACKZEIT

Für die Sauce die Äpfel schälen, vom Kerngehäuse befreien und zusammen mit der Roten Bete und den geschälten Zwiebeln würfeln. Mit allen anderen Zutaten in einem Topf mischen und bei niedriger Temperatur unter gelegentlichem Rühren etwa 1 Stunde kochen, bis die Flüssigkeit verkocht ist und das Kompott die Konsistenz einer Konfitüre hat. In sterilisierte Einmachgläser füllen und sofort verschließen.

Für die Dinkelbrötchen das Mehl in einer Schüssel mischen. Die Hefe in ½ Glas lauwarmem Wasser auflösen und ein paar Minuten ruhen lassen. Dann zusammen mit dem übrigen Wasser und dem Gerstenmalz zum Mehl geben. Die Zutaten etwa 6 Minuten kräftig zu einem weichen und elastischen Teig verkneten. Öl und Salz zugeben und nochmals etwa 4 Minuten kneten. Aus dem Teig eine Kugel formen und abgedeckt in einer leicht gefetteten Schüssel 2 Stunden aufgehen lassen.

Den Teig auf eine Arbeitsfläche legen, die gehackten Walnusskerne dazugeben und alles nochmals kräftig durchkneten. Den Teig wiegen und in 20 gleich große Stücke teilen. Diese kurz durchkneten, zu Kugeln formen, auf ein mit Backpapier ausgelegtes Backblech legen und nochmals 1 Stunde gehen lassen.

Während der Aufgehzeit den Backofen auf 200 °C (Umluft 180 °C) vorheizen und die Brötchen im heißen Backofen auf mittlerer Schiene in etwa 20 Minuten goldbraun backen.

Die frischen Brötchen mit der Sauce und hauchdünnen Schinkenscheiben servieren.

Käse-Nuss-Ecken

Für 12 kleine Schnitten

Zutaten

350 g Dinkelmehl Type 630
100 g Roggenmehl Type 1150
½ TL Salz
1 ½ TL Backpulver
35 g heller Rohrzucker
125 g kalte Butter
1 Ei
200 ml Vollmilch
100 g Blauschimmelkäse, in Stücke geschnitten
100 g Walnusskerne, grob gehackt
100 g getrocknete Feigen (oder Aprikosen), gewürfelt

Zubereitungszeit
30 Minuten plus Backzeit

Den Backofen auf 200 °C (Umluft 180 °C) vorheizen. Das Mehl mit Salz, Backpulver und Zucker mischen. Die kalte Butter würfeln und mit dem Mehl grob zu einem Teig verkneten.

Das Ei mit der Milch verquirlen und mit der Mehlmischung verrühren. Dann die Käsestücke, die gehackten Walnusskerne und die Feigenwürfel zugeben und alles zu einem gleichmäßigen Teig verarbeiten.

Den Teig zu einem etwa 2,5 cm dicken Rechteck ausrollen und mit einem scharfen Messer in 12 Dreiecke schneiden.

Die Dreiecke auf ein mit Backpapier ausgelegtes Backblech legen und auf mittlerer Schiene etwa 15 Minuten backen, bis sie goldbraun sind.

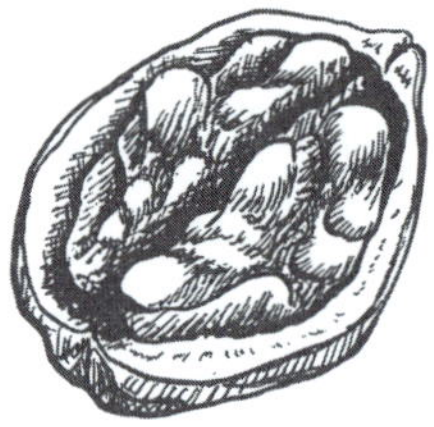

Makrelen-Artischocken-Polpette

Für 20 Bällchen

Zutaten

150 g mehligkochende Kartoffeln
6 Artischocken
Saft von 1 Zitrone
2 EL natives Olivenöl extra
1 Knoblauchzehe
1 Ei
200 g in Öl eingelegte Makrelenfilets
80 g glutenfreie Semmelbrösel
½ TL gemahlener Kreuzkümmel
Salz
frisch gemahlener Pfeffer
1 l Öl zum Frittieren

Zubereitungszeit
40 Minuten plus Frittierzeit

Die Kartoffeln in einem Topf mit kaltem Wasser bedecken, zum Kochen bringen und weich garen. Anschließend lauwarm abkühlen lassen und pellen.

In der Zwischenzeit die Artischocken putzen und bis zur weiteren Verwendung in ein Gemisch aus dem Zitronensaft und kaltem Wasser legen, damit sie sich nicht verfärben.

Die Artischocken vierteln und in einer Pfanne mit dem geschälten Knoblauch anbraten. Mit warmem Wasser bedecken und bei aufgesetzem Deckel weich garen.

Anschließend die Artischocken mit den Kartoffeln und dem Ei pürieren. Dann die Makrelen ohne das Öl dazugeben und alles gut verrühren.

Die Semmelbrösel und den Kreuzkümmel unterrühren und mit Salz und Pfeffer abschmecken. Wenn die Konsistenz der Masse zu weich ist, noch etwas Semmelbrösel zugeben.

Aus der Masse mit den Händen Kugeln formen und in reichlich heißem Öl goldbraun frittieren. Dann herausnehmen und zum Abtropfen auf Küchenpapier legen. Anschließend sofort servieren.

Rustici mit Tomate und Mozzarella

Für 6 Personen

Zutaten

500 g Blätterteig (Rezept auf Seite 18; Zutatenmenge x 0,75)
20 g Butter
20 g Weizenmehl »Tipo 0« (ersatzweise Type 550)
200 ml lauwarme Vollmilch plus 1 EL zusätzlich
Salz
frisch gemahlener Pfeffer
frisch geriebene Muskatnuss
100 g geschälte Tomaten (Dose)
natives Olivenöl extra
100 g Mozzarella, in Streifen geschnitten
1 Ei

Zubereitungszeit
40 Minuten plus Backzeit

1–2 Tage im Voraus den Blätterteig nach Anleitung auf Seite 18 zubereiten und in Frischhaltefolie eingepackt im Kühlschrank ruhen lassen.

In einem Topf für eine Béchamelsauce die Butter zerlassen und das Mehl darin unter Rühren mit einem Schneebesen einige Minuten anschwitzen. Die Milch sehr langsam unter ständigem Rühren angießen, bis die Béchamelsauce eindickt und die Rückseite eines Löffels überzieht. Mit Salz, Pfeffer und etwas frisch geriebener Muskatnuss abschmecken. Auf Zimmertemperatur abkühlen lassen.

Den Blätterteig auf einer leicht bemehlten Arbeitsfläche 3 mm dick ausrollen und zwölf jeweils 10 cm große runde Scheiben ausschneiden. Die geschälten Tomaten abtropfen lassen und mit den Händen zerkleinern. Dann mit 2 EL Öl, Salz und Pfeffer würzen. Den Mozzarella unter die abgekühlte Béchamelsauce rühren, den Mix auf die Hälfte der Blätterteigscheiben geben und die Tomaten darauf verteilen. Mit den anderen Teigscheiben abdecken und die Ränder mit den Fingern gut zusammendrücken. Die Oberfläche mit einer Gabel mehrfach einstechen. Zuletzt 1 EL Milch mit dem Ei verquirlen und die Oberfläche damit einstreichen.

Im auf 200 °C (Umluft 180 °C) vorgeheizten Backofen auf mittlerer Schiene in etwa 25 Minuten goldbraun backen. Danach 10 Minuten abkühlen lassen und servieren.

Die hier vorgestellten *rustici* aus Blätterteig, die ein wenig an Blätterteigpasteten erinnern, gehören in Apulien zu den beliebtesten Streetfood-Gerichten. Als *rustico* bezeichnet man in Apulien aber auch eine Focaccia aus Brotteig, die mit süßlichen Zwiebeln und gereiftem Ricotta gefüllt wird, dessen kräftiger Geschmack wunderbar die milde Süße der Zwiebeln unterstreicht.

Rührei-Tarteletten mit schwarzem Trüffel

Für 6 Personen

Zutaten

Für den Quicheteig
Rezept auf Seite 12

Für die Füllung
9 Eier
50 g flüssige Schlagsahne
Salz
frisch gemahlener Pfeffer
60 g Butter

Außerdem
Hülsenfrüchte zum Blindbacken (z. B. Kichererbsen)
schwarze Trüffel für die Garnitur

Zubereitungszeit
40 Minuten plus Ruhe- und Backzeit

Den Quicheteig nach Anleitung auf Seite 12 zubereiten und mit Frischhaltefolie abgedeckt einige Stunden im Kühlschrank ruhen lassen.

Den gut durchgekühlten Teig 3 mm dick ausrollen. Zwölf gebutterte, 5 cm große Tartelettеförmchen mit dem Teig auskleiden und für 20 Minuten in den Kühlschrank stellen.

Den Backofen auf 180 °C (Umluft 160 °C) vorheizen. Die Teigböden mit einer Gabel einstechen, mit Backpapier abdecken, Hülsenfrüchte daraufgeben und auf mittlerer Schiene 10 Minuten blindbacken. Dann Kichererbsen und Papier entfernen und etwa 5 Minuten weiterbacken, bis sie gut gebräunt sind. Anschließend abkühlen lassen.

Die Eier und die Sahne mit einer Gabel leicht verquirlen, dann salzen und pfeffern. In einer beschichteten Pfanne bei mittlerer Temperatur die Butter zerlassen, die Eimasse hineingießen und unter ständigem Rühren mit einem Holzlöffel in etwa 4 Minuten zu einem Rührei garen.

Die abgekühlten Tarteletten mit dem Rührei füllen, etwas Trüffel darüber hobeln und sofort servieren.

Haselnuss-Tarteletten mit Sardellen und Ricotta

Für 8 Personen

Zutaten

Für den Dinkel-Quicheteig
200 g Dinkelmehl Type 630
50 g gemahlene Haselnusskerne
125 g kalte Butter, gewürfelt
1 Ei (50 g)
5 g Salz
25 g Wasser

Für die Füllung
24 in Öl eingelegte Sardellenfilets
1 EL Kapern
1 Karotte
1 kleine Salatgurke, geschält
400 g Ricotta
abgeriebene Schale von 1 unbehandelten Bergamotte (oder ersatzweise von 1 Zitrone)

Außerdem
Hülsenfrüchte zum Blindbacken (z. B. Linsen)

Zubereitungszeit
50 Minuten plus Ruhe- und Backzeit

Für den Teig in einer Schüssel das Dinkelmehl mit den gemahlenen Haselnusskernen und der gewürfelten Butter grob zu einem Teig verkneten. Das Ei zugeben und unterkneten. Das Salz im kalten Wasser auflösen und das Salzwasser ebenfalls in den Teig einkneten. Er sollte fest sein und nicht kleben. Falls nötig, noch etwas Wasser zugeben. Dann leicht flach drücken und in Frischhaltefolie eingewickelt im Kühlschrank mindestens 2 Stunden ruhen lassen. (Alternativ kann auch die klassische Teigvariante von Seite 12 zubereitet werden.)

Acht Tarteletteförmchen einfetten und mit Mehl bestäuben. Den Backofen auf 170 °C (Umluft 150 °C) vorheizen.

Den Teig 3 mm dick ausrollen, acht runde Plätzchen mit 10 cm Durchmesser ausstechen und die Förmchen damit auskleiden. Die Böden mit einer Gabel mehrfach einstechen.

Die Tarteletteböden mit angefeuchtetem Backpapier abdecken und mit Hülsenfrüchte bedeckt blindbacken, damit sie sich nicht verformen. Nach 15 Minuten Linsen und Backpapier entfernen und in weiteren 5 Minuten goldbraun backen.

In der Zwischenzeit für den Belag die Kapern halbieren und die Sardellen aufrollen. Die Gurke und die Karotte nach Belieben in Juliennestreifen oder in Würfel schneiden. Den Ricotta in einen Spritzbeutel füllen.

Die fertig gebackenen Böden mit Ricotta füllen, mit den vorbereiteten Zutaten garnieren und sofort servieren.

Feigen-Vollkorn-Brot

Für eine Kastenform mit 24 cm Länge (8 Personen)

Zutaten

125 ml entrahmte Milch (Magermilch)
125 g entrahmter Naturjoghurt (Magermilchjoghurt)
80 g getrocknete Feigen
3 Eier
70 ml Traubenkernöl
200 g Weizenvollkornmehl
100 g Roggenmehl Type 1150
16 g Backpulver
5 g Salz

Zubereitungszeit
20 Minuten plus Ruhe- und Backzeit

Den Backofen auf 180 °C (Umluft 160 °C) vorheizen. Die Kastenform einfetten und mit Mehl bestäuben.

Die Milch mit dem Joghurt verrühren und 20 Minuten ruhen lassen. In der Zwischenzeit die getrockneten Feigen in kleine Stücke schneiden und beiseitestellen.

In einer großen Schüssel behutsam die Eier einzeln abwechslend mit dem Öl mit dem Milch-Joghurt-Mix verrühren.

Das Mehl darübersieben, dann zusammen mit den Feigenstücken und dem Salz unterrühren. Zuletzt das Backpulver zugeben. Den Teig sofort in die Form geben und auf mittlerer Schiene 50 Minuten backen.

Den Kuchen vor dem Stürzen abkühlen lassen und anschließend begleitet von Pecorino und hauchdünn geschnittenem San-Daniele-Schinken servieren.

Das Trocknen von Feigen hat in den mittleren und vor allem südlichen Regionen Italiens eine lange Tradition. Getrocknet werden Feigen, wenn sie das Stadium der Reifung abgeschlossen haben. Der Vorgang des Trocknens kann auf natürliche Weise erfolgen – in diesem Fall werden Sorten mit hellgrüner Schale bevorzugt – oder auf künstliche Weise in einem warmen Luftstrom. Bei der traditionellen Methode werden die frisch geernteten Früchte auf speziellen Trockengittern ausgebreitet der Sonne ausgesetzt und über Nacht vor Feuchtigkeit und Kühle geschützt. Nach dem Trocknen werden sie im Ofen erhitzt und dann zur Lagerung weiterverarbeitet.

Bunter Gemüsekuchen mit Wolfsbarsch

Für eine Springform mit 24–26 cm Durchmesser (8 Personen)

Zutaten

Für den Quicheteig
Rezept auf Seite 12

Für den Belag
200 g Lauch
250 g Knollensellerie
150 g Topinambur
1 Zwiebel
50 ml neutrales Pflanzenöl plus mehr zum Beträufeln
1 EL Honig
1 TL Flüssigsalz
1 Prise frisch gemahlener Pfeffer
1 küchenfertiger Wolfsbarsch
150 g griechischer Joghurt
50 g flüssige Schlagsahne
50 g Weizenmehl »Tipo 0« (ersatzweise Type 550)
Blätter von 1 Zweig Oregano

Zubereitungszeit
50 Minuten plus Ruhe- und Backzeit

Den Quicheteig nach Anleitung auf Seite 12 zubereiten.

Eine Springform einfetten und mit Mehl bestäuben. Den kalten Teig 4 mm dick ausrollen und die Form damit auskleiden. Den Boden mehrfach mit einer Gabel einstechen und die Form in den Kühlschrank stellen.

Für den Belag den Lauch in Ringe, die Knollensellerie und den Topinambur in 2 cm große Würfel schneiden. Die Zwiebel abziehen und klein schneiden. Dann alles in einer Auflaufform verteilen. Das Öl mit dem Honig, dem Salz und dem Pfeffer verrühren und über das Gemüse gießen. Mit Alufolie abdecken und im auf 200 °C (Umluft 180 °C) vorgeheizten Backofen auf mittlerer Schiene 30 Minuten garen, davon die letzten 5 Minuten ohne Abdeckung.

Den Fisch 20–30 Minuten im Ofen garen. Aus dem Ofen nehmen und die Backofentemperatur um 20 °C reduzieren.

Den Joghurt mit der Sahne verrühren, dann das Mehl darübersieben. Den Fisch putzen, entgräten und zerkleinern. Zufügen und alles gut vermengen. Die Masse auf den kalten Kuchenboden geben, das ofengebackene Gemüse darüber verteilen und alles leicht mit Öl beträufeln. Den Gemüsekuchen auf mittlerer Schiene 25–30 Minuten backen. Danach lauwarm abkühlen lassen und mit Oreganoblättern garniert sofort servieren.

Der Gemüsekuchen hält sich im Kühlschrank 4 Tage, im Gefrierschrank 2 Monate.

Winter

Kandierte Zitrusfrüchte

Zutaten

unbehandelte Zitrusfrüchte
(z. B. Orangen, Zitronen, Bergamotten, Pampelmusen)
600 g Zucker
400 g Wasser plus mehr zum Einweichen über Nacht und zum Kochen

Zubereitungszeit
30 Minuten plus Ruhe- und Kochzeit

Am Vortag die Früchte gut waschen und trocknen. Die Enden der Früchte abschneiden und die Schale abziehen. Benötigt werden 300 g Schale, in etwa 5 mm breite Streifen geschnitten. Die Streifen in eine Schüssel legen, mit kaltem Wasser bedecken und über Nacht ruhen lassen.

Am nächsten Tag in einem Topf reichlich Wasser aufkochen und die abgegossenen Zitrusstreifen darin etwa 1 Minute blanchieren. Dann mit einem Schaumlöffel herausnehmen und in kaltem Wasser abschrecken. Diesen Vorgang dreimal wiederholen. Auf diese Weise werden den Schalen die Bitterstoffe entzogen. Vor der weiteren Verarbeitung gut abtropfen lassen.

In einem Topf 300 g Zucker und 200 g Wasser erhitzen, die Schalen hineingeben und die Flüssigkeit unter gelegentlichem Rühren zu einem zähen Sirup einkochen. Dann den Topf vom Herd nehmen, etwa 30 Minuten ziehen lassen und die Schalen herausnehmen. Den Sirup weggießen.

Im selben Topf erneut 300 g Zucker und 200 g Wasser erhitzen. Wenn sich der Zucker aufgelöst hat, die Schalen zugeben und die Flüssigkeit erneut unter gelegentlichem Rühren zu einem Sirup einkochen. Dann den Topf vom Herd nehmen und den Inhalt in sterilisierte Einmachgläser füllen.

Kühl aufbewahrt halten sich die kandierten Schalen bis zu 12 Monate.

Babà – Hefeküchlein mit Rum

Für 30 Babà

Zutaten

Für die Babà
150 g Manitoba-Mehl (backstarkes Weizenmehl)
20 g frische Hefe
65 g lauwarme Vollmilch (maximal 26 °C)
350 g Weizenmehl »Tipo 0« (ersatzweise Type 550)
60 g flüssiger Honig
250 g ganze Eier (etwa 5 Eier)
250 g Eigelb (etwa 10 Eier)
200 g zimmerwarme Butter
10 g Salz

Für den Sirup
500 g Wasser
350 g Zucker
125 g weißer Rum
abgeriebene Schale von je 1 unbehandelten Zitrone und 1 unbehandelten Orange
Mark von ½ Vanilleschote

Für die Garnierung
Tortenguss, zubereitet
500 g flüssige Schlagsahne
100 g Puderzucker

Zubereitungszeit
1 Stunde plus Ruhe- und Backzeit

Mit der Zubereitung 2 Tage im Voraus beginnen. Für die Babà das Manitoba-Mehl in die Rührschüssel der Küchenmaschine geben. Die Hefe in der lauwarmen Milch auflösen. Diese Mischung zum Mehl geben und alles zu einem gleichmäßigen, weichen Teig verarbeiten. Die Schüssel mit einem Geschirrtuch abdecken und den Teig 1 Stunde aufgehen lassen.

Anschließend das Weizenmehl, den Honig und die Hälfte der Eier zum Teig dazufügen und alles mit dem Knethaken bei niedriger Geschwindigkeit vermengen. Danach zuerst die übrigen ganzen Eier, dann die Eigelbe jeweils einzeln nacheinander dazugeben. Wenn ein gleichmäßiger Teig entstanden ist, bei niedriger Geschwindigkeit nach und nach erst die Butter und dann das Salz unterrühren. Den Teig in eine Schüssel umfüllen und gut abgedeckt im unteren Teil des Kühlschranks über Nacht ruhen lassen.

Am nächsten Tag die klassischen Babà-Förmchen (ersatzweise Muffinbleche verwenden) einfetten, auf ein Backblech stellen und zur Hälfte mit dem Teig füllen. (Hilfreich ist hierbei ein Spritzbeutel.) Bei Zimmertemperatur aufgehen lassen, bis der Teig den Rand der Formen erreicht. Dann im auf 200 °C (Umluft 180 °C) vorgeheizten Backofen auf mittlerer Schiene 30–40 Minuten backen (je nach Größe der Babàs). Fertiggebacken sind sie, wenn sie goldgelb und trocken sind. Danach lauwarm abkühlen lassen, aus der Form nehmen und eine Nacht ruhen lassen. Vor der weiteren Verarbeitung halten sie sich in einer Frischhaltedose aufbewahrt 1 Woche.

Am darauffolgenden Tag die Zutaten für den Sirup in einem Topf mischen und bei mittlerer Temperatur aufkochen. Den Topf vom Herd nehmen und die Mischung abkühlen lassen. Wenn die Temperatur auf etwa 50 °C gesunken ist, die Babàs in den Sirup geben und 10 Minuten darin ziehen lassen – am besten mit einem Teller beschweren. Anschließend herausnehmen und behutsam die überschüssige Flüssigkeit ausdrücken.

Für den Glanz die Babà mit etwas Tortenguss bepinseln, dann der Länge nach halbieren. Mit der mit Zucker aufgeschlagenen Sahne füllen und sofort servieren.

Ingwerkekse

Für 30 Kekse

Zutaten

Für den Teig
60 g Wasser
210 g Rohrohrzucker
60 g Melasse
60 g flüssiger Honig
2 EL gemahlener Ingwer
2 EL gemahlener Zimt
1 TL gemahlene Gewürznelken
1 Prise Salz
250 g kalte Butter, gewürfelt
1 TL Natron (Backsoda)
560 g Weizenmehl »Tipo 0« (ersatzweise Type 550)

Für die Glasur
30 g Eiweiß
2–3 Tropfen Zitronensaft
170 g Puderzucker

Zubereitungszeit
40 Minuten plus Ruhe- und Backzeit

Für den Teig in einem Topf das Wasser, den Zucker, die Melasse, den Honig, die Gewürze und das Salz bei mittlerer Temperatur zum Kochen bringen. Den Topf von der Kochstelle nehmen und die gewürfelte Butter nach und nach unterrühren, bis sie schmilzt. Dann mit einem Schneebesen das Natron gut einquirlen und alles erkalten lassen.

Die Mischung in eine Schüssel umfüllen, das Mehl dazusieben und alles zu einem glatten Teig verkneten. Abdecken und mindestens 2 Stunden kalt stellen.

Den Teig nach dem Erkalten auf der Arbeitsfläche zwischen zwei leicht bemehlten Lagen Backpapier 5 mm dick ausrollen. Beliebige Formen ausstechen, diese auf ein mit Silikonbackfolie ausgelegtes Backblech legen und nochmals für 30 Minuten in den Kühlschrank geben. So behalten die Kekse ihre Form.

Die Kekse im auf 200 °C (Umluft 180 °C) vorgeheizten Backofen auf mittlerer Schiene 8–10 Minuten backen und anschließend vollständig abkühlen lassen.

Für die Glasur das Eiweiß mit dem Zitronensaft kurz aufschlagen, dann nach und nach den Puderzucker darübersieben und alles zu einer gleichmäßigen Masse verrühren. Diese in einen kleinen Gefrierbeutel geben, an einer Ecke ein 1 mm großes Loch schneiden und die Kekse nach Belieben mit der Glasur verzieren. Die Glasur vor dem Servieren fest werden lassen.

Orangen-Mokka-Kekse mit Pinienkernen

Für 35 Kekse

Zutaten

200 g zimmerwarme Butter
90 g Rohrohrzucker
Mark von ½ Vanilleschote
1 Prise Salz
abgeriebene Schale von 1 unbehandelten Orange
1 EL Instant-Kaffeepulver
½ TL gemahlener Kardamom
180 g Weizenmehl »Tipo 0« (ersatzweise Type 550)
100 g Buchweizenmehl
60 g Pinienkerne (optional)

Zubereitungszeit
30 Minuten plus Ruhe- und Backzeit

Die Butter mit dem Zucker, dem Vanillemark und dem Salz mit einem Schneebesen oder in der Küchenmaschine zu einer hellen, schaumigen Masse verquirlen. Den Orangenabrieb, das Kaffeepulver und den Kardamom zufügen. Das Mehl darübersieben und gerade lange genug verrühren, dass sich die Zutaten verbinden. Zum Schluss die Pinienkerne unterrühren.

Aus dem Teig Kugeln formen, auf einem mit Backpapier ausgelegten Backblech verteilen und mit einer Gabel flach drücken. (Alternativ mit einem Eisportionierer 2 cm große Halbkugeln formen.) Nach Belieben einen Pinienkern in die Mitte drücken. Im Kühlschrank 1 Stunde kalt stellen.

Die Kekse im auf 180 °C (Umluft 160 °C) vorgeheizten Backofen auf mittlerer Schiene in etwa 15 Minuten goldgelb backen.

Die Kekse vollständig abkühlen lassen. In einer Frischhaltedose aufbewahrt halten sie sich etwa 2 Wochen.

Für das fein süßlich-scharfe Aroma des Kardamom (*Elettaria cardamomum*), ein Gewürz aus der Familie der Ingwergewächse, sorgen die kleinen bräunlichen Samen, die in einzelnen Fruchtfächern im Inneren der weißlich-grünen Kapselfrüchte sitzen. In Italien war Kardamom bis vor Kurzem kaum bekannt, wird mittlerweile aber vor allem bei Backwaren immer öfter verwendet. Das ursprünglich aus Asien stammende Gewürz wird inzwischen auch in anderen Ländern angebaut wie zum Beispiel in Guatemala, wo der Kardamom von Ixcán durch von Slow Food durch ein Presidio-Projekt unterstützt wird.

Gefüllte Schokokekse

Für 25 Kekse

Zutaten

Für den Teig
190 g zimmerwarme Butter
130 g heller Rohrzucker
1 Prise Salz
220 g Weizenmehl »Tipo 0« (ersatzweise Type 550)
75 g Kakaopulver
2 g Natron (Backsoda)
½ TL gemahlener Kardamom

Für die Füllung
125 g Bitterschokolade (70 % Kakaogehalt)
90 g Wasser
Mark von 1 Vanilleschote
abgeriebene Schale von 1 unbehandelten Orange
50 g flüssiger Akazienhonig
50 g heller Rohrzucker
50 g zimmerwarme Butter
1 Prise Salz

Zubereitungszeit
30 Minuten plus Ruhe- und Backzeit

Für den Teig die Butter zerkleinern und mit dem Zucker und dem Salz in die Rührschüssel der Küchenmaschine geben. Mit dem Flachrührer oder dem Rührbesen bei mittlerer Geschwindigkeit zu einer schaumigen Masse aufschlagen. Das Mehl mit dem Kakao und dem Natron mischen und zum Butter-Zucker-Mix sieben. Zuletzt den Kardamom zufügen und gerade so lang verarbeiten, dass ein gleichmäßiger Teig entsteht. Diesen mit Frischhaltefolie abdecken und etwa 30 Minuten im Kühlschrank ruhen lassen.

Den fest gewordenen Teig rasch durchkneten und zu einer etwa 5 cm dicken Rolle formen. Diese in Frischhaltefolie einwickeln und erneut mindestens 1 Stunde kalt stellen.

Anschließend mit einem scharfen Messer aus der Rolle 3 mm dicke Scheiben schneiden. Gegebenenfalls den Teig zuvor 5 Minuten bei Zimmertemperatur ruhen lassen, sodass er weicher wird.

Den Backofen auf 180 °C (Umluft 160 °C) vorheizen. Die Kekse auf einem mit Backpapier ausgelegten Backblech verteilen und auf mittlerer Schiene 12–15 Minuten backen. Danach vollständig abkühlen lassen.

In der Zwischenzeit für die Füllung die Schokolade grob hacken und in eine Schüssel geben. In einem Topf das Wasser mit dem Vanillemark und dem Orangenabrieb zum Kochen bringen und anschließend ziehen lassen. In einem zweiten Topf mit schwerem Boden bei niedriger Temperatur den Honig mit dem Zucker erwärmen, bis sich der Zucker aufgelöst hat. Dann die Temperatur erhöhen und 5 Minuten köcheln lassen. Mit dem abgeseihten, warmen Orange-Vanille-Wasser ablöschen und zu einer gleichmäßigen Masse verrühren.

Den Mix in drei Portionen über die Schokolade gießen und verrühren, dann nach und nach die Butter und das Salz zugeben. Nun mit zwei Teelöffeln oder einem Spritzbeutel wenig Füllung auf die Hälfte der Kekse verteilen und die andere Hälfte dar Kekse mit leichtem Druck darauf legen. Vor dem Servieren etwas ruhen lassen. In einer Frischhaltedose halten sich die gefüllten Kekse bis zu 5 Tagen.

Bonet

Für eine Kastenform mit 24 cm Länge (8 Personen)

Zutaten

250 g Zucker
600 g Vollmilch
150 g flüssige Schlagsahne
340 g Eier (etwa 6 Stück)
120 g Amaretti (kleine Mandelmakronen), zerkleinert
70 g Kakaopulver
10 g Instant-Kaffeepulver
3 EL Brandy
Mark von ½ Vanilleschote

Zubereitungszeit
40 Minuten plus Backzeit

Einen Topf mit schwerem Boden stark erhitzen, dann bei reduzierter Temperatur nach und nach 100 g Zucker hineingeben und auflösen. Sollte er am Rand zu dunkel werden, mit einem Holzlöffel vorsichtig umrühren. Wenn der Zucker kristallisiert ist, weiterrühren, bis sich ein glattes und goldgelbes Karamell bildet. (Achtung: Nicht zu lange köcheln lassen, sonst wird das Karamell bitter.) Das fertige Karamell in die Kastenform geben.

In einem Topf die Milch mit der Sahne erhitzen. In der Zwischenzeit mit einem Schneebesen die Eier mit dem restlichen Zucker verquirlen. Wenn die Milch-Sahne-Mischung anfängt zu kochen, die zerbröckelten Amaretti, den gesiebten Kakao, das Kaffeepulver, den Brandy und das Vanillemark zugeben und sorgfältig verrühren. Diese Masse zu den Eiern geben und gut unterrühren.

Den Backofen auf 150 °C (Umluft 130 °C) vorheizen. Die Masse in die Form auf das Karamell geben. Die Form in ein Backblech mit hohem Rand stellen und so viel kaltes Wasser in das Backblech füllen, dass die Form zur Hälfte im Wasser steht. Auf mittlerer Schiene etwa 1 Stunde backen.

Den Pudding abkühlen lassen und anschließend auf eine Servierplatte stürzen. Wenn nötig, die Seiten der Form mit einem Flambierbrenner erwärmen, damit er sich leichter löst. Nach Belieben mit ganzen Amaretti und geschlagener Sahne servieren.

Mandarinen-Gugelhupf

Für eine Kranzform mit 22–24 cm Durchmesser (8 Personen)

Zutaten

Für den Teig
200 g Vollmilchjoghurt
80 g flüssige Schlagsahne
150 ml Traubenkernöl
60 g Mandarinensaft
4 Eier
abgeriebene Schale von 2 unbehandelten Mandarinen
Mark von ½ Vanilleschote
200 g Rohrohrzucker
250 g Weizenmehl »Tipo 0« (ersatzweise Type 550)
50 g gemahlene Mandelkerne
8 g Backpulver
1 TL gemahlener Ingwer
1 Prise Salz

Für die Glasur
150 g Puderzucker
2 EL Mandarinensaft
½ EL kochend heißes Wasser

Zubereitungszeit
40 Minuten plus Backzeit

Den Backofen auf 180 °C (Umluft 160 °C) vorheizen. Die Form einfetten und mit Mehl bestäuben. Für den Teig in einer Schüssel die flüssigen Zutaten zusammen mit dem Abrieb der Mandarinen sowie dem Vanillemark verquirlen. Den Zucker dazugeben und kräftig weiterrühren.

Das Mehl in eine zweite Schüssel sieben. Die gemahlenen Mandeln, das Backpulver, den Ingwer und das Salz dazufügen und unterrühren

Anschließend das Joghurt-Sahne-Gemisch mit einem Schneebesen behutsam unter die Mehlmischung heben. Den Teig in die Form geben, die Oberfläche glatt streichen und auf mittlerer Schiene etwa 1 Stunde backen, bis bei der Garprobe das Holzstäbchen sauber bleibt. Dann aus dem Ofen nehmen, in 20 Minuten lauwarm werden lassen, auf eine Platte stürzen und vollständig abkühlen lassen.

In der Zwischenzeit für die Glasur den Puderzucker nach und nach mit dem abgeseihten Mandarinensaft und dem kochend heißen Wasser zu einer glatten, klumpenfreien Masse anrühren. Die Glasur darf nicht zu dünnflüssig sein, da sie sonst nicht gut am Kuchen haftet. Nach der Fertigstellung die Glasur gleichmäßig über den Kuchen gießen und fest werden lassen. Der Kuchen hält sich bei Zimmertemperatur 2 Tage.

Safran-Gugelhupf

Für eine Kranzform mit 22–24 cm Durchmesser (8 Personen)

Zutaten

¼ TL Safranfäden
Mark von ½ Vanilleschote
1 EL Brandy
200 g naturbelassenes weißes Mandelmus
150 ml ungesüßter Mandeldrink
240 g Weizenmehl »Tipo 0« (ersatzweise Type 550)
2 TL Backpulver
1 Prise Salz
2 Eier
270 g Zucker

Zubereitungszeit
40 Minuten plus Ruhe- und Backzeit

Die Safranfäden und das Vanillemark in ein Glas geben, mit dem Brandy übergießen und mit Frischhaltefolie abgedeckt 1 Stunde ziehen lassen. Durch diesen Schritt kann der Safran sein volles Aroma entfalten.

Eine Kranzform einfetten und mit Mehl bestäuben. Den Backofen auf 180 °C (Umluft 160 °C) vorheizen.

Die flüssigen Zutaten (Mandelmus und -drink sowie den Safran-Vanille-Mix) in einem Topf unter Rühren lauwarm werden lassen und beiseitestellen.

Das Mehl mit dem Backpulver in eine Schüssel sieben und das Salz zufügen. In einer zweiten Schüssel die Eier mit dem Zucker zu einer hellen und schaumigen Masse aufschlagen. Die flüssigen Zutaten zugeben und vorsichtig unterrühren, dann das Mehl, das Backpulver und das Salz sorgfältig unterheben.

Den Teig in die Kuchenform füllen und auf mittlerer Schiene etwa 45 Minuten backen. Vor Ende der Backzeit die Stäbchenprobe machen.

Den fertigen Kuchen aus dem Ofen nehmen, 15 Minuten abkühlen lassen und auf eine Platte stürzen. Nach Belieben mit Puderzucker bestreut servieren.

Der nach der gleichnamigen Gemeinde benannte Safran von San Gavino Monreale im Süden Sardiniens ist eines der Presidio-Projekte von Slow Food. Jeder Herstellungsvorgang – vom Anbau (auf ausschließlich mit Mist oder Gründüngerpflanzen gedüngten Böden) über die Ernte bis zur Trocknung – erfolgt per Hand. Der Ertrag an getrocknetem Safran beträgt pro Hektar gerade einmal 9-10 Kilogramm. Die leuchtend orangeroten Safranfäden sind sehr aromatisch und geschmacksintensiv.

Rumkaramell-Gugelhupf

Für eine Kranzform mit 22–24 cm Durchmesser (8 Personen)

Zutaten

Für den Teig
200 g Butter, gewürfelt
125 ml Vollmilch
300 g Zucker
1 Prise Salz
65 g Kakaopulver
12 g Natron (Backsoda)
240 g Weizenmehl »Tipo 0« (ersatzweise Type 550)
2 mittelgroße Eier
150 g griechischer Joghurt
125 ml warmer Kaffee

Für das Karamell
130 g flüssige Schlagsahne
125 g Wasser
200 g Rohrzucker
1 ½ EL dunkler Rum

Zubereitungszeit
50 Minuten plus Ruhe- und Backzeit

Den Backofen auf 180 °C (Umluft 160 °C) vorheizen. Die Form einfetten und mit Mehl bestäuben. Für den Teig die Butter zerlassen und die Milch unterrühren, dann beiseitestellen.

In einer Schüssel Zucker und Salz verrühren, dann Kakao, Backnatron und Mehl untermengen. Die Eier, den Butter-Milch-Mix sowie Joghurt und Kaffee zugeben und alles zu einem glatten, gleichmäßigen Teig verquirlen.

Den Teig in die Form geben und auf mittlerer Schiene 45 Minuten backen. Vor Ende der Backzeit die Stäbchenprobe machen. Den fertig gebackenen Gugelhupf 15 Minuten in der Form abkühlen lassen und anschließend auf einem Kuchengitter vollständig erkalten lassen.

Für das Karamell die Sahne langsam erhitzen. Wasser und Zucker in einem Topf mit schwerem Boden behutsam verrühren. Zum Kochen bringen und bei mittlerer Temperatur ohne zu rühren köcheln lassen, bis sich die Flüssigkeit bernsteinfarben färbt. Dann von der Kochstelle nehmen und die Sahne sowie den Rum mit dem Schneebesen einquirlen. Auf Zimmertemperatur abkühlen lassen und über den erkalteten Kuchen gießen.

Zimt-Hefezopf

Für 8 Personen

Zutaten

Für den Teig
12 g frische Hefe
150 g lauwarme Vollmilch (26–28 °C)
25 g Rohrohrzucker
175 g Weizenmehl »Tipo 0« (ersatzweise Type 550)
40 g zimmerwarme Butter
50 g Manitoba-Mehl (backstarkes Weizenmehl)
abgeriebene Schale von 1 unbehandelten Orange
1 Prise Salz

Für die Füllung
50 g Butter, zerlassen
25 g Rohrohrzucker
3 TL gemahlener Zimt
Mark von ½ Vanilleschote
1 Prise Salz

Außerdem
2 EL flüssiger Honig
2 EL Wasser
Rohrzucker zum Bestreuen

Zubereitungszeit
40 Minuten plus Ruhe- und Backzeit

Am Vortag für den Teig die Hefe in die Rührschüssel der Küchenmaschine zerbröckeln. Die lauwarme Milch, den Zucker sowie das Weizenmehl zugeben und alles zu einer glatten Masse verarbeiten. Abgedeckt mit einem Tuch etwa 15 Minuten ruhen lassen.

Die Butter in Stücke schneiden und mit dem Manitoba-Mehl, dem Orangenabrieb und dem Salz in die Küchenmaschine geben und alles mindestens 5 Minuten vermengen, bis ein weicher und elastischer Teig entsteht. Wer den Teig mit den Händen bearbeitet, sollte über einen längeren Zeitraum kräftig kneten.

Den Teig zu einer Kugel formen und in eine leicht gebutterte Schüssel legen. Dicht mit Frischhaltefolie abdecken und im unteren Teil des Kühlschranks über Nacht ruhen lassen.

Am nächsten Morgen den Teig erneut durchkneten und 2 Stunden aufgehen lassen. Anschließend auf einer bemehlten Arbeitsfläche zu einem Rechteck ausrollen, dessen eine Seite doppelt so lang ist wie die andere (etwa 50 x 25 cm).

Für die Füllung alle Zutaten verrühren und gleichmäßig auf dem Teig verteilen. Von der längeren Seite aus aufrollen und der Länge nach halbieren, sodass zwei lange Stränge entstehen. Mit der Schnittstelle nach oben zeigend dicht nebeneinander legen und beide Stränge behutsam miteinander verflechten.

Auf ein mit Backpapier ausgelegtes Backblech legen und zu einem Kranz zusammenfügen. Mit einem bemehlten Tuch abdecken und nochmals 1 Stunde gehen lassen, am besten bei einer Temperatur von 26–28 °C (je nach Zimmertemperatur die Gehzeit verkürzen oder verlängern).

Den Backofen auf 200 °C (Umluft 180 °C) vorheizen. Den Honig mit dem Wasser verrühren und den Kranz damit bepinseln. Mit Rohrzucker bestreuen und auf mittlerer Schiene etwa 20 Minuten backen. Sollte er zu schnell bräunen, die Temperatur reduzieren oder den Kranz mit Alufolie abdecken. Danach aus dem Ofen nehmen und abkühlen lassen. In Frischhaltefolie eingepackt hält sich der Zimt-Hefezopf 2 Tage.

Crostata mit Orangen-Rosmarin-Schokolade

Für eine Kuchenform mit 22 cm Durchmesser (8 Personen)

Zutaten

Für den Mürbeteig
250 g Weizenmehl »Tipo 0« (ersatzweise Type 550)
150 g kalte Butter, gewürfelt
100 g Zucker
1 Prise Salz
1 Ei

Für die Creme
300 g Bitterschokolade (70 % Kakaogehalt)
400 g flüssige Schlagsahne
1 Zweig Rosmarin
abgezogene Zesten von 1 unbehandelten Orange
200 ml Vollmilch
2 Eier

Außerdem
Hülsenfrüchte zum Blindbacken (z. B. Kichererbsen)
Kakaopulver zum Bestäuben

Zubereitungszeit
50 Minuten plus Ruhe- und Backzeit

Für den Mürbeteig das Mehl und die gewürfelte Butter in der mit Flachrührer bestückten Küchenmaschine oder mit den Händen grob zu einem Teig verarbeiten. Den Zucker, das Salz und zuletzt das Ei dazugeben und gerade so lange vermengen, dass ein glatter Teig entsteht. (Soll der Teig besonders mürbe werden, können Sie ihn nach dem Basisrezept auf Seiter 16 zubereiten.) Den Teig in Frischhaltefolie eingepackt 3 Stunden im Kühlschrank ruhen lassen.

Anschließend den Teig zwischen zwei leicht bemehlten Lagen Backpapier 2–3 mm dick ausrollen. Die eingefettete und mit Mehl bestäubte Kuchenform damit auskleiden. Die Form in den Kühlschrank stellen und den Backofen auf 180 °C (Umluft 160 °C) vorheizen.

Den Mürbeteigboden mit Backpapier und Kichererbsen belegen und auf mittlerer Schiene etwa 15 Minuten blindbacken. Dann das Backpapier samt Kichererbsen wieder abnehmen und Mürbeteig nochmals 5–10 Minuten backen, bis er goldgelb gebräunt ist. Dann herausnehmen und die Temperatur auf 200 °C erhöhen.

Während der Kuchenboden backt, für die Creme die Schokolade in Stücke schneiden und beiseitestellen. Die Sahne mit dem Rosmarin und den Orangenzesten zum Kochen bringen. 5 Minuten ziehen lassen, dann in drei Portionen über die Schokolade abseihen. Mit einem Teigschaber gut umrühren, bis die Schokolade geschmolzen ist. Die Milch leicht mit den Eiern verquirlen, zur Schokomasse geben und alles gut verrühren.

Die Masse auf den Mürbeteigboden geben und im 200 °C heißen Ofen auf mittlerer Schiene etwa 30 Minuten backen, ohne die Tür zu öffnen, damit die Temperatur nicht absinkt.

Wenn die Creme gestockt, aber noch nicht völlig fest ist, die Crostata aus der Form nehmen und vollständig abkühlen lassen. Mit dem Kakao bestäuben und servieren. Der Kuchen hält sich im Kühlschrank 1 Tag.

Walnuss-Crostata

Für eine Springform mit 26 cm Durchmesser (12 Personen)

Zutaten

Für den Mürbeteig
200 g weiche Butter
120 g Zucker
1 TL Zitronensaft
1 Ei
280 g Weizenmehl »Tipo 0« (ersatzweise Type 550)
1 Prise Salz

Für die Creme
150 g flüssige Schlagsahne
120 g Zucker
30 g flüssiger Blütenhonig
125 g Walnusskerne
50 g Pinienkerne

Außerdem
1 Ei
1 EL Wasser

Zubereitungszeit
50 Minuten plus Backzeit

Für den Mürbeteig die Butter mit dem Zucker und dem Zitronensaft zu einer lockeren, aber nicht zu luftigen Masse aufschlagen. Unter Rühren das Ei zugeben, anschließend das Mehl und das Salz. Dabei rasch vorgehen, gerade lange genug, um das Mehl einzuarbeiten. Den Teig flach drücken und in Frischhaltefolie eingepackt im Kühlschrank mindestens 30 Minuten ruhen lassen.

Soll der Teig besonders mürbe werden, können Sie ihn nach dem Basisrezept auf Seite 16 zubereiten. In diesem Fall den Teig im Kühlschrank einige Stunden ruhen lassen.

Anschließend den Teig in zwei Stücke teilen, eines etwas größer als das andere. Beide 4 mm dick zu runden Teigplatten ausrollen. Die große sollte einen Durchmesser von 28 cm haben, die kleinere von 26 cm. Mit der ersteren die Springform so auskleiden, dass ein etwa 2 cm hoher Rand entsteht. Die Form etwa 1 Stunde in den Kühlschrank stellen.

In der Zwischenzeit den Backofen auf 180 °C (Umluft 160 °C) vorheizen und die Creme zubereiten. Dafür die Sahne bei niedriger Temperatur erhitzen. Den Zucker und den Honig in einem anderen Topf bei niedrigster Temperatur karamellisieren lassen. Wenn sich der Zucker aufgelöst hat und die Masse goldgelb ist, langsam unter ständigem Rühren die warme Sahne zugießen. Dann die Walnusskerne und die Pinienkerne zugeben und unter behutsamem Rühren leise köcheln lassen. Vom Herd nehmen und lauwarm abkühlen lassen.

Die Creme auf den gut gekühlten Kuchenboden geben, mit einem Löffel glatt streichen und mit der zweiten Teigplatte abdecken. Die Teigränder durch Andrücken gut verschließen. Sollte noch Mürbeteig übrig sein, können daraus beispielsweise Blätter geformt werden als Garnierung.

Das Ei mit dem Wasser leicht verquirlen und die Teigoberfläche damit einpinseln. Den Kuchen auf mittlerer Schiene in etwa 30 Minuten goldgelb backen. Danach abkühlen lassen und nach Belieben mit geschlagener Sahne oder Vanilleeis servieren.

Birnen-Walnuss-Fagottini

Für 6 Personen

Zutaten

Für den Mürbeteig
Rezept auf Seite 16

Für die Füllung
600 g Birnenfruchtfleisch
60 g Butter
Mark von ½ Vanilleschote
60 g Zucker
50 g Walnusskerne, gehackt

Außerdem
1 Eigelb
1 EL Milch (oder Wasser)

Zubereitungszeit
40 Minuten plus Ruhe- und Backzeit

Den Mürbeteig nach Anleitung auf Seite 16 zubereiten, allerdings nur mit der Hälfte der Zutaten. Den Teig in Frischhaltefolie eingepackt mindestens 2 Stunden im Kühlschrank ruhen lassen.

In der Zwischenzeit für die Füllung das Birnenfruchtfleisch in 1 cm großen Würfeln schneiden. Eine Pfanne erhitzen und die Butter mit dem Vanillemark darin zerlassen. Die Birnenwürfel in der Vanillebutter andünsten und dann den Zucker und die gehackten Walnusskerne unterrühren. Bei mittlerer Temperatur garen, bis die Birnen weich sind. Die Hälfte davon herausnehmen, pürieren und das Püree unter die übrigen Birnen in der Pfanne rühren.

Den Mürbeteig 3 mm dick ausrollen und runde Plätzchen in gewünschter Größe ausschneiden. Jeweils auf eine Hälfte jedes Teiglings etwas Birne geben und den Rand dabei frei lassen. Die Plätzchen zu Halbmonden zusammenklappen und die Ränder mit den Fingern zusammendrücken.

Den Backofen auf 180 °C (Umluft 160 °C) vorheizen. Die Fagottini auf einem mit Backpapier ausgelegten Backblech verteilen. Das Eigelb mit der Milch (oder dem Wasser) verquirlen und das Gebäck damit einpinseln. Die Fagottini auf mittlerer Schiene in etwa 40 Minuten gleichmäßig goldgelb backen. Dann aus dem Ofen nehmen, leicht abkühlen lassen und mit Vanilleeis oder geschlagener Sahne servieren.

Schoko-Baisers

Für 6 Personen

Zutaten

250 g Zucker
150 g zimmerwarmes Eiweiß (darf keine Spuren von Eigelb enthalten)
1 ½ TL Zitronensaft
100 g Bitterschokolade

Zubereitungszeit
30 Minuten plus Backzeit

Den Backofen auf 90 °C (Umluft 80 °C) vorheizen. Den Zucker im Mixer zu Pulver mahlen. Dies sorgt für schön glatte und gleichmäßige Baisers. Das Eiweiß und den abgeseihten Zitronensaft in eine Edelstahlschüssel geben und bei mittlerer Geschwindigkeit verquirlen. Wenn sich die Masse im Volumen vervierfacht hat und schaumig wird, unter weiterem Rühren den Zucker so langsam einrieseln lassen, dass er Zeit hat, sich aufzulösen. Bei mittlerer Geschwindigkeit weiterrühren, bis ein glänzender, fester und glatter Eischnee entstanden ist.

Die Schokolade im Wasserbad schmelzen – sie sollte nicht wärmer als 45 °C werden. Die Hälfte davon so unter den Eischnee ziehen, dass ein Marmormuster entsteht.

Aus dem Eischnee mit zwei Löffeln oder mit einem Spritzbeutel auf einem mit Backpapier ausgelegten Backblech Baisers setzen. Sie sollten nicht zu groß sein. Die übrige geschmolzene Schokolade mit einem Löffel dekorativ auf den Baisers verteilen.

Die Baisers je nach Größe 2–3 Stunden im warmen Ofen trocknen lassen. Zwischendurch ein- oder zweimal die Tür öffnen, um die Feuchtigkeit entweichen zu lassen. Wenn die Baisers vollständig getrocknet sind, den Ofen ausschalten und die Baisers noch 20 Minuten im Ofen lassen. Danach abkühlen lassen und servieren. In einer Frischhaltedose halten sie sich bis zu 1 Monat.

Montebianco

Für 10 Personen

Zutaten

Für die Baisers
200 g zimmerwarmes Eiweiß (etwa 6 Eier)
einige Tropfen Zitronensaft
200 g Zucker
200 g Puderzucker

Für den Belag
900 g Edelkastanien (geschält 500 g)
2 Lorbeerblätter
500 g Vollmilch
80 g Zucker plus 1 EL zusätzlich
Mark von ½ Vanilleschote
15 g Kakaopulver
1 EL Rum
1 Prise Salz
250 g flüssige Schlagsahne
Puderzucker zum Bestäuben
Marron glacé (glasierte Maronen)

Zubereitungszeit
50 Minuten plus Ruhe- und Backzeit

Am Vortag die Baisers zubereiten. Dafür zunächst den Backofen auf 90 °C (Umluft 80 °C) vorheizen. Das Eiweiß mit einigen Tropfen Zitronensaft in einer Schüssel mit dem elektrischen Handrührgerät oder in der Küchenmaschine zunächst leicht verquirlen. Wenn das Eiweiß schaumig wird, nach und nach bei mittlerer Geschwindigkeit den Zucker einrieseln lassen und alles zu einem glatten und glänzenden Eischnee aufschlagen. Nun den Puderzucker darübersieben und behutsam mit einem Schneebesen unter die Masse heben.

Mit einem Spritzbeutel auf einem mit Backpapier ausgelegten Backblech körbchenförmige Baisers auftragen und sofort in den Ofen schieben (mittlere Schiene). Sie sollten mindestens 1 ½ Stunden backen, bis sie an der Oberfläche leicht rissig werden. An diesem Punkt den Backofen ausschalten, die Backofentür einen Spalt öffnen und die Baisers im Ofen langsam abkühlen lassen.

Am nächsten Tag für den Belag die gewaschenen Kastanien an einer Seite einschneiden, ohne die innere Haut zu verletzen. Die Kastanien in einem Topf mit Salzwasser zusammen mit den Lorbeerblättern zum Kochen bringen. Abgießen, in eine Schüssel geben und mit einem Geschirrtuch warm halten, damit sie sich leichter schälen lassen.

Die geschälten Kastanien mit der Milch, dem Zucker und dem Vanillemark in einen Topf geben, aufkochen und 20 Minuten bei niedriger Temperatur köcheln lassen. Dann abgießen, dabei die Kochflüssigkeit auffangen, und die Kastanien pürieren.

Das Püree in einer Schüssel mit dem Kakao und dem Rum verrühren. Sollte die Masse zu fest sein, kann sie mit etwas Kochflüssigkeit verdünnt werden. Anschließend durch die Kartoffelpresse drücken (oder durch einen Spritzbeutel mit gelöcherter Tülle), sodass eine Art Spaghetti entsteht.

Die Sahne mit 1 EL Zucker halbsteif aufschlagen und in einen Spritzbeutel füllen. Kegelförmig auf die Baisers auftragen. Die Sahnekegel mit den Kastanienspaghetti umhüllen, mit Puderzucker bestäubt und mit Stückchen von Marron glacé garnieren.

Salzkaramell-Toffees

Für 80 Stück

Zutaten

natives Olivenöl extra
300 g flüssige Schlagsahne
30 g gesalzene Butter
30 g flüssiger Lavendelhonig
Mark von 1 Vanilleschote
225 g Zucker
180 g Glukosesirup
45 g Wasser

Zubereitungszeit
30 Minuten plus Ruhe- und Backzeit

Am Vortag einen Backrahmen aus Edelstahl (20 x 30 cm) leicht einölen und auf ein mit einer Silikonbackfolie ausgelegtes Backblech legen. In einem Topf die Sahne mit der Butter, dem Honig und dem Vanillemark aufkochen, dann abseihen und beiseitestellen. In einem zweiten Topf den Zucker und den Glukosesirup im Wasser bei niedriger Temperatur unter Rühren auflösen. Dann bei mittlerer Temperatur kochen, bis die Masse 145 °C erreicht.

Die Butter-Honig-Masse zum Sirup geben, alles auf 121 °C erhitzen und dann in die Form gießen. Die Masse ruhen lassen, bis sie vollständig abgekühlt ist. Während des Abkühlens die Form nicht bewegen. Über Nacht in den Kühlschrank stellen.

Am nächsten Tag die Masse in 3 x 2 cm große Rechtecke schneiden und einzeln verpacken. In einer Frischhaltedose halten sich die Toffees im Kühlschrank 2 Wochen.

Dieses Rezept eröffnet vielerlei Verwendungsmöglichkeiten. So sind die Karamellbonbons schön verpackt ein nettes Geschenk, aber man kann die Masse auch weich lassen und mit ihr Kekse oder Crêpes füllen, einer Crostata den besonderen Kick verleihen oder Blätterteig-Tarteletten damit verzieren. Das Originalrezept soll 1977 von Henri Le Roux erfunden worden sein, einem Konditor aus Quiberon in der Bretagne, als er Sahne und gesalzene Butter unter karamellisierenden Zucker rührte.

Clementinenmousse mit Katzenzungen

Für 8 Personen

Zutaten

Für die Katzenzungen
110 g weiche Butter
100 g Puderzucker
1 Prise Salz
75 g Eiweiß (etwa 2 Eier)
125 g Weizenmehl »Tipo 0« (ersatzweise Type 550)

Für die Mousse
8 große Clementinen
340 g Zucker
2 mittelgroße Eier
2 Eigelb
80 g Speisestärke
Mark von ½ Vanilleschote
400 g flüssige Schlagsahne

Außerdem
4 EL Pinienkerne

Zubereitungszeit
30 Minuten plus Ruhe- und Kochzeit

Zunächst werden die Katzenzungen zubereitet. Dafür den Backofen auf 170 °C (Umluft 160 °C) vorheizen. Die Butter mit dem Puderzucker zu einer luftig-cremigen Masse aufschlagen. Dann nach und nach das Eiweiß unterrühren. Zuletzt das Mehl darübersieben und untermengen. Die Masse in einen Spritzbeutel mit glatter Tülle und 8 mm großer Öffnung füllen. Nun 5 cm lange Stränge auf ein mit Backpapier ausgelegtes Backblech drücken.

Auf mittlerer Schiene etwa 12 Minuten backen, bis die Katzenzungen am Rand goldgelb gebräunt sind. Dann abkühlen lassen.

Während die Katzenzungen abkühlen, die Pinienkerne im Backofen 10 Minuten rösten und mit der Zubereitung der Mousse beginnen. Dazu die Clementinen filetieren. Das Fruchtfleisch pürieren und durch ein Sieb streichen. Den Saft auffangen, in einen Topf gießen und aufkochen.

Den Zucker, die Eier und das Eigelb mit einem Schneebesen hell und schaumig aufschlagen. Dann die Speisestärke sowie das Vanillemark unterrühren. Zuletzt den Clementinensaft unter Rühren sehr langsam einfließen lassen. Die Masse in einem Topf unter ständigem Rühren zum Kochen bringen und köcheln lassen, bis sie eindickt. Anschließend in einen flachen Edelstahlbehälter geben, eine Lage Frischhaltefolie direkt darauf legen und bei Zimmertemperatur abkühlen lassen.

Nun die Sahne schaumig, aber nicht zu steif aufschlagen. Die abgekühlte Creme in eine große Schüssel geben und die Sahne in drei Portionen unterheben.

Die Mousse auf acht Gläser verteilen. Das geht am besten mit zwei Löffeln oder einem Spritzbeutel. Dann mit den gerösteten Pinienkernen garniert servieren und die Katzenzungen dazu reichen. Die Creme hält sich abgedeckt im Kühlschrank bis zu 4 Tage.

Schokomousse-Törtchen mit Pistazienkaramell

FÜR EINE BACKFORM 20 X 20 CM (4 PERSONEN)

Zutaten

Für den Kuchenboden
100 g Bitterschokolade (70 % Kakaogehalt)
3 Eier, getrennt
100 g Rohrohrzucker
1 TL Vanilleextrakt
1 Prise Salz

Für die Garnierung
80 g Pistazienkerne
60 g Zucker
Kerne von 1 Granatapfel
Kakaopulver zum Bestäuben

Für die Mousse
200 g Bitterschokolade (70 % Kakaogehalt)

Zubereitungszeit
40 MINUTEN PLUS RUHE- UND BACKZEIT

Den Backofen auf 200 °C (Umluft 180 °C) vorheizen. Die Backform einfetten und mit Mehl bestäuben. Für den Kuchenboden die Schokolade grob zerkleinern und in eine Schüssel aus Edelstahl oder Glas geben. Im Wasserbad unter gelegentlichem Rühren schmelzen. Die Schüssel sollte dabei nicht das Wasser im Topf berühren und die Schokolade nicht heißer als 45 °C werden.

In der Zwischenzeit das Eigelb mit dem Handrührgerät verquirlen. Sobald die Masse schaumig wird, den Zucker einrieseln lassen und bei mittlerer Geschwindigkeit zu einer hellen und schaumigen Masse aufschlagen. Den Topf mit der geschmolzenen Schokolade vom Herd nehmen und die Eigelbmasse in drei Portionen jeweils behutsam unter die Schokolade rühren. Dann das Vanilleextrakt und das Salz zugeben.

Das Eiweiß zu festem Eischnee schlagen und in drei Portionen unter die Schokomasse rühren. Die erste Portion kräftig einrühren, danach behutsamer, damit der Eischnee nicht zerfällt.

Die so entstandene Masse in die Form geben, die Oberfläche mit einem Teigschaber glatt streichen und auf mittlerer Schiene 20 Minuten backen. Danach erst vollständig abkühlen lassen, dann aus dem Boden runde Plätzchen mit einem Durchmesser von etwa 6 cm ausstechen. Vier davon auf den Boden von passenden Silikonförmchen legen.

In der Zwischenzeit für die Garnierung die Pistazienkerne und den Zucker in einem Topf mit schwerem Boden bei mittlerer Temperatur unter Rühren erhitzen, bis der Zucker aufgelöst ist und die Pistazienkerne glänzen. Von der Kochstelle nehmen und auf eine Lage Backpapier gießen. Nach dem Abkühlen die Masse grob hacken und zusammen mit den Granatapfelkernen auf die vier Böden verteilen – einen kleinen Teil für das Topping zurückbehalten.

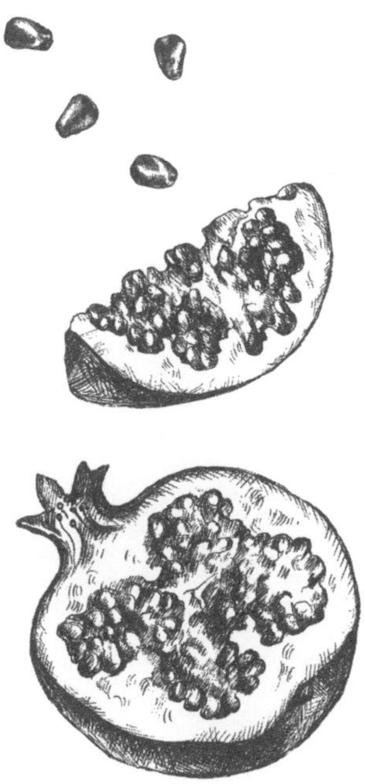

Nun die Schokomousse auf Wasserbasis zubereiten. Damit die Mousse perfekt gelingt, muss zunächst berechnet werden, welche Menge Wasser pro 100 g Schokolade zugegeben werden muss. Dies geschieht anhand einer einfachen Rechnung, ausgehend von dem Fettgehalt, der auf der Nährwerttabelle der verwendeten Schokolade angegeben ist. Der prozentuale Fettgehalt in 100 g Schokolade wird mit 100 multipliziert und anschließend durch 34 geteilt. Wenn beispielsweise 100 g Schokolade 39 % Fett enthält, lautet die Formel wie folgt: 39 x 100 ÷ 34 = 114,70 – aufgerundet 115 g Wasser. In diesem Rezept verdoppelt sich die Menge auf 230 g, da hier 200 g Schokolade verwendet werden.

Nun die Bitterschokolade in Stücke brechen und im Wasserbad schmelzen, die Schüssel sollte dabei nicht das Wasser im Topf berühren und die Schokolade die Temperatur von 45 °C nicht überschreiten. Die geschmolzene Schokolade behutsam mit einem Teigschaber verrühren, vom Herd nehmen und die errechnete Wassermenge unterrühren. Die Schüssel in eine größere, mit Wasser und Eiswürfeln gefüllte Schüssel stellen und die Masse mit einem Handrührgerät oder einem Schneebesen verquirlen. Sobald die Mousse eine feste Konsistenz bekommt, nicht mehr weiterrühren, sonst würde sie zu fest werden.

Die Masse sofort auf die Böden in den Formen verteilen, mit den übrigen Plätzchen bedecken und mindestens 3 Stunden in den Gefrierschrank stellen.

Danach die Törtchen aus den Förmchen nehmen und im Kühlschrank ruhen lassen, bis die Mousse weich geworden ist (in ein paar Stunden), dann mit Kakao bestäuben, mit den restlichen Pistazien- und Granatapfelkernen garnieren. Nach Belieben mit Mascarpone oder auch einer veganen Sahne servieren. Bis zum Verzehr im Kühlschrank aufbewahren.

Dieses Dessert kann auch gut in einer Tasse angerichtet werden, indem abwechselnd Boden, Mousse sowie Pistazien- und Granatapfelkerne geschichtet werden.

Pandolce genovese – Früchtebrot

Für 8 Personen

Zutaten

500 g Weizenmehl »Tipo 0« (ersatzweise Type 550)
15 g frische Hefe
90 g lauwarmes Wasser (26 °C)
130 g Zucker plus 2 EL zusätzlich
100 g Rosinen
2 Eier
50 g Pinienkerne
50 g kandierte Orangenschale, gehackt
100 g zimmerwarme Butter
1 TL Fenchelsamen
1 EL Rum
1 gestrichener TL Salz

Zubereitungszeit
40 Minuten plus Ruhe- und Backzeit

Am Vortag für den Teig das Mehl sieben und die Hälfte davon in die Rührschüssel einer Küchenmaschine geben. Die Hefe in einem Gemisch aus 45 g lauwarmem Wasser und 1 EL Zucker auflösen. Das Hefewasser zum Mehl geben und alles zu einem weichen, gleichmäßigen Teig verarbeiten. Die Schüssel abdecken und den Teig 3 Stunden aufgehen lassen. In der Zwischenzeit die Rosinen abspülen, mit lauwarmem Wasser bedecken und einweichen, bis der Teig fertig ist.

Nach der Teigruhe das restliche Mehl und Wasser, den Zucker und die Eier einzeln nacheinander mit dem Knethaken in den Teig einarbeiten. Die Rosinen ausdrücken und mit den Pinienkernen sowie der kandierten Orangenschale zum Teig geben und bei mittlerer Geschwindigkeit unterkneten. Zum Schluss nach und nach zunächst die Butter unterrühren, dann die Fenchelsamen, den Rum und das Salz. Mit der Hand auf der Arbeitsfläche fertig kneten und den Teig dabei mehrfach dehnen und übereinander falten.

Den Teig zu einer Kugel formen und auf ein mit Backpapier ausgelegtes Backblech legen. Mit einem Tuch abdecken und erneut 2 Stunden gehen lassen. Dann die Oberfläche kreuzförmig einschneiden, mit Wasser einpinseln und mit Zucker bestreuen.

Das Pandolce im auf 180 °C (Umluft 160 °C) vorgeheizten Backofen auf mittlerer Schiene etwa 1 Stunde backen, bis es trocken und goldgelb ist. Falls es zu schnell bräunt, sollte es mit etwas Alufolie abgedeckt werden. Danach aus dem Ofen nehmen, abkühlen lassen und servieren. In Frischhaltefolie eingepackt hält sich das Pandolce 4 Tage.

Panforte – Gewürzkuchen

Für eine Springform mit 20–22 cm Durchmesser (10 Personen)

Zutaten

1 Backoblate, rechteckig
natives Olivenöl extra
200 g Mandelkerne mit Haut
50 g Walnusskerne
150 g getrocknete Feigen
50 g kandierte Orangenschale
50 g kandierte Schale von der Zitronatzitrone
150 g Akazien- oder Blütenhonig
150 g Zucker
150 g Weizenmehl »Tipo 0« (ersatzweise Type 550)
Mark von ½ Vanilleschote
½ TL gemahlener Koriander
½ TL gemahlener Zimt
1 Prise gemahlene Gewürznelken
1 Prise frisch geriebene Muskatnuss
1 Prise frisch gemahlener Pfeffer
Puderzucker zum Bestäuben

Zubereitungszeit
40 Minuten plus Backzeit

Den Backofen auf 180 °C (Umluft 160 °C) vorheizen. Die Springform leicht einfetten, den Boden mit Backoblate auslegen und die Ränder mit leicht eingeöltem Backpapier auskleiden.

Wenn der Backofen heiß ist, die Mandeln darin 8 Minuten rösten, danach abkühlen lassen. In der Zwischenzeit die Walnusskerne, die getrockneten Feigen und die kandierten Zitrusschalen grob hacken und beiseitestellen.

In einem Topf bei niedriger Temperatur den Honig und den Zucker erwärmen, bis die Masse leicht bernsteinfarben ist (sie sollte eine Temperatur von 121 °C erreichen). Dann die Mandeln, die grob gehackten Zutaten, das Mehl, das Vanillemark sowie die Gewürze zugeben. Alles mit einem Löffel rasch verrühren.

Den Teig in die Form geben und mit einem angefeuchteten Löffelrücken glatt streichen. Mit Puderzucker bestäuben und auf mittlerer Schiene 30 Minuten backen.

Nach dem Abkühlen das Panforte aus der Form nehmen und erneut mit Puderzucker bestäuben. In Frischhaltefolie eingepackt hält sich das Panforte 1 Woche.

In der apulischen Provinz Bari war der Mandelanbau früher sehr verbreitet. Heute hat die Mandel nur noch in Toritto und den angrenzenden Gebieten eine wirtschaftliche Bedeutung, und so gehört die *mandorla di Toritto* zu den Presidio-Projekten von Slow Food. Noch heute wachsen hier mehrere alte Mandelsorten, die sich gegen die Invasion der ertragreicheren kalifornischen Sorten stellen.

Affogato al caffè mit Schoko-Semifreddo

Für 8 Personen

Zutaten

450 g flüssige Schlagsahne plus etwas mehr zum Garnieren
70 g Wasser
225 g Zucker
120 g Eiweiß (3–4 Eier)
60 g Traubenzucker
300 g Bitterschokolade
frisch gebrühter Espresso zum Servieren
Haselnusskerne, geröstet, für die Garnitur

Zubereitungszeit
40 Minuten plus Ruhe- und Backzeit

Am Vortag die Sahne halbsteif aufschlagen und in den Kühlschrank stellen.

In einem Topf das Wasser mit dem Zucker zum Kochen bringen und die Temperatur kontrollieren: Bei 110 °C anfangen, in der Küchenmaschine das Eiweiß mit dem Rührbesen zunächst leicht zu verquirlen. Sobald es schaumig wird, den Traubenzucker einrieseln lassen und bei hoher Geschwindigkeit halbsteif schlagen. Mittlerweile wird der Sirup im Topf die Temperatur von 121 °C erreicht haben. Nun bei mittlerer Geschwindigkeit den Sirup zum Eiweiß gießen und etwa 4 Minuten weiterschlagen, bis die Meringemasse lauwarm ist (etwa 35 °C).

In der Zwischenzeit die Schokolade in Stücke brechen und im Wasserbad unter häufigem Rühren schmelzen. Sie sollte nicht zu heiß werden. Die Schokomasse behutsam unter die lauwarme Meringe rühren und anschließend die steif geschlagene Sahne unterheben. Die Masse in eine rechteckige Form geben und abgedeckt über Nacht in den Gefrierschrank stellen.

Am nächsten Tag zum Anrichten mit einem Eisportionierer Kugeln formen, auf acht Gläser verteilen und dann jeweils mit frisch gebrühtem, heißen Espressokaffee übergießen. Mit etwas geschlagener Sahne und gerösteten Haselnusskernen garniert servieren.

Schokotrüffel

Für 20 Trüffel

Zutaten

250 g Bitterschokolade
(70 % Kakaogehalt)
150 g flüssige Schlagsahne
2 EL flüssiger Honig
15 g zimmerwarme Butter
1 Prise grobes Salz
1 EL dunkler Rum
Kakaopulver zum Wenden

Zubereitungszeit
40 Minuten plus Ruhezeit

Die Schokolade in Stücke brechen und im Wasserbad unter häufigem Rühren schmelzen. Sie sollte nicht zu heiß werden. Wenn sie vollständig geschmolzen ist, den Topf vom Herd nehmen und die Schokolade sorgfältig glatt rühren.

Die Sahne in einem Topf mit dem Honig aufkochen und dann in drei Portionen unter die Schokolade rühren. Anschließend die Butter, das Salz und den Rum einrühren.

Die Schokomasse in einen Behälter mit Deckel umfüllen und im Kühlschrank 4 Stunden fest werden lassen.

Anschließend mit den Händen aus der Masse Kugel formen, ohne sie dabei übermäßig zu erwärmen, und im Kakao wenden. Sofort servieren oder bis zu 4 Tage im Kühlschrank aufbewahren.

Das Thema Schokolade – seit jeher beliebt bei groß und klein – erfreut sich derzeit in all seinen Facetten ganz besonderen Interesses, in Italien ebenso wie anderswo. In handwerklicher Herstellung entstehen immer mehr hochwertige und interessante Produkte: So gibt es beispielsweise Grand Cru Schokoladen, erlesene Sorten mit unterschiedlichem Kakaogehalt werden im Degustationsformat angeboten ... Die Schar der Schokoladen-Aficionados wird immer größer und es gibt zahlreiche Bücher zum Thema Schokolade.

In der sogenannten Kakaoverordnung der EU ist festgelegt, welche Anforderungen bestimmte Produkte erfüllen müssen, um beispielsweise als Schokolade, Milchschokolade, Weiße Schokolade, Kakaopulver, Gianduja-Haselnuss oder Praline bezeichnet werden zu können. Außerdem muss bei Schokolade auf der Packung der Kakaogehalt angegeben werden.

Haselnuss-Kakaotrüffel mit Trockenpflaumen

Für 20 Trüffel

Zutaten

150 g Haselnusskerne
150 g Trockenpflaumen
200 g Butter
2 EL flüssiger Honig
250 g Mandelmus
2 EL Kakaopulver
1 TL gemahlener Zimt
1 Prise Salz
200 g gehackte Haselnusskerne

Zubereitungszeit
30 Minuten plus Ruhezeit

Die Haselnusskerne zu feinem Mehl mahlen und die getrockneten Pflaumen grob hacken.

Die Butter mit dem Honig in einem Topf bei niedriger Temperatur zerlassen, ohne dass die Masse aufkocht. Dann das Mandelmus unterrühren.

Die gemahlenen Haselnusskerne, die Pflaumen, den Kakao, den Zimt und das Salz zugeben und alles zu einem gleichmäßigen Teig verarbeiten. Abgedeckt für 45 Minuten in den Kühlschrank stellen.

Mit den Händen aus der Masse Kugeln formen, ohne sie dabei übermäßig zu erwärmen. Danach in den gehackten Haselnusskernen wenden. Sofort servieren oder in einer Frischhaltedose bis zu 4 Tage im Kühlschrank aufbewahren.

Dieser leicht herzustellende Naschgenuss basiert auf einer feinen Kombination aus Haselnüssen, Mandelmus und Pflaumen. Pflaumen weisen eine Vielzahl gesundheitsfördernder Eigenschaften auf. Sie zu trocknen ist zum Reifezeitpunkt unkompliziert und so kann man sie später in der kalten Jahreszeit gut verwenden. Die aufgeschnittenen Früchte können bei trockenem Klima und guter Lüftung an der Sonne trocknen, oder aber im Backofen bei 60 °C mit leicht geöffneter Tür, damit die Luft zirkulieren kann. 6–8 Stunden im Ofen lassen und gegebenenfalls den Vorgang mehrere Tage wiederholen, bis die Früchte den richtigen Trockengrad erreicht haben.

Tiramisù-Semifreddo

Für 12 Personen

Zutaten

12 Löffelbiskuits
gebrühter starker Kaffee (z. B. starker Filterkaffee) zum Eintauchen
natives Olivenöl extra
55 g Wasser
160 g Zucker
3 Eigelb
2 Eier
250 g Mascarpone
100 ml Marsala (sizilianischer Süßwein)
240 g flüssige Schlagsahne
Kakaopulver zum Bestäuben

Zubereitungszeit
40 Minuten plus Ruhezeit

Die Löffelbiskuits kurz in den nach Belieben leicht gesüßten Kaffee tauchen. Sie sollten allerdings dabei nicht durchweichen. Zunächst mit Frischhaltefolie abgedeckt beiseitestellen.

Das Wasser und den Zucker in einem Topf vermischen und dann ohne Rühren bei mittlerer Temperatur erhitzen. Wenn der Sirup die Temperatur von 110 °C erreicht hat, mit einem Handrührgerät das Eigelb und die ganzen Eier bei mittlerer Geschwindigkeit aufschlagen. Bei 121 °C den Sirup langsam zur Eimasse gießen und 5 Minuten weiterrühren, bis die Masse lauwarm geworden ist.

Den Mascarpone kräftig mit dem Marsala verquirlen und bei niedriger Geschwindigkeit unter die Ei-Sirup-Masse rühren. Die Sahne in einem anderen Gefäß halbsteif aufschlagen und behutsam unter die Mascarponemasse heben.

Die Creme in einer Form abwechselnd mit den Löffelbiskuits übereinanderschichten und für 3–4 Stunden in den Gefrierschrank stellen, bis die Masse halb durchgefroren, aber nicht zu hart ist.

Auf einen Teller stürzen und mit Kakao bestäubt servieren.

Gianduia-Torroncini

Für einen Torrone-Barren 30 x 20 cm

Zutaten

150 g Haselnusskerne
150 g Pistazienkerne
150 g blanchierte Mandelkerne
375 g flüssiger Akazienhonig
525 g Zucker
190 g Wasser
135 g Glukosesirup
75 g Eiweiß (etwa 2 Eier)
450 g Gianduia-Schokolade (dunkle Nougat-Schokolade)
Backoblate, rechteckig (oder 2 Silikonfolien)

Zubereitungszeit
40 Minuten plus Backzeit

Nuss-, Pistazien- und Mandelkerne bei 160 °C im Backofen goldgelb rösten. Dann den Ofen ausschalten und die Kerne bei geöffneter Tür im Ofen abkühlen lassen.

Den Honig und den Zucker in einem Topf vermengen, in einen zweiten Topf das Wasser und den Glukosesirup. Beide Töpfe erhitzen und jeweils mit einem Thermometer die Temperatur kontrollieren: Honig und Zucker sollten 130 °C erreichen, Glukose und Wasser 145 °C.

Wenn etwa 110 °C erreicht sind, das Eiweiß mit dem elektrischen Handrührgerät bei mittlerer Geschwindigkeit zunächst leicht aufschlagen, sodass es erst fest ist, wenn die beiden Topfinhalte die richtige Temperatur erreicht haben. (Besonders gut kontrollieren lässt sich die Zubereitung in diesem Fall mit einer Küchenmaschine mit Planetenrührwerk.) Wenn das Eiweiß sich im Volumen verdreifacht hat, unter ständigem Rühren den Honig-Zucker-Mix langsam zugießen und gleich darauf die Glukosesirup-Mischung.

Die Schokolade im Wasserbad schmelzen und bei mittlerer Geschwindigkeit unter die Masse rühren. Mit den Händen die Temperatur der Schüssel prüfen: Wenn sie lauwarm ist, die noch warmen Nusskerne gerade so lange wie nötig untermischen, um die Masse nicht zu überrühren.

Die Masse auf eine Backoblate oder eine Silikonmatte geben und eine zweite Oblate oder Silikonmatte darauflegen. Vollständig abkühlen lassen und mit einem Messer in eine beliebige Form schneiden.

Mandarinenkuchen

Für eine Springform mit 20–22 cm Durchmesser (6 Personen)

Zutaten

3 Eier
160 g Zucker
Saft und Abrieb von 3 unbehandelten Mandarinen
70 g Traubenkernöl (ersatzweise Sonnenblumenöl)
130 g Weizenmehl »Tipo 0« (ersatzweise Type 550)
20 g Speisestärke
16 g Backpulver
50 g blanchierte und gemahlene Mandelkerne

Zubereitungszeit
30 Minuten plus Backzeit

Den Backofen auf 170 °C (Umluft 160°C) vorheizen. Die Form einfetten, mit Mehl bestäuben und den Boden mit Backpapier auslegen.

Mit dem elektrischen Handrührgerät die Eier mit dem Zucker zu einer hellen und schaumigen Masse aufschlagen. Unter weiterem Rühren den abgeseihten Mandarinensaft und anschließend das Öl unterrühren. Das Weizenmehl, die Speisestärke und das Backpulver mischen und in eine Schüssel sieben. Die Mandeln und den Mandarinenabrieb dazugeben und alles gut vermengen.

Den Teig in die Form geben und auf mittlerer Schiene etwa 40 Minuten backen. Vor Ende der Backzeit die Stäbchenprobe machen.

Den fertigen Kuchen etwa 20 Minuten abkühlen lassen und dann auf einem Teller anrichten. Mit Puderzucker bestäubt servieren. Mit Frischhaltefolie abgedeckt hält sich der Kuchen 3 Tage.

Im Nordwesten Siziliens erstreckt sich zwischen dem Meer und den Bergen hinter Palermo die Conca d'Oro. Die Gegend war früher bekannt für ihre in Terrassen angelegten Obsthaine, eine Anbauart, die Problemen bei der Wasserversorgung vorbeugen sollte, wie es sie heute immer häufiger gibt. Hier gedeiht in den Gegenden Ciaculli und Croceverde Giardina die zu den Presidio-Projekten von Slow Food gehörende Mandarinensorte *Mandarino tardivo di Ciaculli.* Die erst von Januar bis März reifende Frucht hat eine dünne Schale und ein sehr süßes Fruchtfleisch mit wenigen Kernen. Sie schmeckt frisch sehr gut, ist aber auch gut verwendbar für Backwaren, Eisprodukte und Liköre.

Kuchen mit Haselnusscreme

Für eine Springform mit 24 cm Durchmesser (8 Personen)

Zutaten

Für den Teig
350 ml Hafer- oder Reisdrink
1 TL Apfelessig
130 g flüssiger Blütenhonig
80 ml Traubenkernöl
220 g Dinkelmehl Type 630
30 g Speisestärke
1 gestr. TL Natron (Backsoda)
1 gestr. EL Backpulver
50 g gemahlene Haselnusskerne
2 ½ TL Leinsamenschrot
Mark von ½ Vanilleschote
abgeriebene Schale von 1 unbehandelten Zitrone
1 Prise Salz

Für den Sirup
5 EL ungesüßte Aprikosenkonfitüre
1 EL Rum (oder Wasser)

Für die Creme
375 ml ungesüßter Haselnussdrink
250 g flüssiger Honig
40 g naturbelassenes Haselnussmus
1 Prise Salz
50 g Speisestärke
1 Handvoll Haselnusskerne, geröstet und grob gehackt

Zubereitungszeit
50 Minuten plus Ruhezeit und Backzeit

Den Backofen auf 180 °C (Umluft 160 °C) vorheizen. Die Form einfetten und mit Mehl bestäuben. Für den Teig den Pflanzendrink mit dem Apfelessig verrühren und das Gemisch 10 Minuten ziehen lassen. Anschließend den Honig und das Öl unterrühren, dann beiseitestellen.

Das Mehl mit der Stärke, dem Natron und dem Backpulver mischen und in eine Schüssel sieben. Die gemahlenen Haselnusskerne, den Leinsamenschrot, das Vanillemark, den Zitronenabrieb und das Salz dazugeben und alles verrühren. Das Pflanzendrink-Gemisch unter langsamem Rühren mit einem Schneebesen zugießen und alles gut vermischen.

Den Teig in die Form geben und auf mittlerer Schiene etwa 25 Minuten backen. Vor Ende der Backzeit die Stäbchenprobe machen. Den Kuchen danach in 15 Minuten lauwarm abkühlen lassen, dann aus der Form nehmen und vollständig auskühlen lassen.

Den Kuchen quer durchschneiden, um ihn füllen zu können. Die Konfitüre mit dem Wasser oder dem Rum erhitzen und die Schnittseiten des Kuchens damit bestreichen.

Für die Creme 250 g Haselnussdrink, den Honig (Akazien- oder Blütenhonig), das Haselnussmus und das Salz in einen Topf geben. Auf niedriger Stufe unter ständigem Rühren erwärmen.

Mit dem restlichen Haselnussdrink die Speisestärke glatt rühren. Wenn die Mischung im Topf anfängt zu kochen, den Stärkemix unter kräftigem Rühren mit einem Schneebesen dazugeben und rühren, bis die Creme eindickt und anfängt zu kochen. Den Topfinhalt in eine hohe Form gießen und eine Lage Frischhaltefolie direkt auf die Creme legen.

Die lauwarm gewordene Creme mit einem Mixer aufschlagen und als Füllung für den Kuchen verwenden. Mit den gehackten Haselnusskernen garniert servieren.

Karotten-Mandel-Kuchen

Für eine Springform mit 20 cm Durchmesser (6 Personen)

Zutaten

Für den Teig
150 g Rosinen
1 EL dunkler Rum
250 g heller Rohrzucker
300 ml Traubenkernöl
4 Eier
350 g Weizenmehl »Tipo 0« (ersatzweise Type 550)
4 TL gemahlener Zimt
1 TL gemahlener Ingwer
1 TL gemahlene Gewürznelken
2 TL Natron (Backsoda)
350 g Karotten, geschält und geraspelt
200 g Mandelkerne, grob gehackt
Mark von 1 Vanilleschote
abgeriebene Schale von 2 unbehandelten Orangen (den Saft später für den Sirup verwenden)
1 Prise Salz

Für den Sirup
Saft von 2 Orangen
50 g Zucker
1 EL dunkler Rum

Für die Creme (optional)
250 g Mascarpone
40 g feiner, heller Rohrzucker

Zubereitungszeit
40 Minuten plus Backzeit

Für den Teig die Rosinen abspülen, mit dem Rum übergießen und 1 Stunde ziehen lassen. Den Backofen auf 140 °C (Umluft 130 °C) vorheizen. Die Form – mindestens 10 cm hoch – einfetten und mit Mehl bestäuben.

Den Zucker, das Öl und die Eier von Hand mit einem Schneebesen verquirlen. Das Mehl, die Gewürze und das Backnatron sieben und unter die flüssigen Zutaten rühren. Die geraspelten Karotten, die gehackten Mandeln, die ausgedrückten Rosinen, das Vanillemark, den Orangenabrieb und das Salz zugeben und alles gut vermengen.

Den Teig in die Form geben und auf mittlerer Schiene mindestens 1 Stunde backen (nach Bedarf länger). Vor Ende der Garzeit die Stäbchenprobe machen.

In der Zwischenzeit für den Sirup alle Zutaten zum Kochen bringen und abkühlen lassen.

Den fertig gebackenen Kuchen mit einem Holzstäbchen mehrfach einstechen und mit dem Sirup begießen. Zunächst 15 Minuten ziehen lassen, dann umgedreht auf eine Servierplatte legen. Für die gefüllte Variante den Kuchen nach dem vollständigen Abkühlen quer durchschneiden.

Für die Creme den Mascarpone mit dem Zucker zu einer luftigen Masse verquirlen. (Für eine laktosefreie Version eignet sich alternativ Orangenmarmelade besonders gut.) Die Füllung auf der unteren Kuchenhälfte verteilen und die andere Hälfte darauflegen. Sofort servieren oder abgedeckt im Kühlschrank bis zu 3 Tagen aufbewahren.

Südtiroler Linzertorte

Für eine Kuchenform mit 24 cm Durchmesser (8 Personen)

Zutaten

60 g Mandelkerne mit Haut
60 g Haselnusskerne
160 g Rohrohrzucker
Mark von ½ Vanilleschote
abgeriebene Schale von ½ unbehandelten Zitrone
10 g gemahlener Zimt
2 g gemahlene Gewürznelken
1 Prise Salz
260 g zimmerwarme Butter
1 Ei
1 Eigelb
400 g Dinkelmehl Type 630
4 g Backpulver
150 g Heidelbeerkonfitüre
150 g Himbeerkonfitüre
Puderzucker zum Bestäuben

Zubereitungszeit
40 Minuten plus Ruhe- und Backzeit

Die Mandel- und Haselnusskerne in einem Standmixer oder Multizerkleinerer fein mahlen. In der Rührschüssel der Küchenmaschine Rohrzucker, Vanillemark, Zitronenabrieb, Nelken- und Zimtpulver sowie Salz mischen. Die Butter zugeben und alles mit dem Flachrührer zu einer cremigen Masse verarbeiten.

Auf hoher Stufe das ganze Ei und das Eigelb unterrühren, dann die fein gemahlenen Mandeln und Haselnüsse, das Dinkelmehl und das Backpulver zugeben. Bei niedriger Geschwindigkeit zu einem gleichmäßigen Teig verarbeiten. Nicht zu lange rühren, da der Teig sonst zu fest würde. Falls nötig, auf der bemehlten Arbeitsfläche nochmals kurz kneten und zu einem Päckchen formen. In Frischhaltefolie einwickeln und für 1 Stunde im Kühlschrank ruhen lassen.

Den Backofen auf 170 °C (Umluft 150 °C) vorheizen. Den Teig 5 mm dick ausrollen und die Kuchenform damit auskleiden. Teigüberstände zu Streifen schneiden oder Stränge formen.

Die beiden Konfitüren gut verrühren und auf dem Boden verteilen. Die Teigstränge oder Streifen gitterförmig auf der Konfitüre anordnen. Den Kuchen dann auf mittlerer Schiene etwa 25 Minuten backen, bis die Oberfläche goldgelb gebräunt ist. Danach abkühlen lassen und mit Puderzucker bestäubt servieren.

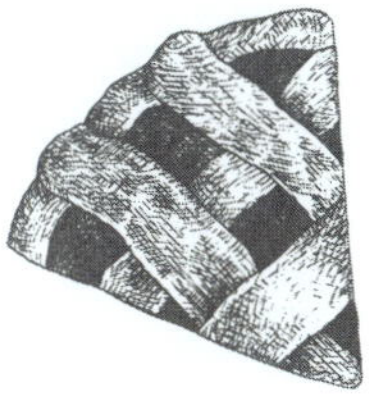

Um den Ursprung der Linzer Torte ranken sich zahlreiche Legenden. So soll dieser in Südtirol, vor allem im Pustertal, beliebte Klassiker von einem Wiener Zuckerbäcker namens Linzer erfunden worden sein, oder aber von einem fränkischen Konditor, der sie erstmals Anfang des 19. Jahrhunderts in Linz anfertigte.

Früchtebrot

Für eine Kastenform (8 Personen)

Zutaten

Für das Früchtebrot
100 g Walnusskerne
100 g Haselnusskerne
100 g Mandelkerne mit Haut
100 g Pistazienkerne
150 g Trockenpflaumen
130 g getrocknete Feigen
120 g Weizenmehl »Tipo 0« (ersatzweise Type 550)
8 g Backpulver
1 Prise Natron (Backsoda)
100 g Rohrohrzucker
1 TL gemahlener Zimt
1 TL gemahlener Ingwer
abgeriebene Schale von 1 unbehandelten Zitrone
Mark von ½ Vanilleschote
1 Prise Salz
50 g Traubenkernöl
3 Eier
1 EL flüssiger Akazienhonig

Für den Sirup
50 g Wasser
20 g Grand Marnier (oder Cointreau)
25 g Rohrzucker

Zubereitungszeit
30 Minuten plus Backzeit

Den Backofen auf 180 °C (Umluft 160 °C) vorheizen. Für das Früchtebrot die (Nuss-)Kerne und Trockenfrüchte grob hacken und in eine Schüssel geben.

Das Mehl mit dem Backpulver und Backnatron mischen und in eine Schüssel sieben. Mit Zucker, Zimt- und Ingwerpulver, Zitronenabrieb, Vanillemark und Salz gründlich vermengen.

In einem Rührgefäß das Öl mit den Eiern und dem Honig verquirlen. Das Gemisch zum Mehl-Mix gießen und alles gut verrühren.

Diese Masse nun zu den zerkleinerten Nüssen und Trockenfrüchten geben und alles mit einem Holzlöffel zu einem gleichmäßigen Teig verrühren. In die eingefettete und mit Mehl bestäubte Form geben und im heißen Ofen auf mittlerer Schiene in etwa 40 Minuten goldbraun backen.

In der Zwischenzeit für den Sirup das Wasser mit dem Likör und dem Zucker aufkochen. Den Kuchen aus der Form nehmen und noch heiß mit dem warmen Sirup einpinseln.

Dannach vollständig abkühlen lassen, in Scheiben schneiden und servieren.

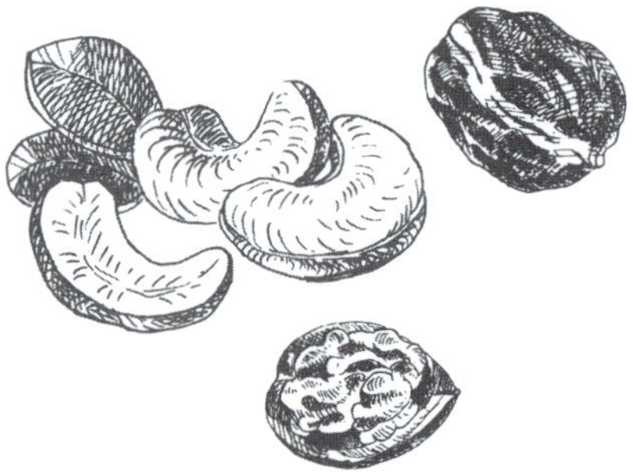

Torta Tenerina

Für einen Kuchenform mit 22 cm Durchmesser (8 Personen)

Zutaten

200 g Bitterschokolade
(70 % Kakaogehalt)
100 g weiche Butter
4 Eier
150 g Zucker
50 g Speisestärke
Puderzucker zum Bestäuben

Zubereitungszeit
20 Minuten plus Backzeit

Den Backofen auf 180 °C (Umluft 160 °C) vorheizen. Die Form einfetten und mit Mehl bestäuben.

Die Schokolade in Stücke brechen und mit der Butter im Wasserbad unter häufigem Rühren schmelzen. Anschließend lauwarm abkühlen lassen.

Wenn die Schoko-Butter-Masse lauwarm ist, die Eier trennen und das Eigelb mit der Hälfte des Zuckers verrühren. Dann unter ständigem Rühren die lauwarme Schoko-Butter-Masse unterrühren. Das Eiweiß mit dem Handrührgerät leicht schaumig aufschlagen. Dann den restlichen Zucker einrieseln lassen und zu festem Eischnee schlagen. Den Eischnee abwechselnd mit der gesiebten Speisestärke zur Schokomasse geben und behutsam unterheben.

Den Teig in die Form geben und auf mittlerer Schiene 20–25 Minuten backen. (Nicht zu lange, der Kuchen sollte innen feucht bleiben.)

Danach den Kuchen abkühlen lassen, auf einen Servierteller geben und mit Puderzucker bestäuben. Mit Frischhaltefolie abgedeckt hält er sich 2 Tage.

Tenero **heißt übersetzt weich oder zart, und in der Tat handelt es sich bei der** *Torta Tenerina* **um einen außen knusprigen Kuchen mit zartestem Innenleben. In Ferrara, seiner Heimat, wird er auch** ***Torta montenegrina*** **genannt, zu Ehren von Elena von Montenegro, Gemahlin von König Viktor Emanuel III.**

Apfel-Mandel-Küchlein aus Buchweizen

Für 12 Personen

Zutaten

240 g Mandelkerne, fein gehackt
270 g Rohrohrzucker
50 g Buchweizenmehl
80 g kalte Butter, in Stücke geschnitten
1 Prise Salz
160 g Vollmilchjoghurt
1 Apfel, geschält und geraspelt
1 Ei, verquirlt
2 Tropfen Bittermandelaroma
½ TL frisch geriebene Muskatnuss
abgeriebene Schale von 1 unbehandelten Zitrone

Zubereitungszeit
20 Minuten plus Backzeit

Den Backofen auf 180 °C (Umluft 160 °C) vorheizen. 12 kleine Förmchen einfetten und mit Mehl bestäuben.

Die Mandeln mit dem Zucker, dem Mehl, den Butterstücken sowie dem Salz in einen Standmixer geben und in Intervallen gron zu einem Teig verarbeiten.

Ein Drittel des Teigs in die Förmchen geben und mit einem Löffelrücken andrücken. Die übrigen zwei Drittel sorgfältig mit dem Joghurt, dem geraspelten Apfel, dem verquirlten Ei, dem Bittermandelaroma, der Muskatnuss und dem Zitronenabrieb vermengen. Die Masse dann auf die Formen verteilen.

Die Küchlein auf mittlerer Schiene 30–35 Minuten backen. Vor Ende der Backzeit die Stäbchenprobe machen.

Die Törtchen danach 15 Minuten abkühlen lassen, dann aus der Form nehmen und mit Schlagsahne garniert servieren.

Eine aufwendigere Variante dieses im Trentino und in Südtirol sehr gängigen Kuchens sieht die Zugabe von Eiern vor (wobei das Eiweiß zu Eischnee geschlagen wird), und anstelle des geriebenen Apfels grob gehackte Mandeln und eine Füllung mit Heidelbeerkonfitüre. Garniert wird die Torte dann oft mit geschlagener Zimtsahne.r

Tronchetto di Natale

Für eine Backform 30 x 40 cm (8 Personen)

Zutaten

Für den Teig
4 Eier, getrennt
120 g Zucker
1 Prise Salz
1 EL flüssiger Honig
40 g Weizenmehl »Tipo 0« (ersatzweise Type 550)
15 g Kakaopulver

Für die Füllung
400 g Mascarpone
50 g Puderzucker
200 g flüssige Schlagsahne
Mark von ½ Vanilleschote
100 g kandierte Orangenschale, gewürfelt

Für die Ganache
250 g Bitterschokolade (70 % Kakaogehalt)
125 g Butter
60 g flüssige Schlagsahne

Zubereitungszeit
40 Minuten plus Ruhe- und Backzeit

Den Backofen auf 220 °C (Umluft 200 °C) vorheizen. Die Form mit Backpapier auskleiden.

Für den Teig das Eigelb mit der Hälfte des Zuckers, dem Salz und dem Honig hell und luftig aufschlagen. Anschließend mit der anderen Hälfte des Zuckers das Eiweiß zu Eischnee schlagen. Das Mehl mit dem Kakao mischen und gesiebt abwechselnd mit dem Eischnee behutsam unter das Eigelb rühren.

Die Masse in die Backform geben und auf mittlerer Schiene etwa 8 Minuten backen, nicht zu lang, da sich der Teig sonst nicht gut aufrollen lässt. Vollständig abkühlen lassen. Soll er nicht gleich weiterverwendet werden, den Teig gut in Frischhaltefolie verpacken, damit er nicht austrocknet.

Für die Füllung den Mascarpone mit dem Zucker cremig verrühren. Die Sahne und das Vanillemark zugeben und mit einem Holzlöffel oder Schneebesen zu einer glatten, weichen Creme verrühren. Dann die kandierten Orangenstücke untermischen.

Die Creme auf dem Schokoboden verstreichen und von der längeren Seite her aufrollen. Mit einem scharfen Messer die letzten 8–10 cm abschneiden und an einer Seite der Rolle so ansetzen, dass das Ganze an einen Baumstamm erinnert. Im Kühlschrank fest werden lassen.

Für die Ganache die Schokolade und die Butter in Stücke schneiden und im Wasserbad schmelzen, ohne die Masse zu stark zu erhitzen. In einem Topf die Sahne erhitzen. Kurz vor dem Kochen, die Sahne unter Rühren langsam zur Schoko-Butter-Masse geben.

Die Ganache lauwarm abkühlen lassen und auf der Kakaorolle verstreichen, sobald sie anfängt, fest zu werden. Wenn die Oberfläche vollständig überzogen ist, ein Sägemesser oder eine Gabel so durch die Ganache ziehen, dass die Struktur einer Baumrinde entsteht.

Im Kühlschrank fest werden lassen und vor dem Servieren in dicke Scheiben schneiden.

Rote-Bete-Törtchen mit Schokolade

Für 6 Personen

Zutaten

200 g vorgegarte Rote Bete
3 mittelgroße Eier
55 g flüssiger Honig
10 g Kakaopulver plus etwas zusätzlich
5 g Weinsteinbackpulver
Mark von ½ Vanilleschote
1 Prise Salz
85 g blanchierte und gemahlene Mandelkerne
85 g Bitterschokolade (70 % Kakaogehalt)
25 g Traubenkernöl
Schokostreichcreme aus ^vBitterschokolade

Zubereitungszeit
40 Minuten plus Backzeit

Den Backofen auf 180 °C (Umluft 160 °C) vorheizen. Sechs hohe (Muffin-)Formen einfetten und mit Mehl bestäuben.

Die Roten Beten in einem Standmixer pürieren. Das Püree mit den Eiern und dem Honig in eine Schüssel geben. Den Kakao und das Weinsteinbackpulver gesiebt dazugeben, ebenso das Vanillemark und das Salz. Alles mit einem elektrischen Handrührgerät zu einer gleichmäßigen Masse verquirlen. Zuletzt mit einem Löffel die gemahlenen Mandeln unterziehen.

Die Bitterschokolade in Stück brechen und bei niedriger Temperatur im Wasserbad schmelzen, dann mit dem Öl verquirlen. Den Mix zu den anderen Zutaten geben und alles mit einem Holzlöffel oder Schneebesen sorgfältig zu einem gleichmäßigen Teig verrühren. Die Formen damit füllen, sodass oben etwa 1 cm frei bleibt, da der Teig leicht aufgeht.

Sofort in den Ofen schieben und auf mittlerer Schiene etwa 20 Minuten backen. Vor Ende der Backzeit die Stäbchenprobe machen.

Die fertigen Küchlein mindestens 10 Minuten abkühlen lassen, dann aus der Form nehmen. Mit Kakao bestreut servieren und eine Streichcreme dazu reichen.

Zelten – Südtiroler Früchtebrot

Für 8 Personen

Zutaten

150 g Roggenmehl Type 1150
100 g Weizenmehl »Tipo 0« (ersatzweise Type 550)
20 g getrockneter Weizensauerteig
8 g Gerstenmalz
500 g getrocknete Feigen
500 g Rosinen
200 g getrocknete Datteln
100 g Trockenaprikosen
100 g Trockenpflaumen
250 g Walnusskerne
150 g Pinienkerne
100 g Haselnusskerne
1 TL gemahlener Zimt
Saft und abgeriebene Schale von 1 unbehandelten Orange
flüssiger Honig zum Bestreichen

Zubereitungszeit
40 Minuten plus Ruhe- und Backzeit

Für den Teig das Mehl, den Sauerteig und das Malz vermischen. Unter Rühren so viel Wasser zugeben, bis eine weiche Masse entsteht. Diese in einen Behälter geben und abgedeckt auf das doppelte Volumen aufgehen lassen.

Anschließend den Teig auf einer bemehlten Arbeitsfläche kräftig kneten und zu einem glatten und elastischen Teig verarbeiten. Mit einem Geschirrtuch abdecken und etwa 1 Stunde aufgehen lassen.

In der Zwischenzeit die getrockneten Früchte mit warmem Wasser abspülen und dann mit lauwarmem Wasser bedeckt 10 Minuten einweichen. Anschließend ausdrücken und grob hacken. Die Walnuss-, Pinien- und Haselnusskerne ebenfalls grob hacken. Alles in einer Schüssel mit dem Zimt, dem Orangensaft und dem Orangenabrieb verrühren.

Den fertig aufgegangenen Teig mit den gehackten Zutaten vermengen und zu einem Brotlaib formen. Auf ein mit Backpapier ausgelegtes Backblech legen und mit Honig einpinseln. Weitere 30 Minuten ruhen lassen.

Das Früchtebrot im auf 180 °C (Umluft 200 °C) vorgeheizten Backofen auf mittlerer Schiene etwa 1 Stunde backen. Danach abkühlen lassen. In Frischhaltefolie verpackt hält es sich 1 Woche.

Dieses gehaltvolle Brot mit eingebackenem Dörrobst ist eine Spezialität aus den Regionen Südtirol und Trentino. Es kann eine runde oder eine rechteckige Form haben (in Südtirol auch oval oder herzförmig) und wird in der Regel mit kandierten Kirschen oder anderen Früchten garniert.

Herzhafte
Rezepte

Cantucci

Für 60 Cantucci

Zutaten

140 g Butter
100 g Zucker
80 g Parmigiano Reggiano, gerieben
1 gestrichener TL Salz
1 Prise frisch gemahlener schwarzer Pfeffer
2 Eier
2 Eigelb
400 g Weizenmehl »Tipo 0« (ersatzweise Type 550)
½ TL Weinsteinbackpulver
200 g Mandelkerne mit Haut

Zubereitungszeit
40 Minuten plus Ruhe- und Backzeit

Den Backofen auf 180 °C (Umluft 160 °C) vorheizen. In der Rührschüssel der Küchenmaschine die Butter mit dem Zucker, dem Käse sowie Salz und Pfeffer zu einer cremigen Masse verarbeiten. Dann nacheinander einzeln die Eier und das Eigelb zugeben.

Das Mehl mit dem Weinsteinbackpulver mischen und gesiebt zum Teig geben. Gerade so lange einarbeiten, dass sich alle Zutaten vermengen. Dann die Mandeln zugeben und mit der Hand einkneten. Aus dem Teig zwei 4 cm dicke Stangen formen und auf ein mit Backpapier ausgelegtes Backblech legen.

Die Stangen auf mittlerer Schiene etwa 20 Minuten backen, bis sie goldgelb gebräunt sind. Danach zunächst mindestens 3 Stunden abkühlen lassen. Dann mit einem scharfen Messer schräg in etwa 8 mm dicke Scheiben schneiden.

Die Cantucci auf ein Backblech legen und nochmals auf mittlerer Schiene 8 Minuten backen. Nach der Hälfte der Backzeit wenden. Anschließend abkühlen lassen. Die Cantucci halten sich in einer Frischhaltedose bis zu 5 Tagen.

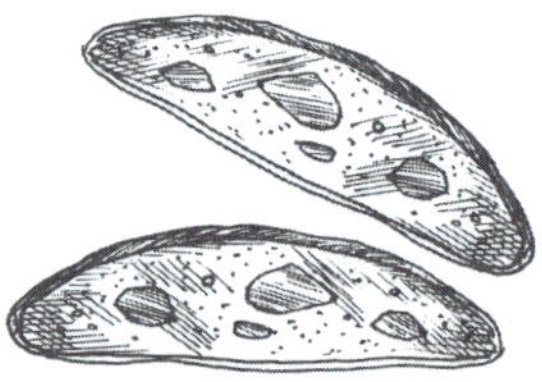

Bei diesen Cantucci handelt es sich um eine salzige Variante des Mandelgebäcks, das unter dem Namen Cantuccini oder Cantucci zu den typischen und beliebtesten süßen Backwaren der Toskana gehört. Der eigentliche Ursprung der Cantucci liegt in der toskanischen Provinz Prato, weshalb sie in Italien unter anderem auch *Biscotti di Prato* genannt werden.

Roggen-Dinkel-Cracker

Für 30 Cracker

Zutaten

230 g Roggenmehl Type 1150
230 g Dinkelmehl Type 630
2 EL Sesamsamen
2 EL Leinsamen
1 EL getrockneter Oregano
1 TL Salz
100 ml natives Olivenöl extra
60 g Wasser
1 TL Reismalz

Zubereitungszeit
30 Minuten plus Ruhe- und Backzeit

Das Mehl mit den Samen, dem Oregano und dem Salz mischen. In einem hohen Behälter das Öl mit dem Wasser und dem Malz verquirlen. Die Mehlmischung mit dem Öl-Malz-Wasser-Gemisch zu einem glatten, festen Teig verarbeiten. In Frischhaltefolie einwickeln und bei Zimmertemperatur 15 Minuten ruhen lassen.

Inzwischen den Backofen auf 200 °C (Umluft 180 °C) vorheizen. Den Teig halbieren und jeweils zwischen zwei Lagen leicht bemehltem Backpapier etwa 2 mm dick ausrollen. Mit einem Teigrädchen in beliebige Formen schneiden.

Die Cracker an der Oberfläche mehrfach mit einer Gabel einstechen und auf mit Backpapier ausgelegte Backbleche legen. Im Backofen auf mittlerer Schiene in 6–8 Minuten goldbraun backen. Anschließend vollständig abkühlen lassen. In einer Frischhaltedose lassen sich die Cracker 5 Tage aufbewahren.

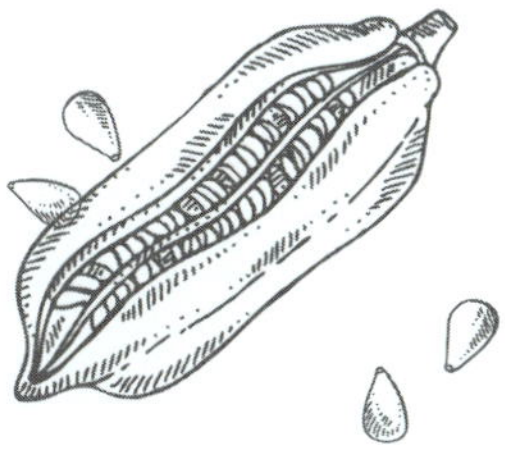

Sesam ist eine sehr alte Kulturpflanze, deren Samen schon lange eine große Rolle in der Ernährung spielen. In Süditalien, vor allem auf Sizilien, ist Sesam eine traditionelle Zutat, die in vielen Brotsorten sowie Keksen, Crackern und anderen Knabbereien verwendet wird.

Crostatine mit Radicchio und Birnen

Für 12 kleine Kuchen

Zutaten

Für den Teig
300 g Dinkelmehl Type 630
120 g Wasser
100 g natives Olivenöl extra
2 EL Mohnsamen
Salz

Für die Füllung
2 Köpfe Radicchio
2 Birnen
1 Zwiebel
2 EL Olivenöl plus 1 EL zusätzlich zum Einpinseln
Salz
frisch gemahlener Pfeffer
1 EL Pinienkerne

Zubereitungszeit
50 Minuten plus Ruhe- und Backzeit

Für den Teig das Mehl mit dem Wasser, dem Öl, den Mohnsamen und Salz zu einer festen und glatten Masse verarbeiten. Anschließend 1 Stunde abgedeckt im Kühlschrank ruhen lassen.

In der Zwischenzeit für die Füllung den Radicchio in Streifen schneiden. Dabei den harten, weißen Strunk herausschneiden. Die Birnen vom Kerngehäuse befreien und das Fruchtfleisch würfeln. Die Zwiebel schälen, in feine Scheiben schneiden und in einer Pfanne mit Öl anschwitzen. Wenn sie goldgelb geworden sind, Radicchio und Birnenwürfel zugeben und alles weich garen. Zuletzt mit Salz und Pfeffer würzen.

Den Backofen auf 170 °C (Umluft 150 °C) vorheizen. Den Teig aus dem Kühlschrank nehmen und 3 mm dick ausrollen. Mit etwa zwei Drittel davon 12 eingefettete und bemehlte Kuchenförmchen auskleiden. Die Böden mit einer Gabel mehrfach einstechen.

Die Pinienkerne in einer Backform im Backofen etwa 10 Minuten rösten, dann unter den Gemüsemix rühren und diesen auf die Kuchenböden geben. Mit dem übrigen ausgerollten Teig die Kuchen abdecken.

Die Törtchen mit dem restlichen Öl einpinseln und auf mittlerer Schiene 30 Minuten backen, bis sie goldgelb gebräunt sind.

Grissini mit Äpfeln und Pecorino

FÜR 20 GRISSINI

Zutaten

220 g Weizenmehl »Tipo 0«
(ersatzweise Type 550)
80 g kalte Butter, gewürfelt
90 g frisch geriebener Pecorino
1 TL Salz
40 g Apfelfruchtfleisch
1 EL Rosmarinnadeln, gehackt
Mohnsamen zum Bestreuen

Zubereitungszeit
30 MINUTEN PLUS RUHE- UND BACKZEIT

Den Backofen auf 180 °C (Umluft 160 °C) vorheizen. In einem Standmixer das Mehl, die Butterstücke, den Pecorino und das Salz in Intervallen miteinander vermengen. Das Apfelfruchtfleisch dazugeben und in mehreren Schüben zu einem sandigen Teig verarbeiten.

Die Rosmarinnadeln rasch mit der Hand unterkneten. Sollte das Kneten schwer fallen, etwas kaltes Wasser zugeben.

Den Teig auf ein etwa 6 mm dickes Rechteck ausrollen, mit Frischhaltefolie abdecken und im Kühlschrank 30 Minuten ruhen lassen. Anschließend die Oberfläche mit Wasser einpinseln und mit Mohnsamen bestreuen.

Aus dem Teig 1 cm breite und beliebig lange Streifen ausschneiden und diese leicht in sich verdrehen. Mit etwas Abstand auf ein mit Backpapier ausgelegtes Backblech verteilen.

Die Grissini im Backofen auf mittlerer Schiene in etwa 20 Minuten goldbraun backen. Nach dem Abkühlen am besten sofort servieren. Andernfalls vor dem Servieren kurz im Backofen aufwärmen.

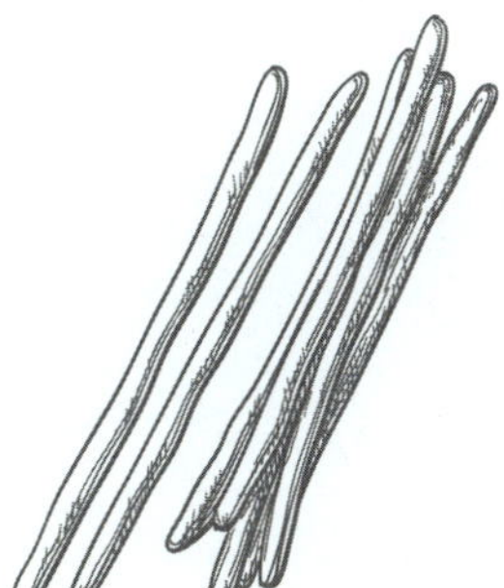

Äpfel aus Italien werden meist mit den Regionen Südtirol und Trentino verbunden, mit ihren ausgedehnten Apfelplantagen, wo bekannten Sorten wie Golden Delicious, Gala, Braeburn, Pink Lady und viele andere angebaut werden. Dabei hat Italien auch noch ganz andere, teilweise fast in Vergessenheit geratene Apfelsorten zu bieten, von denen einige durch ein Presidio Slow Food geschützt sind. So etwa die *mela rosa dei Monti Sibillini* in der Region Marken, *Grigia di Torriana* im Piemont oder die *mela annurca* in Kampanien, um nur einige zu nennen.

Panini mit Kürbis, Spinat, Ziegenkäse und Granatapfel

FÜR 6 PERSONEN

Zutaten

Für die Panini
120 g Weizenmehl »Tipo 0« (ersatzweise Type 550)
100 g Dinkelmehl Type 630
16 g Backpulver
10 g Salz
150 ml Vollmilch
30 ml natives Olivenöl extra
80 g Walnusskerne, gehackt
1 TL getrockneter Oregano

Für den Belag
150 g Kürbisfruchtfleisch, in 1 cm dicke Scheiben geschnitten
natives Olivenöl extra
1 EL geräuchertes Paprikapulver
Salz
frisch gemahlener Pfeffer
80 g Pinienkerne
100 g junger Blattspinat
240 g reifer Ziegenkäse, in Scheiben geschnitten
Kerne von 1 Granatapfel
hochwertiger, gereifter *Aceto balsamico tradizionale di Modena*

Zubereitungszeit
40 MINUTEN PLUS RUHE- UND BACKZEIT

Zunächst die Panini zubereiten. Dazu den Backofen auf 200 °C vorheizen. In einer Schüssel das Mehl mit dem Backpulver und dem Salz mischen. Dann zunächst die Milch, anschließend das Öl unterrühren. Danach alles mit den Händen zu einem glatten, gleichmäßigen Teig kneten. Zum Schluss die gehackten Walnusskerne und den Oregano unterkneten.

Aus dem Teig zwei Stränge formen. Diese in sechs gleichgroße Stücke teilen und mit den Händen zu Kugeln formen. Diese auf ein mit Backpapier ausgelegtes Backblech legen und mit der Handfläche leicht flach drücken.

Die Panini im vorgeheizten Ofen auf mittlerer Schiene 12–15 Minuten backen, bis sie goldgelb sind. Danach abkühlen lassen und später quer aufschneiden.

Für den Belag die Kürbisscheiben mit Öl beträufeln und mit dem Paprikapulver, Salz und Pfeffer würzen. Dann zusammen mit den Pinienkernen auf einem mit Backpapier ausgelegten Backblech bei 220 °C (Umluft 200 °C) auf mittlerer Schiene etwa 30 Minuten backen, bis sie gar und leicht gebräunt sind.

Anschließend im noch heißen Ofen die Brötchenhälften kurz rösten, mit dem Kürbis-Pinienkerne-Mix, den jungen Spinatblättern, den Ziegenkäsescheiben und den Granatapfelkernen belegen. Etwas Balsamessig darüberträufeln und servieren.

Panini mit Ziegenkäse, Feigen und Walnuss

Für 8 Personen

Zutaten

85 g kalte Butter, gewürfelt
240 g Weizenmehl »Tipo 0« (ersatzweise Type 550)
1 EL Backpulver
½ TL Natron (Backsoda)
1 TL Salz
180 g reifer Ziegenkäse (*caprino*)
70 g frisch geriebener Pecorino
70 g getrocknete Feigen, klein geschnitten
50 g Walnusskerne, gehackt
180 ml Buttermilch

Zubereitungszeit
40 Minuten plus Ruhe- und Backzeit

Den Backofen auf 220 °C (Umluft 200 °C) vorheizen. In der Küchenmaschine oder mit einem Standmixer die Butterstücke mit dem Mehl, dem Backpulver und dem Natron vermengen.

Das Salz, den zerkrümelten Ziegenkäse, den Pecorino, die Feigenstückchen und die gehackten Walnusskerne zugeben. Dann die Buttermilch zugießen und alles zu einem gleichmäßigen Teig verarbeiten.

Den Teig auf eine bemehlte Arbeitsfläche legen und zu einem 2 ½ cm dicken Rechteck ausrollen. Mit einem scharfen Messer in Dreiecke schneiden, diese mit reichlich Abstand auf ein mit Backpapier ausgelegtes Backblech legen und auf mittlerer Schiene etwa 20 Minuten backen.

Danach aus dem Ofen nehmen und abkühlen lassen. Die Panini schmecken sehr gut mit Prosciutto crudo oder Pancetta. In einer Frischhaltedose halten sie sich 4 Tage. Vor dem Servieren dann kurz aufbacken.

Auch wenn Walnüsse in der italienischen Pasticceria nicht ganz so häufig verwendet werden wie Haselnüsse oder Mandeln, so gibt es doch auch ganz auf Walnüsse ausgerichtete Süßspeisen, darunter Pudding, Kuchen, Crostata oder das in Mittelitalien beliebte *pan nociato*. Und ganz zu schweigen von der Vielzahl von Füllungen und Teigen, in denen Walnüsse oft mit anderen Nüssen und Trockenfrüchten kombiniert werden.

Pizza mit Endivie

Für 8 Personen

Zutaten

Für den Teig
250 g Weizenmehl „Tipo 1“ (ersatzweise Type 1050 oder Type 812)
250 g Weizenmehl »Tipo 0« (ersatzweise Type 550)
12 g frische Hefe
1 TL Zucker
270 g lauwarmes Wasser (26 °C)
3 EL natives Olivenöl extra
8 g Salz

Für die Füllung
2 Köpfe glatte Endivie
1 Zwiebel, in feine Streifen geschnitten
5 EL natives Olivenöl extra
1 EL Rosinen
180 g Taggiasca-Oliven
2 EL Pinienkerne, geröstet
Salz

Zubereitungszeit
40 Minuten plus Ruhe- und Backzeit

Für den Teig das Mehl mischen. Die Hefe mit dem Zucker im lauwarmen Wasser auflösen. Den Hefe-Mix zum Mehl geben und gut verrühren. Dann zunächst das Öl unterrühren und zum Schluss das Salz. Alles kräftig mit den Händen oder in der Küchenmaschine zu einem glatten, elastischen Teig kneten.

Den Teig in eine leicht geölte Schüssel legen und gut abgedeckt einige Stunden aufgehen lassen, bis er sich im Volumen verdoppelt hat.

Für die Füllung von den Endivienköpfen den Strunk herausschneiden, die Blätter waschen, gut trocknen und dann in Streifen schneiden. Die Zwiebelstreifen mit dem Öl in einer Pfanne anschwitzen, die abgespülten und ausgedrückten Rosinen zugeben, dann die Endivienstreifen, die Oliven, die Pinienkerne und das Salz, und alles gut verrühren.

Den Teig in zwei Stücke teilen, von denen eines etwas größer ist als das andere. Beide zu je einem Rechteck ausrollen. Das größere auf ein gefettetes Backblech legen und die abgekühlte Füllung darauf verteilen, dann mit dem zweiten Teigrechteck abdecken und am Rand gut verschließen. Nochmals 1 Stunde aufgehen lassen.

In der Zwischenzeit den Backofen auf 200 °C (Umluft 180 °C) vorheizen. Die Pizza an der Oberfläche mehrfach mit einer Gabel einstechen, mit Öl einpinseln und auf mittlerer Schiene in 30 Minuten goldgelb backen. Danach lauwarm servieren.

Bunte Pizzette mit Kichererbsencreme und Käse

Für 8 Personen

Zutaten

Für den Teig
1 ½ TL Trockenhefe
200 g lauwarmes Wasser (26 °C)
150 g Dinkelmehl Type 630
165 g Hartweizengrieß
1 EL natives Olivenöl extra
1 ½ TL Salz

Für die Füllung
2 EL natives Olivenöl extra
2 EL Senf
1 EL flüssiger Honig
½ TL Salz
½ TL frisch gemahlener Pfeffer
500 g Karotten mit Grün

Für die Kichererbsencreme
300 g vorgegarte Kichererbsen
natives Olivenöl extra
abgeriebene Schale von 1 unbehandelten Zitrone
Salz
frisch gemahlener Pfeffer

Außerdem
160 g Blauschimmelkäse, in Stücke geschnitten
Kerne von 1 Granatapfel
1 Zweig Oregano

Zubereitungszeit
40 Minuten plus Ruhe- und Backzeit

Für den Teig die Hefe im lauwarmen Wasser auflösen. Das Dinkelmehl dazugeben und alles zu einer glatten Masse verrühren. Mit Frischhaltefolie abdecken und bei Zimmertemperatur 1 Stunde ruhen lassen.

Anschließend Weizengrieß, Öl und Salz zugeben und etwa 10 Minuten kräftig kneten. Den Teig in vier Stücke teilen und diese zu Kugeln formen. Wer mag, kann auch kleinere *pizzette* herstellen, sollte dann aber die Backzeit entsprechend verkürzen. Falls der Teig klebt, etwas Grieß zugeben.

Die Kugeln mit Mehl bestäuben und auf einem mit Backpapier ausgelegten Backblech abgedeckt 1 Stunde aufgehen lassen. Dann mit den Fingern zu Fladen von etwa 15 cm Durchmesser formen und nochmals 30 Minuten gehen lassen.

Inzwischen den Backofen auf 200 °C (Umluft 180 °C) vorheizen. Für den Belag die Karotten schälen und sehr große Exemplare in gleichmäßig große Stücke schneiden. Auf ein mit Backpapier ausgelegtes Backblech legen.

Für die Füllung Öl, Senf und Honig zu einer Marinade verrühren. Diese mit Salz und Pfeffer würzen. Die Karotten mit der Marinade einpinseln – 2 EL davon übrig behalten. Die Karotten im warmen Ofen etwa 25 Minuten garen, bis sie weich und gebräunt sind. Zwischendurch einmal wenden. Danach mit der restlichen Marinade einpinseln und lauwarm abkühlen lassen.

Die Kichererbsen mit Wasser und Öl zu einer glatten Masse pürieren. Mit dem Zitronenabrieb, Salz und Pfeffer abschmecken.

Die fertig aufgegangenen *pizzette* mit Öl einpinseln und bei 220 °C (Umluft 200 °C) auf mittlerer Schiene 15 Minuten backen, bis sie gerade anfangen zu bräunen. Sofort danach mit der Kichererbsencreme bestreichen und die gegarten Karotten, den zerkrümelten Blauschimmelkäse, die Granatapfelkerne sowie einige Blättchen Oregano darauf anrichten und sofort servieren.

Rosmarin-Rosinen-Brötchen

Für 30–40 Brötchen

Zutaten

375 g Weizenmehl »Tipo 0« (ersatzweise Type 550)
125 g Mehrkornmehl
50 g Hartweizengrieß
100 g frischer Weizensauerteig (oder 20 g getrockneter)
15 g frische Hefe
250 g Wasser
10 g flüssiger Honig
150 g Rosinen
25 g Butter
10 g Salz
2 Zweige Rosmarin, Nadeln gehackt
natives Olivenöl extra

Zubereitungszeit
40 Minuten plus Ruhe- und Backzeit

In der Schüssel einer Küchenmaschine Weizen- und Mehrkornmehl, Hartweizengrieß, Sauerteig, die zerbröckelte Hefe, Wasser und Honig mischen. Dann bei niedriger Geschwindigkeit mit dem Knethaken zu einer glatten Masse verarbeiten. Ein Tuch darüber legen und den Teig 15 Minuten ruhen lassen. In der Zwischenzeit die Rosinen abspülen und in lauwarmem Wasser einweichen.

Nach der Teigruhe den Teig erneut durchkneten, dann die ausgedrückten Rosinen, die Butter, das Salz und die gehackten Rosmarinnadeln zugeben und alles zu einem glatten und elastischen Teig verarbeiten.

Aus dem Teig eine Kugel formen, in eine leicht geölte Schüssel legen und mit einem Tuch abdecken. Etwa 2 Stunden aufgehen lassen, bis er sich im Volumen verdoppelt hat. Dann erneut durchkneten und in jeweils etwa 40 g schwere Stücke teilen.

Auf einer bemehlten Arbeitsfläche die Teigstücke zu flachen Brötchen formen und auf mit Backpapier ausgelegten Backblechen verteilen. Nochmals 1 Stunde aufgehen lassen.

In der Zwischenzeit den Backofen auf 220 °C (Umluft 200 °C) vorheizen. Die Brötchen mit Öl einpinseln und auf mittlerer Schiene in 15–20 Minuten goldbraun backen. Danach abkühlen lassen und servieren. In einer Frischhaltedose halten sie sich bis zu 4 Tage.

Es handelt sich bei den Rosmarin-Rosinen-Brötchen (Pan di Ramerino oder kurz Ramerini) um flache weiche Brötchen, die typisch sind für die toskanischen Regionen um Prato und Florenz. Früher wurden sie nur zur Osterzeit zubereitet, heute dagegen findet man sie das ganze Jahr über. Ihr Name leitet sich ab von der Bezeichnung für Rosmarin im Dialekt; er sorgt für das typische Aroma..

Knusprige Saaten-Cracker

Für 8 Personen

Zutaten

400 g Dinkelmehl Type 630
100 g Kastanienmehl (im Biomarkt oder in Drogerien erhältlich)
300 g Wasser
10 g zimmerwarme Butter
5 g Salz
5 g Fenchelsamen
5 g Sesamsamen

Zubereitungszeit
40 Minuten plus Ruhe- und Backzeit

Den Backofen auf 180 °C (Umluft 160 °C) vorheizen. Dinkel- und Kastanienmehl mit zwei Dritteln des Wassers verrühren, die Butter, das Salz und nach und nach das restliche Wasser unterrühren, bis eine weiche, aber nicht klebrige Konsistenz entsteht.

In einem Mörser die Fenchel- und Sesamsamen zerstoßen und unter den Teig rühren. Diesen dann auf einer bemehlten Arbeitsfläche etwa 10 Minuten ruhen lassen.

Den Teig anschließend mit der Nudelmaschine ausrollen, zuerst dicker, dann bis auf 2 mm dünn. Mit einem Teigrädchen aus dem Teig unregelmäßige Rechtecke ausschneiden und auf ein mit Backpapier ausgelegtes Backblech legen.

Die Oberfläche mit einer Gabel mehrfach einstechen, mit Öl einpinseln und mit Salz bestreuen. Dann im warmen Ofen auf mittlerer Schiene etwa 8 Minuten backen, bis die Cracker goldgelb und knusprig sind. In einer Frischhaltedose halten sie sich bis zu 3 Tage.

Anstelle von Fenchel- und Sesamsamen kann dieser Snack auch mit Pfeffer, Mohnsamen, getrockneten und anschließend gemahlenen Salbeiblättern gewürzt werden.

Gemüse-Blätterteigstrudel mit Salsiccia

Für 8 Personen

Zutaten

Für den Blätterteig
Rezept auf Seite 18

Für die Füllung
4 mittelgroße Kartoffeln
200 ml Vollmilch
Salz
frisch gemahlener Pfeffer
2 Stangen Lauch
1 weiße Zwiebel
natives Olivenöl extra
Wurstbrät von 1 Salsiccia, zerkleinert
100 g Scamorza, gewürfelt

Zubereitungszeit
1 Stunde plus Backzeit

Den Blätterteig nach Anleitung auf Seite 18 zubereiten.

Für die Füllung die Kartoffeln waschen und in einem Topf mit reichlich Wasser in etwa 30 Minuten gar kochen. Eine Gabel sollte sich gut einstechen lassen. Anschließend lauwarm abkühlen lassen, dann pellen und zerstampfen. Den Kartoffelstampf mit Milch verrühren und mit Salz und Pfeffer abschmecken.

Die Lauchstangen der Länge nach halbieren, waschen und die härteren grünen Teile abschneiden. Den Rest in Halbringe schneiden. Die Zwiebel schälen, in feine Scheiben schneiden und mit 2 EL Öl in einer Pfanne anschwitzen. Dann den Lauch zugeben, leicht salzen und alles etwa 15 Minuten dünsten, bis das Gemüse glasig ist. Das Wurstbrät der *salsiccia* zugeben und 3 Minuten mitbraten.

Den Blätterteig 4 mm dick ausrollen und auf ein mit Backpapier ausgelegtes Backblech legen. Mehrfach mit einer Gabel einstechen und dann die zerstampften Kartoffeln, den Lauch-Brät-Mix sowie den gewürfelten Scamorza darauf verteilen.

Den Backofen auf 220 °C (Umluft 200 °C) vorheizen. Den Teig mit dem Belag mithilfe des Backpapiers aufrollen, die Ränder mit den Fingern gut zusammendrücken und die Oberseite erneut mit einer Gabel mehrfach einstechen.

Den Strudel im heißen Ofen auf mittlerer Schiene 20–30 Minuten backen, bis er rundum gleichmäßig gebräunt ist. Danach lauwarm abkühlen lassen und servieren.

Kichererbsenfladen mit Prosciutto crudo

Für 8 Personen

Zutaten

750 ml Wasser
250 g Kichererbsenmehl
Salz
frisch gemahlener Pfeffer
natives Olivenöl extra
200 g Prosciutto crudo, in Scheiben geschnitten

Zubereitungszeit
20 Minuten plus Ruhe- und Backzeit

In einer Schüssel mit einem Rührbesen das Wasser und das Kichererbsenmehl zu einem glatten, klumpenfreien Teig verquirlen. Mit Frischhaltefolie abgedeckt mindestens 4 Stunden ruhen lassen. Eventuell sich an der Oberfläche bildenden Schaum mit einem Löffel abschöpfen. Anschließend mit Salz und Pfeffer würzen.

Den Backofen auf 250 °C (Umluft 230 °C) vorheizen. Ein Backblech großzügig mit Öl einfetten. Den Teig darauf gießen und etwa 5 mm dick verstreichen.

Die Oberfläche mit etwas Olivenöl beträufeln und den Teig auf mittlerer Schiene in 15 Minuten goldgelb und knusprig backen. Danach sofort mit hauchdünnen Prosciuttoscheiben servieren.

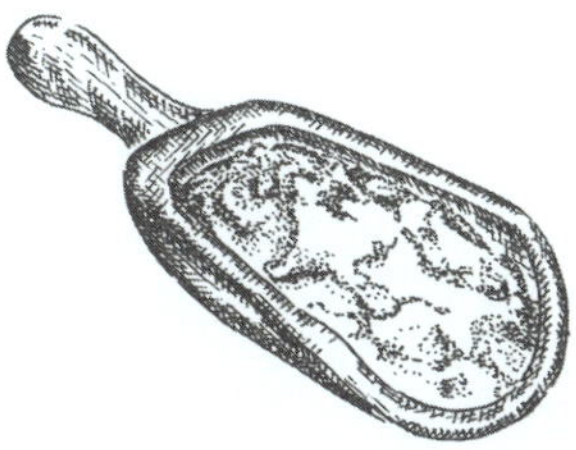

Für Kichererbsenmehl werden die getrockneten Hülsenfrüchte fein gemahlen. Besonders in Ligurien, im südlichen Piemont und in der Toskana findet es Verwendung in traditionellen Gerichten wie *cecina*, *farinata* und *panizza*. In Sizilien werden mit Kichererbsenmehl Panelle zubereitet, ein beliebter frittierter Imbiss.

REGISTER NACH JAHRESZEITEN

FRÜHLING

Süße Rezepte

Herzhafte Rezepte

SOMMER

Süße Rezepte

Herzhafte Rezepte

HERBST

Süße Rezepte

Herzhafte Rezepte

WINTER

Süße Rezepte

Herzhafte Rezepte

ALPHABETISCHES REZEPTREGISTER

D

E

F

G

H

I-K

L

M

N

O

P

R

S

IMPRESSUM

Produktmanagement: Stefanie Gückstock
Übersetzung aus dem Italienischen und Satz: Claudia Theis-Passaro
Layout und Gestaltung: Roberto Fidale
Korrektorat: Dr. Brigitte Schnock
Umschlaggestaltung: Regina Degenkolbe unter Verwendung einer Illustration von stock.adobe.com Stacey Xura
Herstellung: Anna Katavic
Printed in Slovakia by Neografia

Texte & Rezepte: Martina Tribioli
Fotografie: Alle Fotos in diesem Buch stammen von Barbara Torresan mit Ausnahme von Foto S. 124, 258 Virginia Gaspardo (Viz Photo)

Unser komplettes Programm finden Sie unter

www.christian-verlag.de

Die Deutsche Nationalbibliothek verzeichnet diese Publikation in der Deutschen Nationalbibliografie; detaillierte bibliografische Daten sind im Internet über http://dnb.d-nb.de abrufbar.

Titel der italienischen Originalausgabe:
Le stagioni della pasticceria

ISBN 978-3-95961-588-4

★★★★★

Sind Sie mit diesem Titel zufrieden?
Dann würden wir uns über Ihre Weiterempfehlung freuen. Erzählen Sie es im Freundeskreis, berichten Sie Ihrem Buchhändler, oder bewerten Sie bei Onlinekauf. Und wenn Sie Kritik, Korrekturen, Aktualisierungen haben, freuen wir uns über Ihre Nachricht an: Christian Verlag, Postfach 40 02 09, D-80702 München oder per E-Mail an lektorat@verlagshaus.de.

Illustrationen: Alle Illustrationen stammen von shutterstock (Alena Kaz/shutterstock.com, Alya_haciyeva/shutterstock.com, Aniok/shutterstock.com, ArtColibris/shutterstock.com, Babich Alexander/shutterstock.com, DianaFinch/shutterstock.com, Elegant Solution/shutterstock.com, Epine/shutterstock.com, FrimuFilms/shutterstock.com, Helena-art/shutterstock.com, Iamnee/shutterstock.com, Istry Istry/shutterstock.com, KateChe/shutterstock.com, Katies_place/shutterstock.com, La Puma/shutterstock.com, Lovely Littlr/shutterstock.com, Mamita/shutterstock.com, Mary Volvach/shutterstock.com, Messer16/shutterstock.com, Milanana/shutterstock.com, Monash/shutterstock.com, Morning Glory/shutterstock.com, Nata Alhontess/shutterstock.com, Overkoffeined/shutterstock.com, Rina Oshi/shutterstock.com, Sketch Master/shutterstock.com, SuperArtWorks/shutterstock.com, Susann Schroeter/shutterstock.com, VladisChern/shutterstock.com

Besonderer Dank geht an EcorNaturaSì Spa und NaturaSì Bio-Supermärkte für die Bereitstellung der Produkte (naturasì.it), sowie an All'Origine (instagram.com/allorigine), Fiorirà un Giardino (fioriraungiardino.com), Giovelab (cargocollective.com/giovelab), Kitchen Craft (kunzi.it), KNIndustrie (knindustrie.it), Lene Bjerre (lenebjerre.com), Opificio dei Sogni (opificiodeisogni.it), Mason Cash (kunzi.it), Pintinox (pinti.it), Staub (staub-online.com), Villa d'Este Home Tivoli (villadestehometivoli.it), Virginia Casa (virginiacasa.it).